CHEMIE 2000+

Einführungsphase

Bearbeitet von Claudia Bohrmann-Linde, Ralf Buric, Simone Krees, Patrick Krollmann, Wolfgang Schmitz, Ilona Schulze, Michael Tausch, Magdalene von Wachtendonk und Heinz Wambach

Lehrerhandbuch

C.C.BUCHNER

1. Auflage 1 4 3 2 1 2020 2018 2016 2014
Die letzte Zahl bedeutet das Jahr dieses Drucks.
Alle Drucke dieser Auflage sind, weil untereinander unverändert, nebeneinander benutzbar.

Dieses Werk folgt der reformierten Rechtschreibung und Zeichensetzung. Ausnahmen bilden Texte, bei denen künstlerische, philologische oder lizenzrechtliche Gründe einer Änderung entgegenstehen.

Druck und Bindung: Friedrich Pustet KG, Regensburg

www.ccbuchner.de

ISBN 978-3-7661-**3368**-7

Chemie 2000+ wurde in enger Kooperation zwischen Schulpraktikern und der Chemiedidaktik entwickelt und setzt die Forderungen des Kernlehrplans in ein Lehrbuch um. Dabei werden die aktuellen Forschungsergebnisse der Fachdidaktik – beispielsweise die Arbeit mit Basiskonzepten – ebenso berücksichtigt wie die Ergebnisse empirischer Lehr- und Lernforschung – beispielsweise die Gestaltung von Lernprozessen und Lernumgebungen.

Im Rahmen der breiten öffentlichen Diskussion über die Leistungen deutscher Schülerinnen und Schüler auf naturwissenschaftlichem Gebiet ist festzuhalten, dass PISA (Program for International Student Assessment) die naturwissenschaftliche Grundbildung (scientific literacy) wie folgt definiert:

> *„Naturwissenschaftliche Grundbildung ist die Fähigkeit, naturwissenschaftliches Wissen anzuwenden, naturwissenschaftliche Fragen zu erkennen und aus Belegen Schlussfolgerungen zu ziehen, um Entscheidungen zu verstehen und zu treffen, welche die natürliche Welt und die durch menschliches Handeln an ihr vorgenommenen Änderungen betreffen.“* (OECD, 1999)

Die Entwicklung der als naturwissenschaftliche Grundbildung bezeichneten Fähigkeiten ist das besondere Anliegen von Chemie 2000+. Dabei wird dieses Lehrwerk den Forderungen nach einem **kontextorientierten** und **kompetenzorientierten** Unterricht gerecht.

Der Erwerb der **konzeptbezogenen Kompetenzen** im Bereich **Fachwissen** wird durch eine in sich stimmige Strukturierung der Inhaltsfelder gewährleistet. Alle Inhalte des Buches sind in Übereinstimmung mit dem Kernlehrplan in **Inhaltsfelder** geordnet, die größeren **Kontexten** zugeordnet werden. Die fachlichen Inhalte werden dabei in geeigneten Zusammenhängen erworben. Damit wird der Erkenntnis der Lernforschung Rechnung getragen, dass sich derart erworbenes Wissen nachhaltig aktivieren und in neuen Zusammenhängen anwenden lässt.

Bei der Konzeption der einzelnen Kapitel in Chemie 2000+ wird eine Strukturierung der Unterrichtsinhalte anhand der **Basiskonzepte** *Struktur-Eigenschaft, chemisches Gleichgewicht, Donator-Akzeptor-Konzept* und *Energie* verfolgt, indem die **chemische Fachsystematik** mit Begriffen, Modellen, Ordnungskriterien etc. und **Kontexte** aus Alltag, Technik und Umwelt nach dem Prinzip der **didaktischen Integration** miteinander vernetzt werden. Die Kapitel des Buches werden in Facetten zerlegt, um dann anhand konkreter Fragestellungen die Fachinhalte in überschaubaren Unterrichtsbausteinen zu erschließen. Diese werden zu Beginn eines Kapitels durch den Facettenball mit den zugeordneten Fragen programmatisch angedeutet und sind auf jeder Buchseite durch die zutreffende Nummer gekennzeichnet. Die gewählte Reihenfolge gewährleistet eine kumulative Erarbeitung der im Kernlehrplan vorgesehenen **verbindlichen Kompetenzen**.

Jede Buchdoppelseite enthält Aufgaben zum Anwenden und Vertiefen des Gelernten. Auf den Sonderseiten **Kompetenzen erwerben** wird beispielhaft gezeigt, wie die mit Kompetenzoperatoren ausgestatteten Aufgaben zu lösen sind, um die Kompetenzerwartungen laut Kernlehrplan zu erfüllen. Am Ende eines jeden Buchkapitels gibt es Seiten zum **Kompetenztraining** und eine **Grundwissen-Seite**. Ein Glossar mit den wichtigsten Fachbegriffen finden sich am Ende des Werks.

Die grafisch gekennzeichneten **EVA**-Seiten (**E**rweiterung-**V**ertiefung-**A**nwendung) enthalten über das Fachwissen des Kernlehrplans hinausgehende, **fakultative Angebote** zu innovativen, interdisziplinären und theoretischen Themen, die situationsbedingt im Unterricht einsetzbar sind oder für Referate, Unterrichtsprojekte und Facharbeiten verwendet werden können. Chemie 2000+ ermöglicht dadurch dem Lehrenden auch, seinen Unterricht individuell zu gestalten, den besonderen Bedürfnissen der jeweiligen Lerngruppe anzupassen und individuelle Schwerpunkte zu setzen.

Über das **Internet-Portal *Chemie 2000+ Online*** werden elektronische Materialien wie **Modelle in Animationen**, **Videos** und **Links zu weiteren Informationen** angeboten.

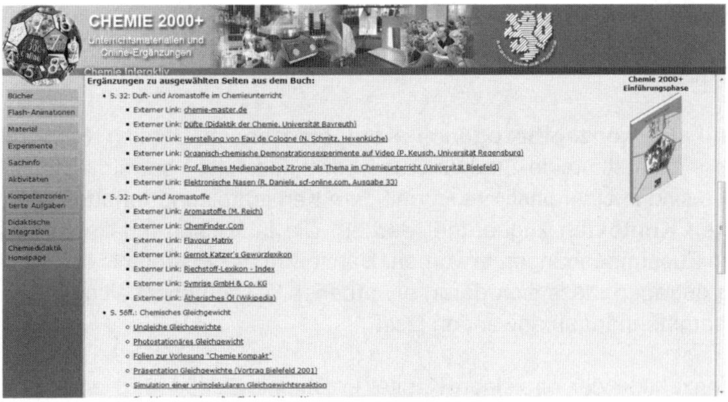

Chemie 2000+ Online

Als Ergänzungen zum Schülerband und zum Lehrerband dieses Werks stehen **Gefährdungsbeurteilungen** für alle Versuche und eine Synopse mit allen Kompetenzerwartungen aus dem Kernlehrplan und den Zuordnungen von Buchseiten zur Verfügung.

Auf den Seiten 6 bis 9 wird beispielhaft aufgezeigt, wie die Forderungen des Kernlehrplans nach einem kompetenzorientierten Unterricht auf einer Buchdoppelseite erfüllt werden können.
Die mit Zahlen in ⬠ markierten Textstellen der Buchseite verweisen auf die entsprechend markierten Kompetenzen, die in dem jeweiligen Zusammenhang erworben werden können.

Natürlich oder natur-identisch

B1 *Versuchsapparatur zur Esterherstellung (V2). A: Beschreiben Sie die Funktionsweise der Rückflussapparatur bei V2 und erklären Sie, welche Reaktionsbedingungen sie gewährleistet.*

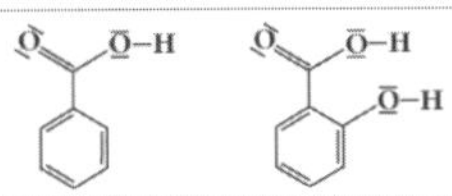

B2 *Struktursymbole von Benzoesäure (links) und Salicylsäure (rechts)*

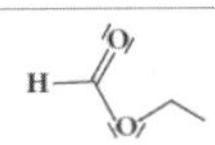

Methansäureethylester
Rumaroma

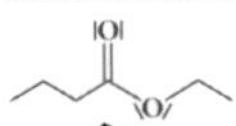

Butans[illegible]ylester
Ana[illegible]

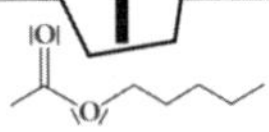

Ethansäurepentylester
Birnenaroma

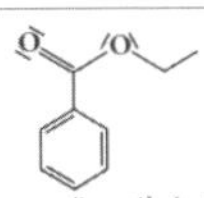

Benzoesäureethylester
Pfefferminzaroma

B3 *Carbonsäureester mit Fruchtaroma. A: Nennen Sie die Carbonsäuren und die Alkohole, aus denen die dargestellten Ester hergestellt werden. Leiten Sie dann eine Regel zur Benennung der Ester ab.*

Versuche

V1 Mischen Sie in je einem Rggl. die folgenden Carbonsäuren und Alkohole:

1. 2 mL Methansäure* mit 2 mL Ethanol*
2. 2 mL Ethansäure* mit 2 mL Butan-1-ol*
3. 2 mL Ethansäure* mit 2 mL Pentan-1-ol*
4. 1 mL Butansäure* mit 10 mL Ethanol* (Abzug!)
5. 0,5 g Salicylsäure* mit 2 mL Methanol*
6. 0,5 g Benzoesäure* mit 2 mL Ethanol*

Lassen Sie vom Lehrer jeweils 1 Tropfen konz. Schwefelsäure* zufügen. Geben Sie 1 Siedesteinchen zu und erhitzen Sie über kleiner Flamme ca. 2 min zum Sieden. Gießen Sie anschließend den Inhalt in ein weithalsiges Becherglas mit 200 mL Wasser. Beobachten Sie die Löslichkeit und den Geruch.

V2 a) Bauen Sie eine Apparatur aus einem 100-mL-Rundkolben, einem Rückflusskühler und einem Heizpilz (B1) auf und geben Sie 10 mL (≅ 0,17 mol) Ethanol* und 10 mL (≅ 0,17 mol) Essigsäure* in den Rundkolben. Lassen Sie vom Lehrer 10 Tropfen konz. Schwefelsäure* hinzugeben. Erhitzen Sie nach Zugabe von 2 Siedesteinchen etwa 10 min lang zum Sieden. Lassen Sie abkühlen und gießen Sie dann den Kolbeni[illegible]lt in einen 100-mL-Messzylinder mit Stopfenbett, in dem sich 50 mL W[illegible]nden. Markieren Sie die Volumina der einzelnen Phasen mit einem [illegible]ten Stift auf dem Messzylinder.

b) Verschließen Sie [illegible]esszylinder mit einem Stopfen und lassen Sie ihn bis zur nächsten Stunde stehen. Vergleichen Sie die Volumina der einzelnen Phasen nach längerem Stehenlassen mit den direkt nach dem Einfüllen in den Zylinder notierten Volumina.

Auswertung

a) Stellen Sie eine begründete Vermutung darüber auf, welche strukturellen Merkmale der Edukt-Moleküle [illegible]n Molekülen der sich über dem Wasser befindlichen Ester nicht meh[illegible]n sind.

b) Beschreiben Sie, woran Sie [illegible]ch der entstehenden Ester erinnert.

c) Schwefelsäure wirkt bei den Versuchen als Katalysator. Nennen Sie die Phase, in der sie nach dem Ausgießen der Reaktionsgemische in Wasser vorliegt.

d) Bestimmen Sie das Volumen der wässrigen Phase und das Volumen der Esterphase nach längerem Stehen[illegible]en des Messzylinders in V2b. Berechnen Sie, welche Stoffmenge Ethans[illegible]ster (ρ = 0,900 g/cm^3; M = 88 g/mol) ungefähr entstanden ist. Vergle[illegible]die Stoffmenge des entstandenen Produkts mit der Stoffmenge der Ed[illegible].

e) Ziehen Sie Schlussfolgerungen aus den Beobachtungen bei V2 b) und schlagen Sie ein Experiment zur Überprüfung vor.

f) Formulieren Sie für die Estersynthesen aus V1 und V2 die Reaktionsgleichungen.

Kompetenzerwartungen in der Einführungsphase
Schülerinnen und Schüler ...

Umgang mit Fachwissen

UF1 – Wiedergabe
... können ausgewählte Phänomene und Zusammenhänge erläutern und dabei Bezüge zu übergeordneten Prinzipien, Gesetzen und Basiskonzepten der Chemie herstellen.

UF2 – Auswahl
... zur Lösung von Problemen in eingegrenzten Bereichen chemische Konzepte auswählen und anwenden und dabei Wesentliches von Unwesentlichem unterscheiden.

UF3 – Systematisierung ①
... die Einordnung chemischer Sachverhalte und Erkenntnisse in gegebene fachliche Strukturen begründen.

UF4 – Vernetzung ②
... bestehendes Wissen aufgrund neuer chemischer Erfahrungen und Erkenntnisse modifizieren und reorganisieren.

Erkenntnisgewinnung

E1 – Probleme und Fragestellungen
... in vorgegebenen Situationen chemische Probleme beschreiben, in Teilprobleme zerlegen und dazu Fragestellungen angeben.

E2 – Wahrnehmung und Messung ③
... kriteriengeleitet beobachten und messen und gewonnene Ergebnisse frei von eigenen Deutungen beschreiben.

E3 – Hypothesen
... zur Klärung chemischer Fragestellungen begründete Hypothesen formulieren und Möglichkeiten zu ihrer Überprüfung angeben.

E4 – Untersuchungen und Experimente ④
... einfache Experimente zielgerichtet planen und durchführen und dabei mögliche Fehler betrachten.

E5 – Auswertung ⑤
... Daten bezüglich einer Fragestellung interpretieren, daraus qualitative und quantitative Zusammenhänge ableiten und diese in Form einfacher funktionaler Beziehungen beschreiben.

E6 – Modelle
... Modelle begründet auswählen und zur Beschreibung, Erklärung und Vorhersage verwenden, auch in einacher formalisierter oder mathematischer Form.

E7 – Arbeits- und Denkweisen
... an ausgewählten Beispielen die Bedeutung, aber auch die Vorläufigkeit naturwissenschaftlicher Regeln, Gesetze und Theorien beschreiben.

Kommunikation
K1 – Dokumentation ⑥
... Fragestellungen, Untersuchungen, Experimente und Daten nach gegebenen Strukturen dokumentieren und stimmig rekonstruieren, auch mit Unterstützung digitaler Werkzeuge.

K2 – Recherche ⑦
... in vorgegebenen Zusammenhängen selbständig chemische und anwendungsbezogene Fragestellungen mithilfe von Fachbüchern und anderen Quellen bearbeiten.

K3 – Präsentation
... chemische Sachverhalte, Arbeitsergebnisse und Erkenntnisse adressatengerecht sowie formal, sprachlich und fachlich korrekt in Kurzvorträgen oder kurzen Fachtexten darstellen.

K4 – Argumentation ⑧
... chemische Aussagen und Behauptungen mit sachlich fundierten und überzeugenden Argumenten begründen bzw. kritisieren.

Bewertung
B1 – Kriterien
... bei Bewertungen in naturwissenschaftlich-technischen Zusammenhängen Bewertungskriterien angeben und begründet gewichten.

B2 – Entscheidungen
... für Bewertungen in chemischen und anwendungsbezogenen Zusammenhängen kriteriengeleitet Argumente abwägen und einen begründeten Standpunkt beziehen.

B3 – Werte und Normen
... in bekannten Zusammenhängen ethische Konflikte bei Auseinandersetzungen mit chemischen Fragestellungen darstellen sowie mögliche Konfliktlösungen aufzeigen.

B4 – Möglichkeiten und Grenzen
... Möglichkeiten und Grenzen chemischer und anwendungsbezogener Problemlösungen und Sichtweisen mit Bezug auf die Zielsetzungen der Naturwissenschaften darstellen.

Vom Alkohol zum Aromastoff

Viele der in der Natur in Früchten und Blüten vorkommenden Aromastoffe gehören zu der Stoffklasse der **Ester**. Ester lassen sich aus Carbonsäuren und Alkoholen in Gegenwart von Schwefelsäure als Katalysator herstellen. Bei der Estersynthese, der **Veresterung**, bildet sich neben Ester auch Wasser.

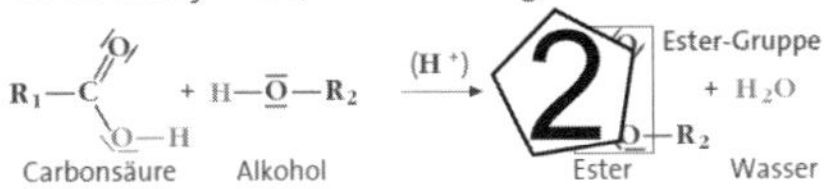

Eine solche Reaktion, bei der unter Abspaltung eines Wasser-Moleküls zwei Moleküle zu einem größeren verknüpft werden, bezeichnet man als **Kondensation**.
Ester aus kurzkettigen Carbonsäuren und kurzkettigen Alkohole sind wohlriechende Flüssigkeiten. Sie haben niedrige Siedetemperaturen und sind in Wasser schlecht löslich, da Ester-Moleküle keine Hydroxy-Gruppen enthalten und deshalb keine Wasserstoffbrückenbindungen untereinander oder zu Wasser-Molekülen ausbilden können. Viele Ester, auch die in V1 hergestellten, zeichnen sich durch ein ausgeprägtes Fruchtaroma aus. Die in B3 angegebenen Ester werden in der Lebens- und Genussmittelindustrie zur Nachahmung von Fruchtaromen hergestellt und als **naturidentische Aromastoffe** gekennzeichnet. Essigsäureethylester wird dagegen als Lösemittel in Alleskleben und Lacken verwendet und ist am Geruch identifizierbar.
Wie V2 zeigt, reagieren Carbonsäure und Alkohol nicht vollständig zu Ester und Wasser. Auch längeres Erhitzen würde nicht zu einer größeren Ausbeute an Ester führen. Es handelt sich bei diesen Veresterungen um **unvollständige Reaktionen**.
Lässt man den Ester im Gemisch mit einem Überschuss an Wasser in einem dicht verschlossenen Gefäß stehen, stellt man fest, dass die Esterphase kleiner wird, bis sie allmählich verschwindet. Dies zeigt, dass der Ester durch **Hydrolyse** mit Wasser wieder in die Carbonsäure und den Alkohol gespalten werden kann. Reaktionen wie die Veresterung und die Esterhydrolyse, die in beide Richtungen verlaufen können, bezeichnet man als **umkehrbare Reaktionen**:

$$\text{Carbonsäure + Alkohol} \underset{\text{Rückreaktion}}{\overset{\text{Hinreaktion}}{\rightleftarrows}} \text{Ester + Wasser}$$

In einem **geschlossenen System** wie in V2, d.h. in einem System, in das keine Stoffe hinzukommen und aus dem keine entweichen, laufen weder Hinreaktionen noch Rückreaktionen vollständig ab. Das System erreicht nach einiger Zeit einen Zustand, in dem Edukte und Produkte in zeitlich konstanten Anteilen vorliegen. Diesen Zustand bezeichnet man als **chemisches Gleichgewicht**.

Aufgabe

A1 Einige der auf S. 32 angegebenen Aromastoff… r. Geben Sie die Säure und den Alkohol an, die bei der Hydrolyse d… ntstehen.

B4 *Im Duft von Früchten sind auch Ester enthalten. A: Finden Sie eine Erklärung dafür, dass die reinen naturidentischen Ester „künstlich" riechen.*

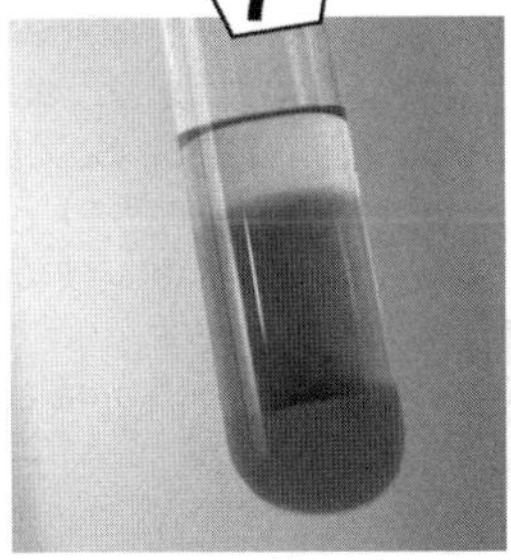

B5 *Versuch: In einem großen Rggl. werden 3 mL Methansäureethylester und 10 mL Wasser mit 10 Tropfen Bromthymolblau-Lösung versetzt. Man tropft 10 Tropfen Natronlauge, c = 0,1 mol/L, zu und schüttelt.*

Aufgaben zum Versuch in B5

A2 Führen Sie den Versuch durch und wiederholen Sie die tropfenweise Zugabe von Natronlauge mehrmals.

A3 Erklären Sie die Beobachtungen (B5) und erläutern Sie, warum der Versuch als Nachweis für Ester dient.

Fachbegriffe

Ester, Veresterung, Kondensation, Ester-Gruppe, naturidentischer Aromastoff, unvollständige Reaktion, Hydrolyse, umkehrbare Reaktion, chemisches Gleichgewicht

Lösungen der Aufgaben
und didaktische Hinweise

Kapitel 1:
Aromastoffe – Organische Stoffklassen und chemisches Gleichgewicht

Seite 18 und 19

B1:
offene Aufgabe

B3:
Das Lösemittel im Rundkolben wird erhitzt, bis es verdampft. Die Lösemitteldämpfe steigen hoch und kondensieren an der Kühlschlange des Rückflusskühlers. Das flüssige Lösemittel tropft auf die Substanz in der Extraktionshülse und extrahiert aus der Substanz die im Lösemittel löslichen Bestandteile. Enthält die Extraktionshülse genug Lösemittel, steigt die Lösung in das Heberohr und tropft zurück in den Rundkolben. Das Lösemittel verdampft dann wieder, so dass sich die löslichen Bestandteile aus der Substanz als Lösung im Rundkolben anreichern.

B5:

	B5 Foto	B5 Zeichnung	B4 Apparatur
Destillierkolben	zylinderförmiger Behälter mit Klappe, gefüllt mit Blüten	Behälter oberhalb der Feuerstelle	rechter Rundkolben, gefüllt mit Blüten und Wasser
Destillierbrücke	Kupferrohr zum quaderförmigen Kasten	Rohr vom Destillierkolben zum Kasten mit Kühlschlange	Glasrohr zwischen rechtem Kolben und Vorlage
Kühler	rechteckiger Kasten	rechter Kasten, wassergefühlt mit Kühlschlange	luftgekühltes Glasrohr, eisgekühltes Reagenzglas
Florentiner Flasche	grauer Zylinder vor dem quaderförmigen Kasten	Flasche rechts unten (Bez. C)	eisgekühltes Reagenzglas
Wasser(dampf)-zuführung für den Destillierkolben	Wasserrohre, rot gestrichen	Destillierkolben wird über den Zugang (Bez. t) mit Wasser befüllt	Wasserdampf gelangt aus dem linken Kolben in den Destillierkolben

B7:
Die linke Florentiner Flasche eignet sich zur Gewinnung etherischer Öle, die eine geringere Dichte als Wasser haben – was die Regel ist –, die rechte Flasche für etherische Öle mit einer höheren Dichte als Wasser.

Anmerkung zu V2:
Die Wasserdampfdestillation ist auch in einer vereinfachten Apparatur möglich. Dazu werden Lavendelblüten in einem 1-L-Rundkolben mit ca. 500 mL Wasser zum Sieden erhitzt, das Destillat wird in einer eisgekühlten Vorlage aufgefangen.

Weitere Hinweise zu den Experimenten:
Die Wasserdampfdestillation kann auch mit anderen Pflanzenteilen durchgeführt werden, z. B. mit Nelken oder Orangenschalen. Bei einer Extraktion werden auch die Farbstoffe mit extrahiert, weshalb ein gefärbtes etherisches Öl erhalten wird. Bei der Wasserdampfdestillation erhält man dagegen farblose Öle, die Farbstoffe (Carotinoide, Chlorophylle, Anthocyane etc.) lassen sich auf Grund ihrer hohen Siedetemperaturen nicht verdampfen.

Auswertung a):
Bei der Wasserdampfdestillation V2 destilliert eine Emulsion aus Wasser und Lavendelöl ab. Diese Emulsion wird in dem Roman „Das Parfum" wegen ihres Aussehens als „dünne trübe Suppe" beschrieben.

Auswertung b):
Die Extraktion V4 ist nicht sehr aufwendig, die Ausbeute an etherischem Öl ist aber auch relativ gering. Die Extraktion in der SOXLETH-Apparatur ist aufwendiger, kann aber dafür zur quantitativen Ölgewinnung genutzt werden.

Auswertung c):
Bei einer gewöhnlichen Destillation liegt in einem Rundkolben das Stoffgemisch vor, aus dem die niedrigsiedende Komponente durch Destillation entfernt wird. Bei der Wasserdampfdestillation wird das Wasser erst als Wasserdampf zugeführt. Im rechten Rundkolben kommt es zuerst zur Extraktion der etherischen Öle, die mit dem Wasser abdestilliert werden.

Auswertung d):
Wenn das Wasser im rechten Rundkolben nicht fast die Siedetemperatur erreicht hat, kondensiert der vom linken Kolben eingeführte Wasserdampf vollständig und die Dauer der Destillation verlängert sich dadurch deutlich. Zur schonenden Wasserdampfdestillation sollten die Blüten möglichst kurz den heißen Temperaturen ausgesetzt werden.

Seite 20

A1:
Fläche von Peak 1:
h = 3,3 cm; b = 0,15 cm; $A = b \cdot h$ = 0,15 cm · 3,3 cm = 0,495 cm^2
Fläche von Peak 2:
h = 1,65 cm; b = 0,15 cm; A = 0,2475 cm^2

$$w(\text{Linalylacetat}) = \frac{0{,}495}{0{,}495 + 0{,}2475} \cdot 100\,\% = 66{,}4\,\%$$

$$w(\text{Linalool}) = \frac{0{,}2475}{0{,}495 + 0{,}2475} \cdot 100\,\% = 33{,}3\,\%$$

Die Abweichungen zu den vom Computer errechneten Werten sind erstens darauf zurückzuführen, dass nur die Flächen der Peaks 1 und 2 der beiden Hauptbestandteile berücksichtigt und die weiteren Komponenten vernachlässigt wurden, und zweitens auf Messfehler beim Abmessen der Peakhöhen und -breiten.

Seite 21

A1:

Gegeben:	p(Linalylacetat)	=	15 hPa
	p(Wasser)	=	998 hPa
	M(Linalylacetat)	=	196 g/mol
	M(Wasser)	=	18 g/mol
	m(Wasser)	=	10 g
Gesucht:	m(Linalylacetat)		

$$\frac{n(\text{Linalylacetat})}{n(\text{Wasser})} = \frac{p(\text{Linalylacetat})}{p(\text{Wasser})}$$

$$\Leftrightarrow n(\text{Linalylacetat}) = \frac{p(\text{Linalylacetat}) \cdot n(\text{Wasser})}{p(\text{Wasser})}$$

$$\Leftrightarrow m(\text{Linalylacetat}) = \frac{p(\text{Linalylacetat}) \cdot M(\text{Linalylacetat}) \cdot m(\text{Wasser})}{p(\text{Wasser}) \cdot M(\text{Wasser})}$$

$$\Leftrightarrow m(\text{Linalylacetat}) = \frac{15\,\text{hPa} \cdot 196\,\text{g} \cdot \text{mol}^{-1} \cdot 10\,\text{g}}{998\,\text{hPa} \cdot 18\,\text{g} \cdot \text{mol}^{-1}} = 1{,}64\,\text{g}$$

Bei einer Wasserdampfdestillation bei Normdruck werden mit 10 mL (10 g) Wasser 1,64 g Linalylacetat überdestilliert.

Weitere Hinweise:

Der Zusammenhang zwischen Dampfdruck und Temperatur wird durch die Clausius-Clapeyronsche Gleichung beschrieben. Danach besteht zwischen lg p und $1/T$ eine lineare Beziehung. Diese wird in grafischen Darstellungen für verschiedene Verbindungen unterschiedlicher Siedetemperaturen dokumentiert (vgl. Organikum, Auflage 23, 2009). Anhand dieser Darstellungen können die Siedetemperatur eines Gemisches aus Linalylacetat und Wasser sowie die Dampfdrücke der Komponenten abgeschätzt werden (siehe Abbildung auf der nächste Seite).

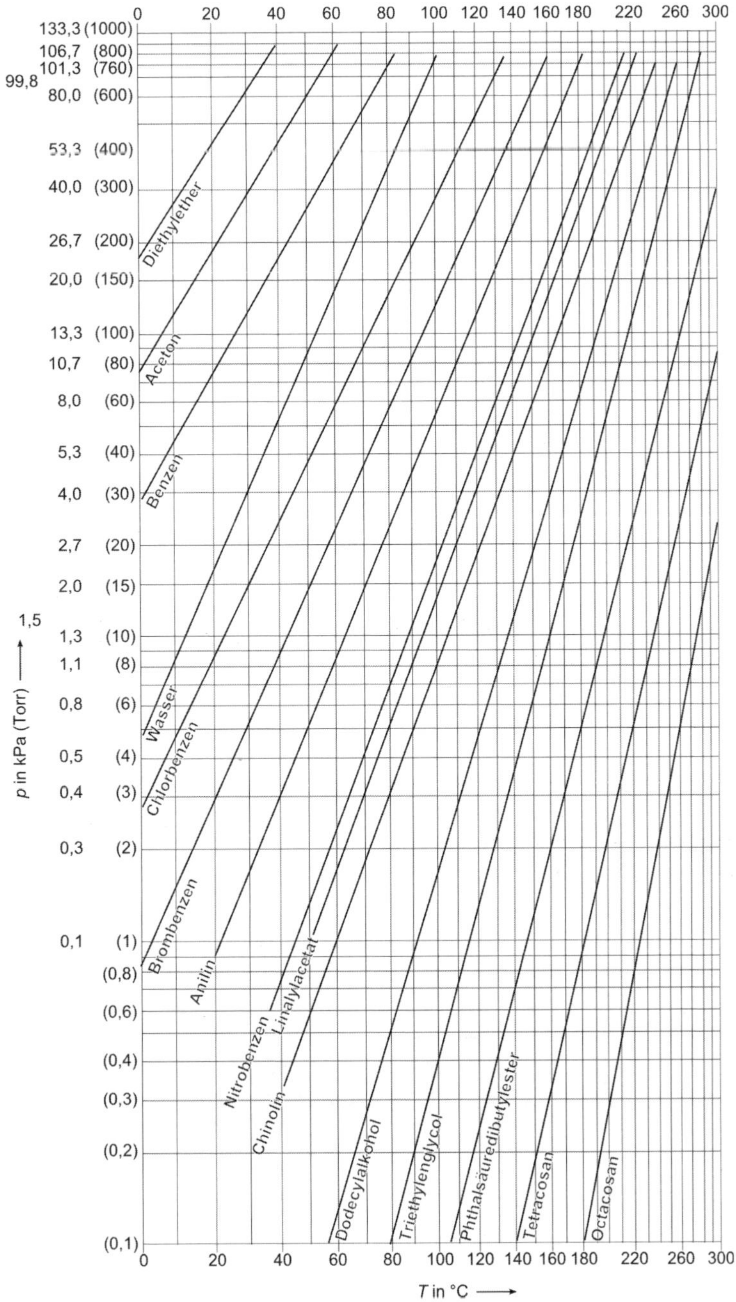
p in kPa (Torr)
T in °C
Diethylether
Aceton
Benzen
Wasser
Chlorbenzen
Brombenzen
Anilin
Nitrobenzen
Linalylacetat
Chinolin
Dodecylalkohol
Triethylenglycol
Phthalsäuredibutylester
Tetracosan
Octacosan
133,3 (1000)
106,7 (800)
101,3 (760)
99,8
80,0 (600)
53,3 (400)
40,0 (300)
26,7 (200)
20,0 (150)
13,3 (100)
10,7 (80)
8,0 (60)
5,3 (40)
4,0 (30)
2,7 (20)
2,0 (15)
1,5
1,3 (10)
1,1 (8)
0,8 (6)
0,5 (4)
0,4 (3)
0,3 (2)
0,1 (1)
(0,8)
(0,6)
(0,4)
(0,3)
(0,2)
(0,1)
0 20 40 60 80 100 120 140 160 180 220 260 300

A2:
Lavendelöl ist ein Gemisch aus zwei Hauptkomponenten und einigen Komponenten, die nur in geringer Konzentration enthalten sind. Parfum ist ein Gemisch vieler verschiedener Komponenten, die jeweils zu einem Peak im Gaschromatogramm führen. Einige Peaks überlagern sich mit Peaks, die eine nahezu gleiche Retentionszeit aufweisen, wodurch die Zuordnung der Peaks zu Bestandteilen erschwert wird.

Seite 22 und 23 EVA

B1:
Die Ausbeute an Rosenöl aus Rosenblüten beträgt 0,02 bis 0,03 %. Die Tagesernte eines Pflückers von 50 kg Rosenblüten ergibt 10 bis 15 g Rosenöl.

B2:
Bei den Bakterienkulturen ist zu erkennen, dass das Bakterienwachstum an den Stellen gehemmt ist, an denen die etherischen Öle aufgetropft worden sind. Dies zeigt, dass die etherischen Öle eine antibakterielle Wirkung haben.

B5:

Butansäureethylester	ϑ_b = 116 °C
Geraniol	ϑ_b = 230 °C
Limonen	ϑ_b = 176 °C
Vanillin	ϑ_b = 285 °C

Butansäureethylester und Limonen sind auf Grund ihrer relativ niedrigen Siedetemperaturen leicht flüchtige Komponenten und könnten daher die Kopfnote eines Parfums bilden. Geraniol mit einer mittleren Siedetemperatur und daher mittleren Flüchtigkeit kommt für die Herznote und Vanillin für die Fondnote infrage.

B6:

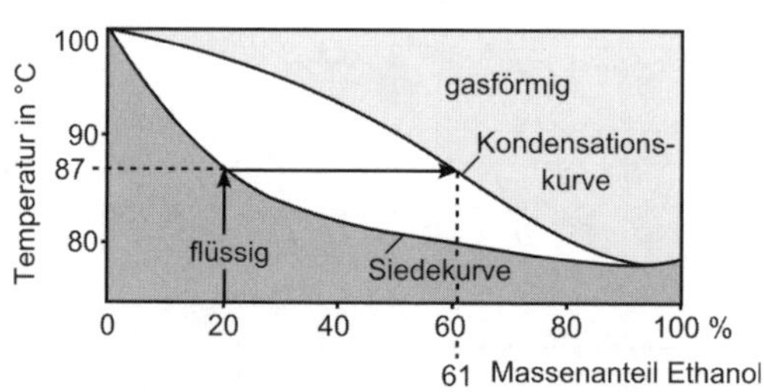

Ein Gemisch aus 20 % Ethanol und 80 % Wasser siedet bei 87 °C. Der Dampf besteht zu 61 % aus Ethanol und 39 % Wasser.

A1:
Beobachtung:
Gibt man einen Tropfen etherisches Öl auf Filterpapier, verdunstet das Öl vollständig. Der Fleck ist nach einigen Minuten nicht mehr zu sehen.
Gibt man einen Tropfen eines Speiseöls auf Filterpapier, bleibt der Fleck erhalten.

Erklärung:
Das etherische Öl ist ein Stoffgemisch aus Stoffen, deren Moleküle relativ klein sind (vgl. Formeln in B1, Seite 32). Beim Verdunsten gehen sie in die Gasphase über. Der Fleck aus etherischem Öl verschwindet vollständig.
Die Moleküle der Stoffe im Speiseöl sind wesentlich größer. Sie gehen nicht in die Gasphase über, der Fleck bleibt erhalten.

A2:

Etherisches Öl	Wirkung; Verwendung
Anisöl	schleimlösend in den Bronchien, krampflösend im Magen-Darm-Trakt; Bonbons, Mundwässer, Anisschnaps
Eukalyptusöl	schleimlösend, örtlich betäubend, erfrischend, antiseptisch, Insekten abweisend; Bonbons gegen Halsschmerzen, Salben zum Einreiben bei Erkältungen, Insektenschutzlotion
Fenchelöl	wie bei Anisöl wegen des hohen Anteils an Anethol, krampflösend bei Leibschmerzen; Tees
Fichtennadelöl	durchblutungsfördernd beim Einreiben; Salben, Badezusätze zur Anwendung bei rheumatischen Beschwerden
Lavendelöl	Insekten vertreibend; Lavendelsäckchen im Kleiderschank zur Mottenabwehr
Orangenöl	fettlösend; Reinigungsmittel, Backaroma
Nelkenöl	stark antiseptisch, örtlich betäubend; Verwendung in der Zahnmedizin, Mundwässer
Pfefferminzöl	schleimlösend, betäubend, kühlend, antibakteriell; Kaugummis, Bonbons, Mundwässer, Tees

Seite 24 und 25

B1:
offene Aufgabe

B2:
Im Parfum ist der Duftstoffanteil deutlich höher als in den anderen Duftwässern. Da die Extraktion der Duftstoffe aufgrund des hohen Arbeitsaufwands sehr kostenintensiv ist, sind Parfums deutlich teurer.

B4:

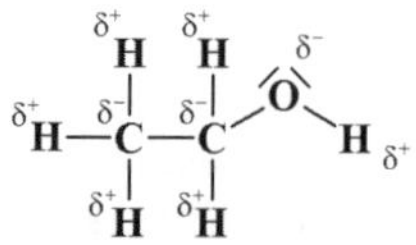

Aufgrund der gewinkelten Struktur bezüglich des Sauerstoff-Atoms und der positiven Partialladung des am Sauerstoff-Atom gebundenen Wasserstoff-Atoms ist das Ethanol-Molekül ein Dipol, der aber nicht so stark ausgeprägt ist wie beim Wasser-Molekül.

B5:
Der Stoff Pentan ist hydrophob/lipophil. Der Stoff Wasser ist hydrophil/liophob. Der Stoff Ethanol lässt sich nicht eindeutig zuordnen. Da in der Molekülstruktur sowohl polare als auch unpolare Molekülteile vorliegen, bezeichnet man Ethanol als amphiphilen Stoff, denn er löst sich sowohl in Pentan als auch in Wasser.

Auswertung a):

- V1:
  Bei der Zugabe von Eau de Parfum zu Wasser tritt eine Trübung auf, es bildet sich eine Emulsion aus den nicht wasserlöslichen Bestandteilen und Wasser. Bei der Zugabe von Ethanol bildet sich wieder eine klare Lösung.
- V2:
  Bei der portionsweisen Zugabe von Ethanol zur Mischung aus Pentan und Wasser erfolgt allmählich eine Vermischung der Phasen und es bildet sich eine Lösung.
- V3:
  Iod: gut löslich in Pentan und Ethanol; schlechter löslich in Wasser
  Glucose: gut löslich in Wasser; schlecht löslich in Pentan; mäßig löslich in Ethanol
  Man sollte möglichst wenig Glucose nehmen, um einen deutlichen Effekt zu erkennen.

Auswertung b):

	Duftstoff-Anteil in %	Alkohol-Anteil in %	Wasser-Anteil in %
Damenparfums			
Parfum	15 bis 20	80 bis 85	0 bis 5
Eau de Parfum	8 bis 15	75 bis 85	0 bis 17
Eau de Toilette	8 bis 12	73 bis 80	8 bis 19
Eau de Cologne	4 bis 8	70 bis 75	17 bis 26
Herrenparfums			
Eau de Toilette	5 bis 10	70 bis 75	15 bis 25
Eau de Cologne	3 bis 5	70 bis 75	17 bis 20
After Shave	2 bis 3	40 bis 60	37 bis 58

Zusammenfassend lässt sich feststellen: Je höher der Duftstoff-Anteil ist, umso höher ist der Alkohol-Anteil und umso niedriger der Wasser-Anteil eines Parfums. Der hohe Alkohol-Anteil ist erforderlich, damit die Löslichkeit der Duftstoffe in der Alkohol-Wasser-Lösung gewährleistet ist. Bei einem zu hohen Wasser-Anteil würden die Duftstoffe als Trübung ausfallen (vgl. Beobachtung zu V1).

Auswertung c):

	Pentan	Wasser	Ethanol
Pentan	Van-der-Waals-Kräfte	---	Wasserstoffbrückenbindungen, Dipol-Dipol-Wechselwirkungen
Wasser	---	Wasserstoffbrückenbindungen, Dipol-Dipol-Wechselwirkungen	Wasserstoffbrückenbindungen, Dipol-Dipol-Wechselwirkungen
Ethanol	Van-der-Waals-Kräfte	Wasserstoffbrückenbindungen, Dipol-Dipol-Wechselwirkungen	Wasserstoffbrückenbindungen, Dipol-Dipol-Wechselwirkungen

Da zwischen Wasser- und Pentan-Molekülen keine Wechselwirkungen ausgebildet werden, lösen sich die beiden Stoffe nicht ineinander und bilden ein Zwei-Phasen-System. Tropft man nun Ethanol hinzu, bilden sich sowohl zwischen Ethanol- und Pentan-Molekülen als auch zwischen Ethanol- und Wasser-Molekülen die in der Tabelle angegebenen Wechselwirkungen aus. Dies führt zur Auflösung der Phasengrenze. Ethanol wirkt also als Lösungsvermittler zwischen Pentan und Wasser.

Auswertung d):
Iod-Moleküle sind unpolar und daher löst sich Iod gut in lipophilen Stoffen wie Pentan. In Iod-Molekülen können Dipole induziert werden, da die Elektronen in der Hülle durch Partialladungen benachbarter Moleküle beeinflusst werden können. Daher ist auch eine gewisse Löslichkeit des Iods in Wasser zu beobachten.
Glucose-Moleküle weisen Hydroxy-Gruppen auf, die Wasserstoffbrückenbindungen zu Wasser-Molekülen ausbilden können. Daher ist die Löslichkeit der Glucose in Wasser sehr gut. Die Polarität des Glucose-Moleküls hindert die Löslichkeit der Glucose in lipophilen Medien wie Pentan.

Seite 26 und 27

B1:
Ethanol in Glasreinigern ist zum einen Lösemittel für hydrophobe Stoffe und zum anderen beschleunigt es die Verdunstung des Reinigers von der Glasoberfläche.

B2:
Da Pentan eine geringere Dichte als Wasser hat, ist die obere Phase die organische Phase, also hier die Pentan-Phase, und die untere die wässrige Phase.

B3:
Wasserstoffbrückenbindungen bilden sich zwischen elektronegativen Atomen und Wasserstoff-Atomen mit einer starken Partialladung aus. Dazu müssen die Wasserstoff-Atome an stark elektronegative Atome wie Sauerstoff, Fluor und Stickstoff gebunden sein.

Dies ist bei den Wasserstoff-Atomen der Hydroxy-Gruppe der Fall, bei den Wasserstoff-Atomen aus dem Alkyl-Rest nicht.

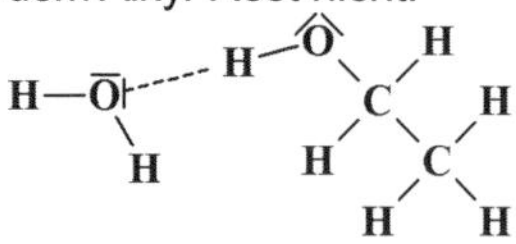

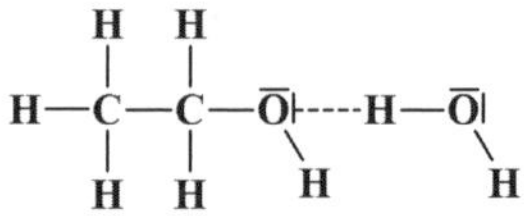

B4:
Die Struktursymbole sind schneller zu zeichnen als die Valenzstrichformeln. Außerdem geben Sie den Aufbau der Kohlenstoffkette als Zick-Zack-Kette und damit den räumlichen Aufbau besser wieder.
Aus den Valenzstrichformeln lässt sich durch Abzählen schneller die Summenformel ablesen und die Wasserstoff-Atome werden dargestellt, sodass sie nicht wie beim Struktursymbol vergessen werden können.

B5:
Die Molekülformel aller Alkohole aus der Tabelle lautet $\mathbf{C_4H_{10}O}$. Es handelt sich also um Isomere.

Butan-1-ol besitzt die höchste Siedetemperatur der isomeren Butanole. Zwischen den unverzweigten Butyl-Gruppen treten demnach die stärksten Van-der-Waals-Kräfte auf. Entsprechend ist auch die Wasserlöslichkeit von Butan-1-ol am geringsten.
Der Vergleich der Siedetemperaturen von Butan-1-ol und Butan-2-ol sowie von 2-Methylpropan-1-ol und 2-Methylpropan-2-ol zeigt, dass die Van-der-Waals-Kräfte abnehmen, wenn die Hydroxy-Gruppe nicht endständig, sondern am 2. Kohlenstoff-Atom gebunden ist. Entsprechend ist die Wasserlöslichkeit von Butan-2-ol größer als die von Butan-1-ol und die von 2-Methyl-2-propanol größer als die von 2-Methyl-1-propanol.
Der Vergleich der Siedetemperaturen von Butan-2-ol und 2-Methylpropan-1-ol zeigt, dass die Verzweigung der Alkyl-Gruppe einen geringeren Einfluss auf die Eigenschaften hat als die Stellung der Hydroxy-Gruppe.

B6:
Glycol wird in Frostschutzmitteln für das Wasserkühlsystem in Autos eingesetzt und stellt eine wichtige Grundchemikalie in der Kunststoffindustrie dar.
Glycerin wird in Kosmetika verwendet und dient als Edukt bei der Synthese von Nitroglycerin, einem Sprengstoff.
Sorbit ist ein Zuckerersatzstoff und wird häufig in zuckerfreien und für Diabetiker geeigneten Lebensmitteln eingesetzt.

B7:

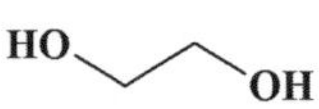

Glycol

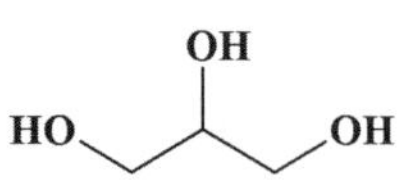

Glycerin

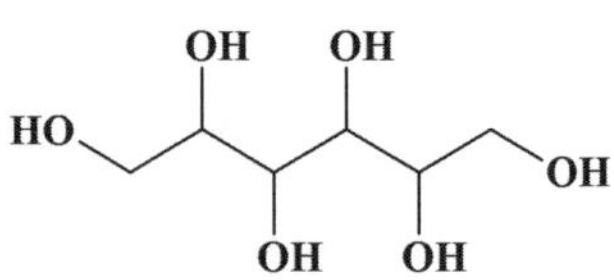

Sorbit

Anmerkung: Bei Sorbit wurde auf die Unterscheidung der optischen Isomere verzichtet.

Auswertung a):

Alkohol	Löslichkeit in Pentan	Löslichkeit in Wasser
Methanol	schlecht	gut
Ethanol	gut	gut
Propan-1-ol	gut	gut
Butan-1-ol	gut	schlecht
Pentan-1-ol	gut	schlecht
Ethandiol	schlecht	gut
Propantriol	schlecht	gut

Die beobachteten Tendenzen zeigen Struktur-Eigenschaftsbeziehungen bezüglich der Löslichkeit:
Je länger der Alkyl-Rest im Alkohol-Molekül ist, um so schlechter ist die Wasserlöslichkeit bzw. um so besser ist die Löslichkeit in Pentan. Zwischen dem Alkyl-Rest und Wasser-Molekülen können keine zwischenmolekularen Wechselwirkungen ausgebildet werden. Zwischen Pentan-Molekülen und den Alkyl-Resten bilden sich VAN-DER-WAALS-Kräfte aus.
Je größer die Anzahl an Hydroxy-Gruppen ist, um so besser ist die Wasserlöslichkeit bzw. um so schlechter ist die Löslichkeit in Pentan. Über die Hydroxy-Gruppen können die Alkohol-Moleküle Wasserstoffbrückenbindungen ausbilden, wodurch die Wasserlöslichkeit erhöht wird. Die Hydroxy-Gruppen sind polar und verschlechtern damit die Löslichkeit der Alkohole im hydrophoben Pentan.

Auswertung b):
Aus den Beobachtungen zu Versuch 2 ist zu schließen, dass Ethanol in Wasser besser löslich ist als in Pentan, da sich eine Wasser-Ethanol-Phase von 4 mL aus 2 mL Wasser und 2 mL Ethanol ergibt und eine Pentan-Phase von 2 mL.
Propan-1-ol ist in Wasser und Pentan etwa gleich gut löslich. Die Wasser-Phase beträgt wie die Pentan-Phase 3 mL.
Butanol ist besser in Pentan löslich. Dies lässt den Schluss zu, dass im Ethanol-Molekül die Hydroxy-Gruppe einen stärkeren Einfluss auf die Löslichkeit hat als die Ethyl-Gruppe und dass bei Propan-1-ol der Einfluss der Hydroxy-Gruppe und der der Propyl-Gruppe gleich ist. Die Butyl-Gruppe und höhere Alkyl-Gruppen überwiegen den Einfluss der Hydroxy-Gruppe auf die Löslichkeit.

A1:
Glycol: Ethan-1,2-diol
Glycerin: Propan-1,2,3-triol
Sorbit: Hexan-1,2,3,4,5,6-hexol

A2:
Hexan-1-ol-Moleküle weisen nur eine Hydroxy-Gruppe pro Molekül auf, Sorbit-Moleküle dagegen sechs Hydroxy-Gruppen pro Molekül bei gleicher Anzahl von Kohlenstoff-Atomen. Sorbit ist stark hydrophil. Im Hexan-1-ol-Molekül hat dagegen die unpolare Hexyl-Gruppe einen größeren Einfluss als die Hydroxy-Gruppe und der Stoff ist hydrophob.

Seite 28

B3:
Beim Sieden einer Verbindung werden die zwischenmolekularen Bindungen überwunden. Ethanol-Moleküle haben Hydroxy-Gruppen, die untereinander relativ starke Wasserstoffbrückenbindungen ausbilden. Zwischen Dimethylether-Molekülen treten nur die schwächeren Dipol-Dipol-Kräfte auf. Daher siedet Dimethylether bereits bei einer niedrigeren Temperatur als Ethanol.
Die bessere Wasserlöslichkeit von Ethanol lässt sich damit erklären, dass Ethanol-Moleküle über die Hydroxy-Gruppe Wasserstoffbrückenbindungen zu Wasser-Molekülen bilden können. Das Dimethylether-Molekül enthält eine polare Ether-Gruppe, über die lediglich eine Hydratation durch Wasser-Moleküle möglich ist, die zwar eine gewisse, aber deutlich geringere Wasserlöslichkeit von Dimethylether bewirkt.

Auswertungen a) und b):
Vgl. Schülerband Seite 28, rechte Spalte.

Seite 29

B3:
Bei der Ionisierung der Verbindung treten vor allem Molekülfragmente mit 31 u und 32 u sowie 15 u auf. Die Peaks mit der höchsten Molekülmasse geben die Molekülmasse der Verbindung an. Daraus lässt sich schließen, das es sich um das Molekül mit der Summenformel CH_4O handelt (12 u + 16 u + 4 u = 32 u). Der für die Methyl-Gruppe charakteristische Peak mit 15 u und die Information, das es sich um einen einwertigen Alkohol handelt, sprechen für das Massenspektrum von Methanol.

Seite 30 und 31

B3:
Im Reinheitsgebot zum Bierbrauen von 1516 ist festgehalten, dass zum Brauen von Deutschem Bier nichts anderes als Gerste, Hopfen und Wasser verwendet werden darf. Das Deutsche Reinheitsgebot ist das älteste, heute noch gültige Lebensmittelgesetz der Welt.

Auswertung a):
offene Aufgabe

Auswertung b):
Die Bestimmung des Alkohol-Anteils über die Dichte gelingt nur bei reinen Wasser-Alkohol-Lösungen. Im Gäransatz sind aber zusätzlich Zucker und Hefe enthalten, die die Dichte der Lösung beeinflussen. Bei der Destillation erhält man ein Destillat, das nur aus Alkohol

und Wasser besteht, da die übrigen Stoffe bei der Destillationstemperatur nicht verdampfen.

INFO Auswertung a):

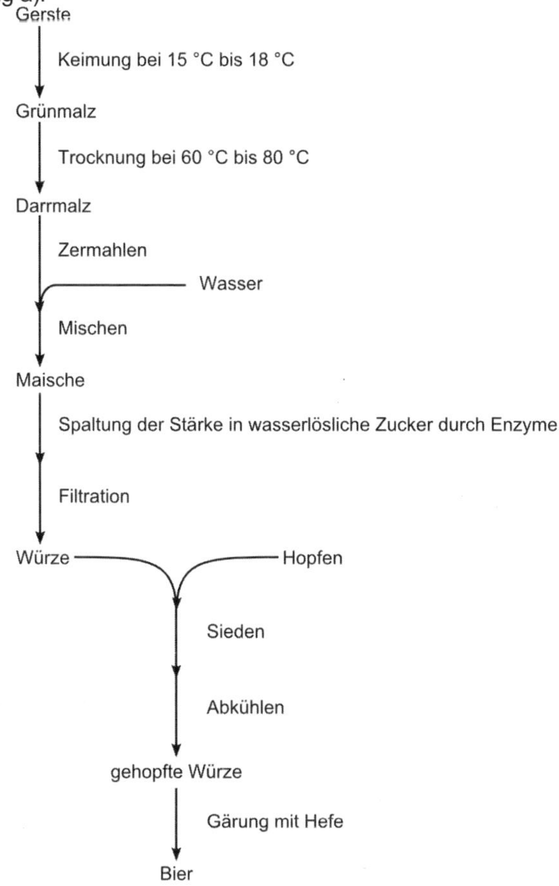

INFO Auswertung b):
Bei schneller Gärung wird pro Zeiteinheit viel Kohlenstoffdioxid gebildet. Die starke Gasentwicklung hält die Mischung in Bewegung und bewirkt, dass die Hefe nach oben steigt. Bei langsamer Gärung bei niedriger Temperatur ist die Gasbildung schwach und das Verwirbeln der Mischung gering, die Hefe setzt sich ab.

INFO Auswertung c):
Bei der zum Abdestillieren des Alkohols bei Normdruck notwendigen Erhitzung würden auch Aromastoffe verdampfen.

A1:
Berechnung des Blutalkoholgehaltes φ eines Mannes von 70 kg Gewicht nach dem Genuss von einem Glas Bier (0,3 L; 11,8 g Alkohol):

$$\phi\,(\text{Blutalkohol}) = \frac{m\,(\text{Alkohol})\text{ in g}}{m\,(\text{Person})\text{ in kg}\cdot K}$$

Mit K = 0,68 und m(Alkohol) = 11,8 g ergibt sich:

$$\phi\,(\text{Blutalkohol}) = \frac{11{,}8}{70\cdot 0{,}68} = 0{,}25\,‰$$

A2:
Gründe, die zum Alkoholmissbrauch führen können:
Trinken aus Langeweile; bei Depressionen (Text aus „Der kleine Prinz"); als Versuch, Probleme zu verdrängen; wegen Gruppenzwang (weil alle Alkohol trinken und man dazu gehören will).

Beispiele für Regeln zum vernünftigen Umgang mit Alkohol:
- Alkoholische Getränke nicht zum Durstlöschen trinken.
- Sich nicht von anderen zum Trinken verleiten lassen und andere nicht zum Trinken auffordern.
- Nicht trinken, um Probleme zu verdrängen.

A3:
Aspekte in der Werbung für alkoholische Getränke:
- sich etwas Gutes gönnen
- jung sein und dazu gehören
- Gemütlichkeit
- Lebensfreude
- gute Stimmung
- Natürlichkeit und Reinheit der Produkte

A4:
Die brennende Kerze soll den Winzer vor einem zu hohem Kohlenstoffdioxid-Gehalt in der Luft des Gärkellers warnen.

Seite 32 und 33

B3:
Das Kalottenmodell zeigt sehr gut, welchen Raum das Molekül einnimmt und welche Atome bzw. Atomgruppen in dem Molekül nahe zueinander angeordnet sind. Die Bindungen zwischen den Kohlenstoff-Atomen lassen sich in dem Kalottenmodell allerdings nicht mehr erkennen. Diese Information kann man aus dem Struktursymbol hingegen gut ablesen.

B4:

Butansäureethylester kann aus Butansäure (linker Teil des Kalottenmodells mit den beiden rot dargestellten Sauerstoff-Atomen) und Ethanol (senkrecht angeordneter Teil des Kalottenmodells) hergestellt werden.

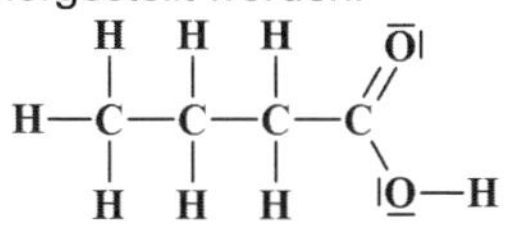

Butansäure

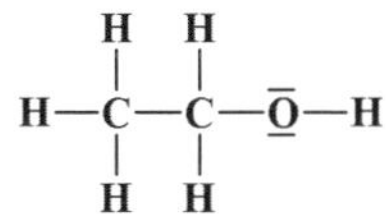

Ethanol

B5:

Bei der „Übersetzung" in die Valenzstrichformel stellt man fest, dass an zwei Kohlenstoff-Atomen keine vier Bindungspartner über Stäbchen verbunden sind. Dabei handelt es sich um ungesättigte Kohlenstoff-Atome, die eine Doppelbindung zum benachbarten Kohlenstoff-Atom eingehen. In den Computerbildern werden Doppelbindungen nur als Stäbchen dargestellt und lassen sich erst durch Abzählen der Bindungspartner identifizieren. Insgesamt lässt sich dann erkennen, dass es sich um die Computerbilder von Limonen und Geraniol handelt.

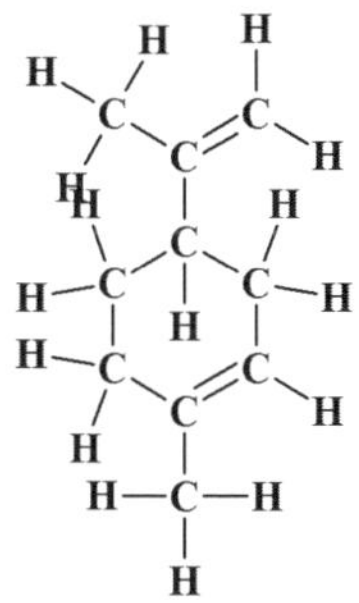

Limonen

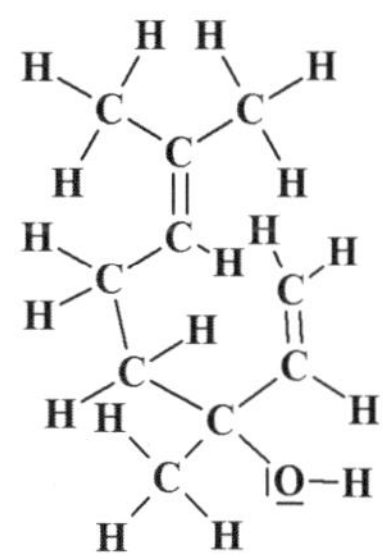

Geraniol

Auswertung a):

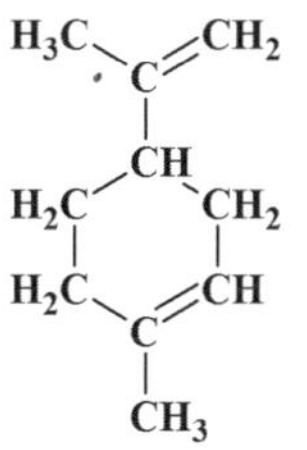

$C_{10}H_{16}$

Limonen

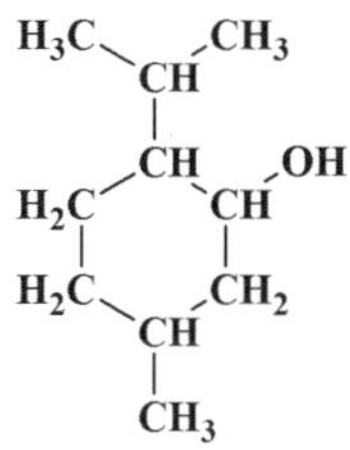

$C_{10}H_{20}O$

Menthol

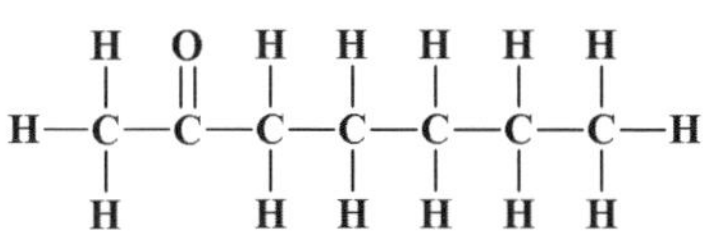

$C_7H_{14}O$

Heptan-2-on

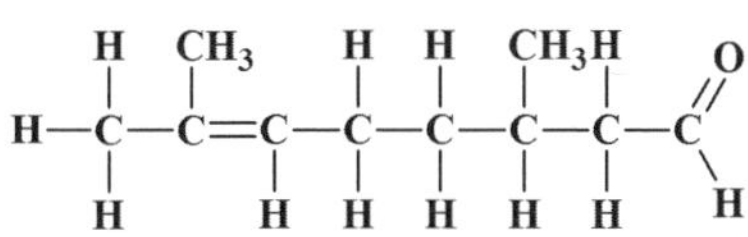

$C_{10}H_{18}O$

Citronellal

Auswertung b):
Ordnungsmöglichkeiten der verschiedenen Verbindungen nach

- gleichen Atomgruppierungen (funktionellen Gruppen)
- Kohlenstoff-Ringen (Cyclohexan, Cyclohexen, Benzol)
- Kohlenstoff-Kohlenstoff-Doppelbindungen
- Anzahl der Kohlenstoff-Atome im Molekül
- Siedetemperaturen

Auswertung c):

Funktionelle Gruppe	Verbindung
Hydroxy-Gruppe	Eugenol, Geraniol, Linalool, Menthol, Terpineol, Vanillin
Carbonyl-Gruppe	Benzaldehyd, Citronellal, Heptanon, Ionon, Vanillin, Zimtaldehyd
Alkoxy-Gruppe	Eugenol, Vanillin
Ester-Gruppe	Ethansäurebenzylester, Butansäureethylester, Linalylacetat

Auswertung d):
Vgl. Links unter *Chemie 2000+ Online*.

Seite 36 und 37

B1:
Bei einer Erkältung sind die Schleimhäute geschwollen und mit einem zähen Schleim belegt, so dass Duftstoffe die Riechhärchen nicht erreichen und die Duftstoff-Moleküle nicht an die Rezeptor-Moleküle gebunden werden können.

B2:
Die Moleküle der Stoffe, die Hauptbestandteil im Extrakt von Vanilleschoten sind, haben alle den Benzol-Ring als gemeinsames Strukturelement. Auch die Hydroxy-Gruppe, die im Benzol-Ring einer Carboxy- oder einer Aldehyd-Gruppe gegenüberliegt, ist für Geruchseindruck Vanille bedeutsam.

A1:

Limonen	positive Bromwasserprobe	Addition von 2 mol Brom pro mol Limonen
Menthol	negative Bromwasserprobe	
Geraniol	positive Bromwasserprobe	Addition von 2 mol Brom pro mol Geraniol
Linalool	positive Bromwasserprobe	Addition von 2 mol Brom pro mol Linalool
Terpineol	positive Bromwasserprobe	Addition von 1 mol Brom pro mol Terpineol

A2:
Zu den Terpenen gehört von den angegebenen Aromastoffen Limonen.
Terpenderivate sind Citronellal, Geraniol, Ionon, Linalool, Linalylacetat, Menthol, Terpineol.

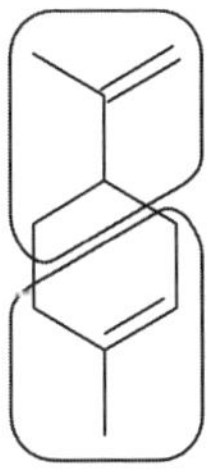

Limonen

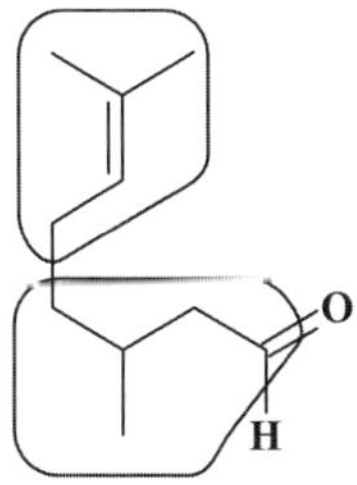

Citronellal

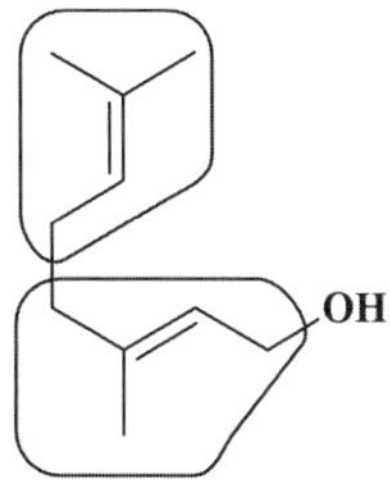

Geraniol

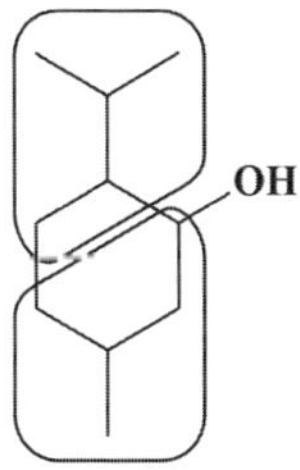

Menthol

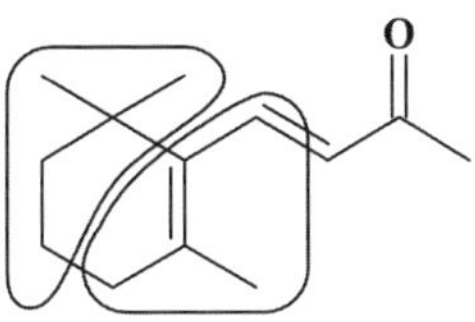

Ionon

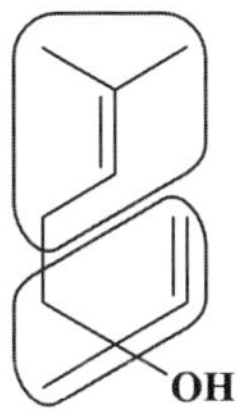

Linalool

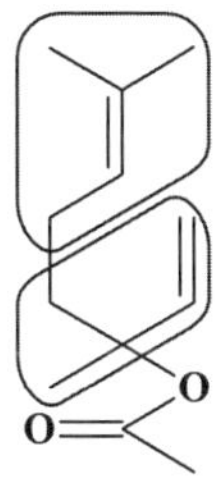

Linalylacetat

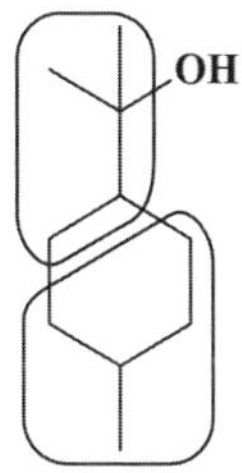

Terpineol

A3:

Die Moleküle von *β*-Carotin und Lycopin enthalten jeweils 8 Isopren-Einheiten.

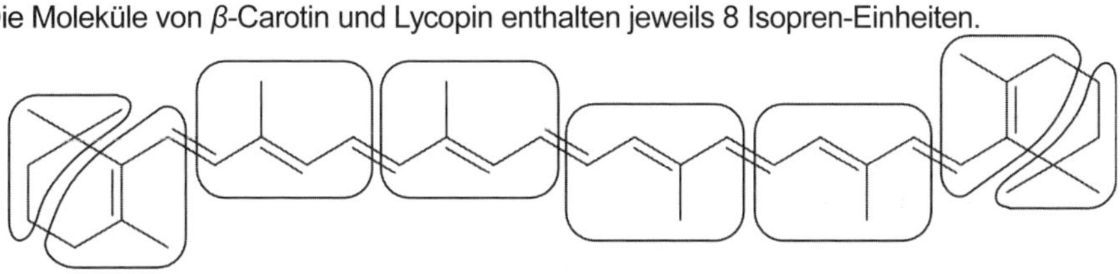

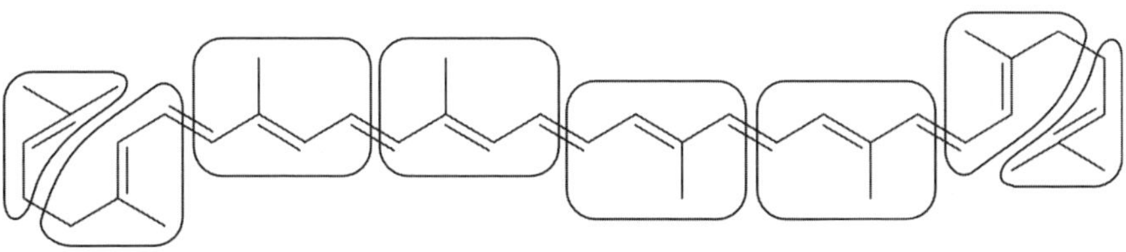

A4:

Die farbgebenden Verbindungen Lycopin und *β*-Carotin sind unpolare, hydrophobe Kohlenwasserstoffverbindungen, die sich gut in unpolaren Lösemitteln wie Ölen und Fetten lösen. Wegen des Fehlens von polaren Gruppen wie Hydroxy-Gruppen in den Molekülen sind sie in Wasser schlecht löslich.

Seite 38 und 39

B1:
Vanillezucker besteht aus Zucker und dem Extrakt aus Vanilleschoten. Vanillinzucker ist ein Gemisch aus Zucker und dem industriell synthetisierten Vanillin, das ein Hauptbestandteil der Aromastoffe aus Vanilleschoten ist. Für Vanillinzucker benötigt man also keine teuren, echten Vanilleschoten, aus denen die Aromastoffe extrahiert werden müssen.

B2:
Bei dem Grundgerüst (blau markiert) handelt es sich um ein cyclisches Gerüst aus gesättigten und ungesättigten Kohlenstoff-Atomen, das die Bezeichnung „benz" (von Benzol) erhält.
Angewandte Nomenklaturregeln:
Der Stammname wird durch die funktionelle Gruppe mit der höchsten Priorität vorgegeben (Aldehyd bzw. Säure).
Die Positionen der Substituenten an dem Grundgerüst Benzol werden mit Ziffern angegeben. Die Aufzählung der Substituenten erfolgt in alphabetischer Reihenfolge.

B3:

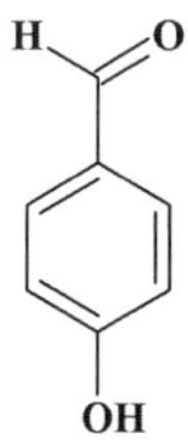

4-Hydroxybenzaldehyd

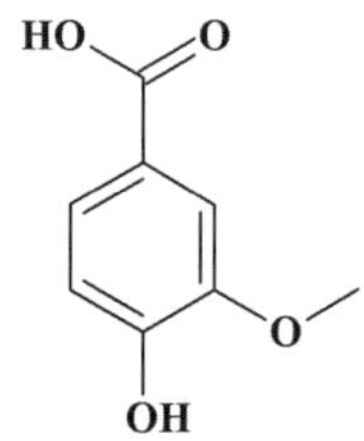

4-Hydroxy-3-methoxybenzoesäure

B4:
Oben ist eine Hydroxy-Gruppe an den Benzol-Ring gebunden. Gegenüber liegt eine Aldehyd-Gruppe. Und benachbart zur Hydroxy-Gruppe ist eine Methoxy-Gruppe gebunden. Die systemtische Bezeichnung Vanillin lautet 4-Hydroxy-3-methoxybenzaldehyd (vgl. B2).

B5:

Strukturverwandte	Unterschied zu Vanillin-Molekül
Eugenol	Statt der Aldehyd-Gruppe ist im Eugenol-Molekül ein Propen-2-yl-Rest gebunden.
Zingeron	Statt der Aldehyd-Gruppe ist im Zingeron-Molekül ein Butan-3-on-Rest gebunden.
p-Salicylsäuremethylester	Im Molekül fehlt die Methoxy-Gruppe am Kohlenstoff-Atom 3 des Benzol-Rings und statt der Aldehyd-Gruppe ist eine Methylester-Gruppe gebunden.

Strukturverwandte	Unterschied zu Vanillin-Molekül
Ethylvanillin	Statt der Methoxy-Gruppe ist eine Ethoxy-Gruppe gebunden.
Isovanillin	Die Hydroxy- und die Methoxy-Gruppe haben die Position getauscht.

Auswertung a):
Die Vanilleschote und der Vanillezucker haben ähnlich intensive Gerüche. Der Geruch von Vanillinzucker ist deutlich schwächer und unterscheidet sich stark von den anderen beiden Proben.

Auswertung b):
Die Zuckerkristalle lösen sich vollständig in Wasser, während im Ethanol keine Löslichkeit zu beobachten ist. Die schwarzen Pünktchen aus der Vanilleschote und aus dem Vanillezucker lösen sich in keinem Lösemittel. Die in B2 und B3 angegebenen Moleküle weisen ein unpolares Kohlenstoffgerüst auf und polare Substituenten, so dass hier eine Löslichkeit in einem hydrophilen Medium wie Ethanol vorausgesagt werden kann.

Auswertung c):
Das Molekül der 4-Hydroxybenzoesäure weist mit der Hydroxy- und der Carboxy-Gruppe zwei Substituenten auf, die Wasserstoffbrückenbindungen mit den Hydroxy-Gruppe der Kieselsäure eingehen kann, während die Moleküle des 4-Hydroxy-3-methoxybenzaldehyds nur über die Hydroxy-Gruppe Wasserstoffbrückenbindungen eingehen können. Zwischen der stationären Phase und der 4-Hydroxybenzoesäure werden also die stärksten zwischenmolekularen Kräfte als Wasserstoffbrückenbindungen auftreten.

Auswertung d):
Das Dünnschichtchromatogramm des Vanille-Extraktes weist mehrere Banden auf, während beim Dünnschichtchromatogramm des Vanillinzucker-Extraktes nur eine Bande zu sehen ist. Diese Bande ist der Substanzfleck des Vanillins, die auf gleicher Höhe auch im Vanille-Extrakt-Chromatogramm zu sehen ist und so identifiziert werden kann.

Auswertung e):
Die Dünnschichtchromatogramme des Extraktes aus den Vanilleschoten und aus dem Vanillezucker weisen mehrere Banden auf, die z. T. auf gleicher Höhe liegen, während der Extrakt aus dem Vanillinzucker nur eine Bande aufweist, die dem Stoff Vanillin zugeordnet werden kann.
Der Geruchseindruck Vanille wird also durch ein Stoffgemisch verschiedener Aromastoffe hervorgerufen, während im Vanillinzucker nur der Hauptbestandteil des Vanille-Geruchs, das Vanillin, vorhanden ist.

A1:
Linalool und Linalylacetat sind Strukturverwandte. Anstelle der Hydroxy-Gruppe im Linalool-Molekül hat das Linalylacetat-Molekül einen Ethansäureester-Rest.

Limonen und Terpineol sind ebenfalls Strukturverwandte, deren Moleküle sich durch den Substituenten oben an dem Cyclohexen-Ring unterscheiden.
Auch Geraniol und Citronellal sind strukturverwandt. Zum einen unterscheiden sich die Moleküle durch die funktionelle Gruppe (Hydroxy-Gruppe im Geraniol-Molekül bzw. Aldehyd-Gruppe im Citronellal-Molekül). Zum anderen weist das Geraniol-Molekül im Gerüst zwei C=C-Doppelbindungen auf, während das Citronellal-Molekül nur eine dieser Doppelbindungen hat.

Seite 40 und 41

B1:
Wenn aus dem Kupferoxid Kupfer entsteht, liegt eine Reduktion vor. Da mit einer Reduktion immer auch eine Oxidation einhergeht, muss der andere Reaktionspartner, also der getestete Alkohol, oxidiert werden.

B2:

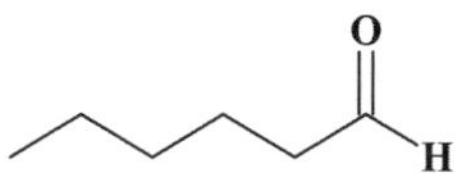

Hexanal

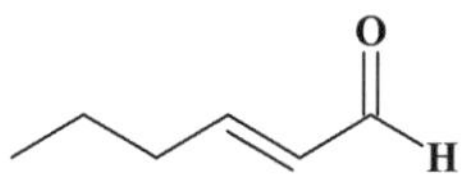

Hex-2-enal

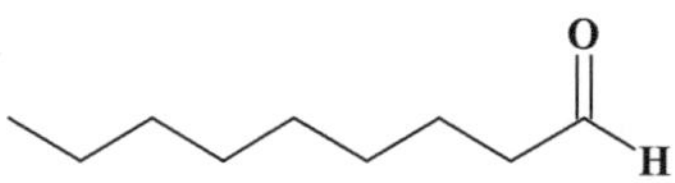

Nonanal

B3:
Die Siedetemperaturen der Alkanale sind deutlich niedriger als die Siedetemperaturen der entsprechenden Alkanole mit gleicher Kettenlänge. So siedet z. B. Ethanol bei 78 °C und Ethanal bereits bei 21 °C. Zwischen den Hydroxy-Gruppen der Alkanol-Moleküle wirken relativ starke Wasserstoffbrückenbindungen. Da die Siedetemperaturen der Alkanale gleicher Kettenlänge deutlich niedriger liegen, müssen schwächere intermolekulare Wechselwirkungen vorliegen. Das Wasserstoff-Atom der Aldehyd-Gruppe ist schwächer positiv polarisiert als das Wasserstoff-Atom der Hydroxy-Gruppe. Das könnte dazu führen, dass keine Wasserstoffbrückenbindungen, sondern lediglich Dipol-Dipol-Kräfte wirksam sind.

B4:

a) Zu den in V1 eingesetzten primären Alkoholen zählen Ethanol, Propan-1-ol und Butan-1-ol. Beim Ethanol besteht der Rest R aus einer Methyl-Gruppe, bei Propan-1-ol aus einer Ethyl-Gruppe und bei Butan-1-ol aus einer Propyl-Gruppe. Butan-2-ol ist ein sekundärer Alkohol, einer der Reste besteht aus einer Methyl-Gruppe, der andere aus einer Ethyl-Gruppe.

b) Die beiden Wasserstoff-Atome, die auf den Reaktionspfeilen angeführt sind, bilden mit einem Sauerstoff-Atom aus dem Kupferoxid ein Wasser-Molekül.

Auswertung a):
Beim Erhitzen des Kupferblechs reagiert Kupfer mit dem Luftsauerstoff zu Kupferoxid:
$2\,Cu(s) + O_2(g) \rightarrow 2\,CuO(s)$

Auswertung b):
Taucht man das heiße, oxidierte Blech in den Alkohol, zischt es und das Blech färbt sich in dem Bereich, der benetzt ist, kupferfarben.
Es findet eine Oxidation des jeweiligen Alkohols statt. Die primären Alkohole Ethanol, Propan-1-ol und Butan-1-ol reagieren zu Aldehyden, das sekundäre Butan-2-ol zum Keton (vgl. Auswertung c). Kupferoxid wird jeweils zu Kupfer reduziert.

Auswertung c):

Alkohol	Reaktions-produkt	Reaktionsgleichung
Ethanol	Ethanal	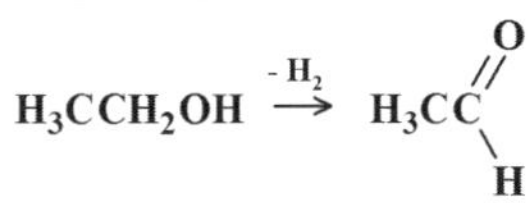
Propan-1-ol	Propanal	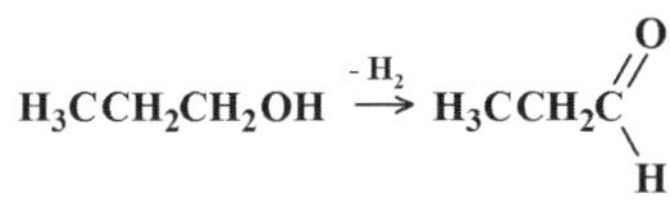
Butan-1-ol	Butanal	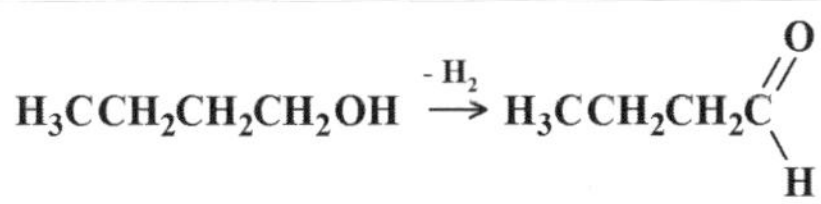
Butan-2-ol	Butanon	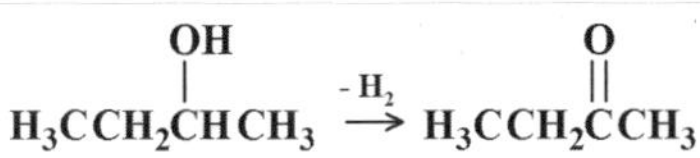

Auswertung d):
Nur die Oxidationsprodukte der primären Alkohole färben SCHIFF-Reagenz violett, nicht jedoch die Alkohole bzw. das Oxidationsprodukt von Butan-2-ol.
Also entstehen aus Ethanol, Propan-1-ol und Butan-1-ol Aldehyde.

Auswertung e):
Versetzt man Zimtöl, Bittermandelöl, andere etherische Öle, Eau de Parfums oder Vanillezucker mit SCHIFF-Reagenz, erhält man eine rotviolette Färbung. Damit weist man nach, dass die untersuchten Proben Aldehyde enthalten.

A1:

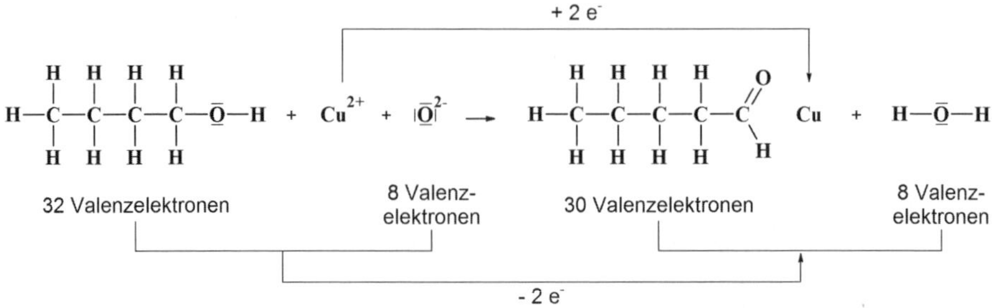

A2:

Die allgemeine Struktur eines tertiären Alkohol-Moleküls ist **R_3C–OH**.

Bei einem primären Alkohol-Molekül sind an das die Hydroxy-Gruppe tragende Kohlenstoff-Atom ein Rest **R** und zwei Wasserstoff-Atome gebunden.

Bei einem sekundären Alkohol-Molekül sind an das die Hydroxy-Gruppe tragende Kohlenstoff-Atom zwei Reste **R** und ein Wasserstoff-Atom gebunden.

Bei einem tertiären Alkohol-Molekül sind an das die Hydroxy-Gruppe tragende Kohlenstoff-Atom drei Reste **R** und kein Wasserstoff-Atom gebunden.

A3:

Bei der Oxidation eines Alkohols zu einer Carbonylverbindung werden aus dem Alkohol-Molekül zwei Wasserstoff-Atome abgespalten, von denen eines am Kohlenstoff-Atom gebunden ist, das die Hydroxy-Gruppe trägt. Bei einem tertiären Alkohol befinden sich an diesen Kohlenstoff-Atomen keine Wasserstoff-Atome im Molekül.

A4:

a) Propan-2-ol kann zu Propanon oxidiert werden.

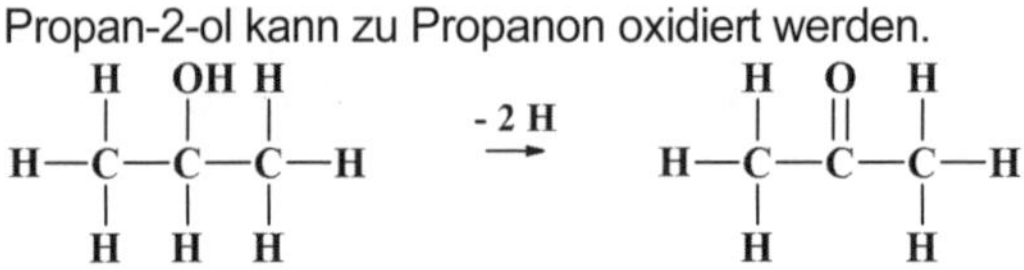

Propan-2-ol Propanon

b) 2-Methyl-propan-1-ol kann zu 2-Methylpropanal oxidiert werden.

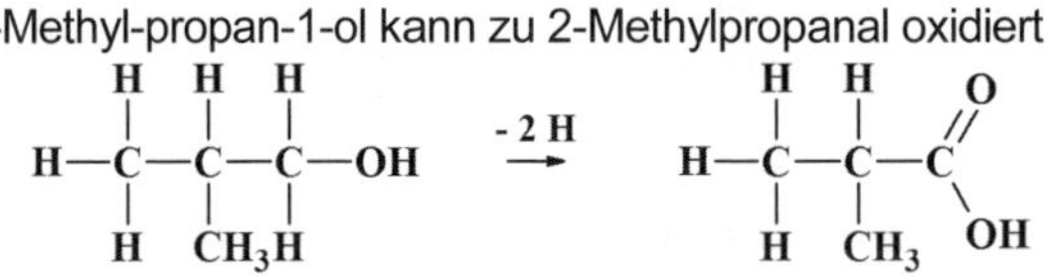

2-Methylpropan-1-ol 2-Methylpropanal

c) Pentan-1-ol kann zu Pentanal oxidiert werden.

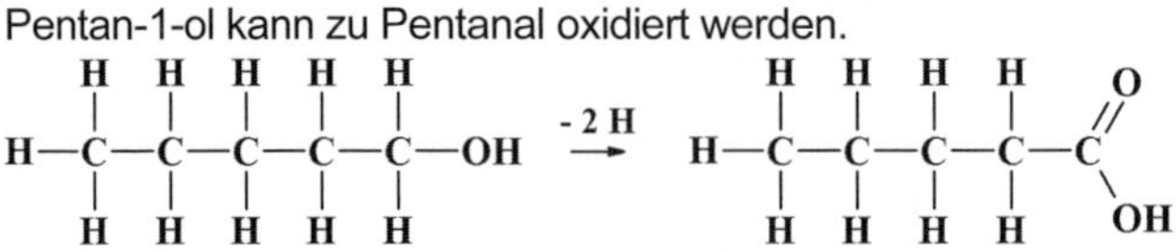

Pentan-1-ol Pentanal

d) Hexan-3-ol kann zu Hexan-3-on oxidiert werden.

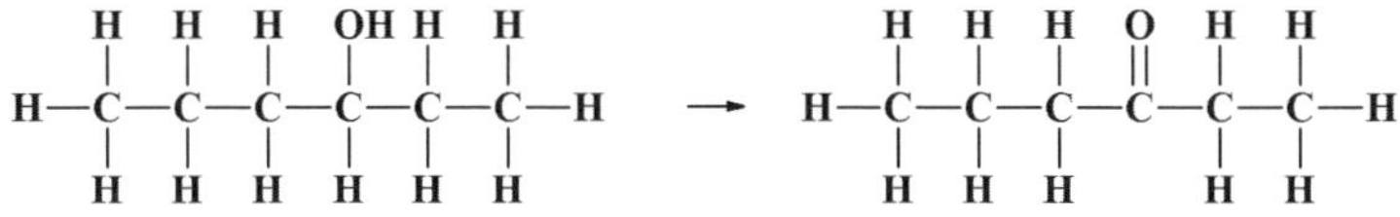

Hexan-3-ol → Hexan-3-on

Seite 42 und 43

B1:

Die Lösung ist zunächst blau gefärbt, weil sie gelöste Kupfer-Ionen aus der FEHLING-Lösung enthält. Die rote Färbung der entstehenden Suspension ist auf gebildetes Kupfer(I)-oxid Cu_2O zurückzuführen.

B2:

Die Gluconsäure wird durch Oxidation der Glucose gebildet:

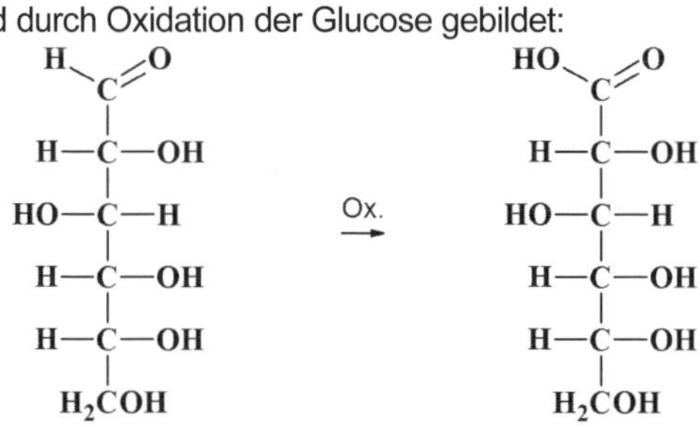

B3:

a) Bei den Alkoholen steigt der Oxidationsgrad mit abnehmender Zahl an gebundenen Wasserstoff-Atomen:
primärer Alkohol < sekundärer Alkohol < tertiärer Alkohol.
Die weiteren Stoffklassen lassen sich mit abnehmender Zahl an gebundenen Wasserstoff-Atomen bzw. mit steigender Zahl an gebundenen Sauerstoff-Atomen nach steigendem Oxidationsgrad wie folgt anordnen:
Aldehyd < Keton < Carbonsäure.

b) offene Antwortmöglichkeiten

B5:

Bei der schrittweisen Oxidation von Ethanol zur Carbonsäure ändern sich die Oxidationszahlen in der Methyl-Gruppe nicht. Beim Kohlenstoff-Atom, an das im Ethanol-Molekül die Hydroxy-Gruppe gebunden ist, ändert sich die Oxidationszahl hingegen in Zweierschritten. Im Ethanol-Molekül hat es die Oxidationszahl – I, im Ethanal-Molekül die Oxidationszahl + I und im Ethansäure-Molekül die Oxidationszahl + III.

Auswertung a):

Substanz	Silberspiegel-Probe	FEHLING-Probe
Ethanal	Es bildet sich ein Silberspiegel.	Lösung färbt sich von Blau nach Rot.
Glucose	Es bildet sich ein Silberspiegel.	Lösung färbt sich von Blau nach Rot.
Propanal	Es bildet sich ein Silberspiegel.	Lösung färbt sich von Blau nach Rot.
Propanon	keine Veränderung	keine Veränderung

Auswertung b):

Reaktionsgleichung zur Silberspiegelprobe:

$$\mathrm{H_3C{-}C(=O){-}H\ (aq) + 2\ Ag^{+}(aq) + 3\ OH^{-}(aq) \longrightarrow H_3C{-}C(=O){-}OH\ (aq) + 2\ Ag(s) + 2\ H_2O\,(l)}$$

Auswertung c):

Da sich die Lösungen von Ethanal, Propanal und Glucose von Blau nach Rot verfärben, zeigen diese Stoffe eine positive FEHLING-Probe. Ethanal und Propanal sind Aldehyde, bei der Glucose liegt ein Gleichgewicht zwischen Molekülen in der Ringform und der offenkettigen Form (vgl. B2) vor. In der offenkettigen Form ist in den Molekülen eine Aldehyd-Gruppe enthalten, die zur positiven FEHLING-Probe führt. Carbonylverbindungen mit Aldehyd-Gruppen können weiter zu Carbonsäuren oxidiert werden. Ethanal wird zu Ethansäure oxidiert. Propanal wird zu Propansäure oxidiert. Glucose wird zur Gluconsäure oxidiert.

Propanon gibt keine positive FEHLING-Probe. Propanon ist eine Carbonylverbindung mit Keto-Gruppen in den Molekülen. Diese kann nicht weiter oxidiert werden.

A1:

In den folgenden Molekülen haben die Wasserstoff-Atome immer die Oxidationszahl + I und die Sauerstoff-Atome die Oxidationszahl – II.

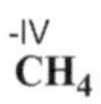
Methan

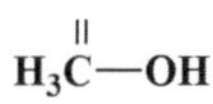
Methanol

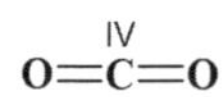
Kohlenstoffdioxid

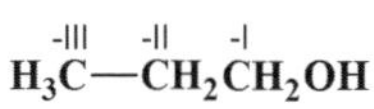
Propan-1-ol

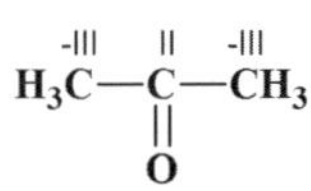
Propanon

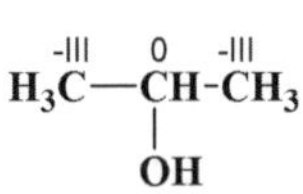
Propan-2-ol

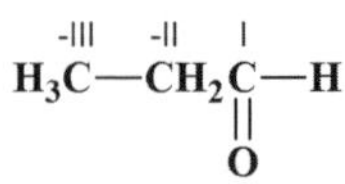
Propanal

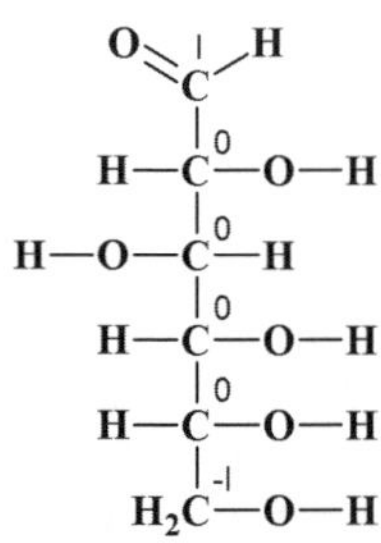
Glucose

A2:
Betrachtet man nur die Zahlen der Valenzelektronen des Ethanal-Moleküls und des Acetat-Ions, stellt man fest, dass im Acetat-Ion deutlich mehr Valenzelektronen vorhanden sind. Dies würde die falsche Folgerung provozieren, dass es sich um eine Elektronenaufnahme handelt, also dass das Ethanal reduziert würde. Tatsächlich ist das Gegenteil der Fall. Hieraus wird deutlich, dass das Modell der Oxidationszahl sehr hilfreich ist, wenn man bestimmen möchte, welche Reaktionsteilnehmer oxidiert bzw. reduziert werden.

Seite 44 und 45 KOMPETENZEN ERWERBEN

B1:
Die farbgebenden Stoffe in dem abgebildeten Reagenzglas sind gelöste Kupfer-Ionen Cu^{2+}, die in der FEHLING-Lösung als Kupfertartrat-Komplex vorliegen, sowie Kupfer(I)-oxid Cu_2O, das bei der Nachweisreaktion entsteht und suspendiert vorliegt.

Seite 46 und 47

Auswertung a):
Durch die Nachweisreaktionen werden Wasserstoff (Knallgasprobe) und entstehendes Ethanal (SCHIFF-Reagenz und FEHLING-Probe zum Nachweis von Aldehyden) angezeigt. Die Kupferspäne dienen als Katalysator für die folgende Reaktion:

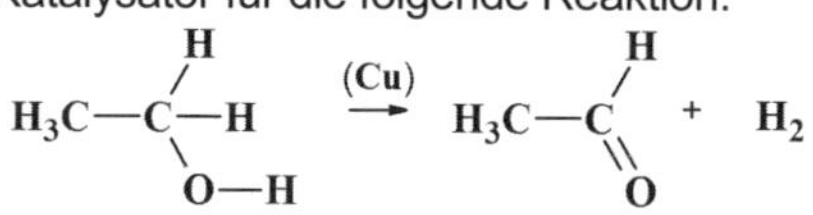

Auswertung b):
In der Startphase des Versuchs bildet sich beim Erhitzen der Kupferspäne mit dem Sauerstoff aus der Luft in der Apparatur schwarzes Kupfer(II)-oxid, welches beim Überleiten von Ethanoldampf wieder zu Kupfer reduziert wird.

Auswertung c):
Die Wannen dienen als Kühlung. Man verwendet die beiden wassergefüllten Glaswannen, weil die Siedetemperatur des Ethanals, das sich bildet, bei 21 °C liegt. So kann Ethanal in den Waschflaschen gelöst aufgefangen und für die Nachweisversuche zugänglich gemacht werden. Weiterhin kann durch Einsatz des Wasserbads auch der entstehende Wasserstoff pneumatisch aufgefangen werden.

A1:

Das C_1-Atom des Ethanol-Moleküls hat die Oxidationszahl – I. Bei der Dehydrierung erhöht sich die Oxidationszahl des C_1-Atoms auf + I im Ethanal-Molekül, es liegt also eine

Oxidation vor. Die Oxidationszahl der Wasserstoff-Atome erniedrigt sich von + I im Ethanol-Molekül auf 0 im Wasserstoff-Molekül, es liegt demnach eine Reduktion vor. Die Dehydrierung ist insgesamt also eine Redoxreaktion.

A2:
Das Kupfer fungiert bei der Dehydrierung als Katalysator.

A3:

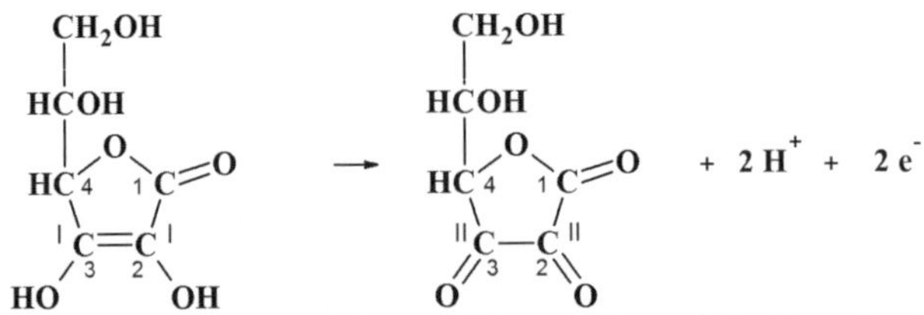

Im Ascorbinsäure-Molekül sind die Kohlenstoff-Atome C_2 und C_3 über eine Doppelbindung miteinander verbunden und tragen jeweils eine Hydroxy-Gruppe.
Im Dehydroascorbinsäure-Molekül sind die Kohlenstoff-Atome C_2 und C_3 über eine Einfachbindung miteinander verbunden und sind jeweils Teil einer Carbonyl-Gruppe.
Bei der Oxidation von Ascorbinsäure erhöhen sich die Oxidationszahlen der Atome C_2 und C_3 von + I auf + II.

A4:
Man kann diese Oxidation mit der Oxidation eines sekundären Alkohols zu einem Keton vergleichen.

A5:

Ethanal

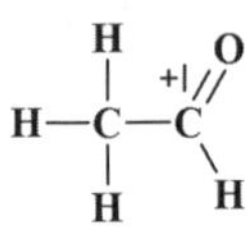

Methanal

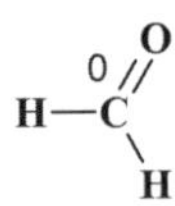

Propanon

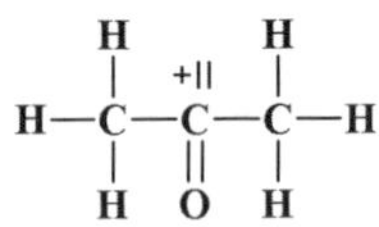

Ascorbinsäure

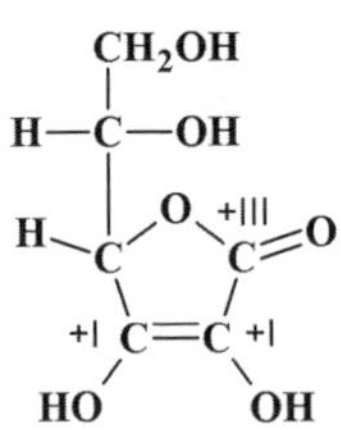

Dehydroascorbinsäure

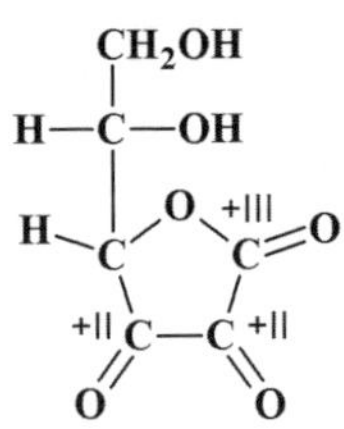

Seite 48 und 49

B3:
Die Schmelztemperatur von reiner Essigsäure liegt bei 16,6 °C. Wenn die Temperatur, wie z.B. in kalten Räumen und Laboratorien vor einigen Jahrzehnten, unter 16 °C fällt, erstarrt die Essigsäure und erscheint wie Eis. Der Name „Eisessig“ rührt von der wie Eis aussehenden festen Essigsäure her.

B5:
Bei der Speiseessigherstellung wird die Ethanol-Lösung versprüht, um eine gute Durchmischung mit der Luft zu erreichen. Luft dient als Oxidationsmittel.

Auswertung a):

Säure	Löslichkeit in Wasser	Löslichkeit in Heptan
Methansäure	gut	gut
Ethansäure	gut	gut
Propansäure	gut	gut
Hexadecansäure	schlecht	gut

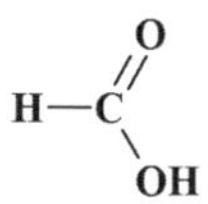

Methansäure

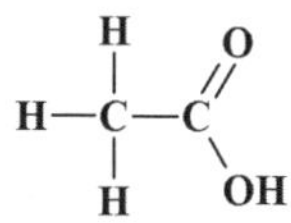

Ethansäure

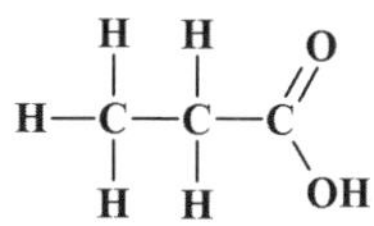

Propansäure

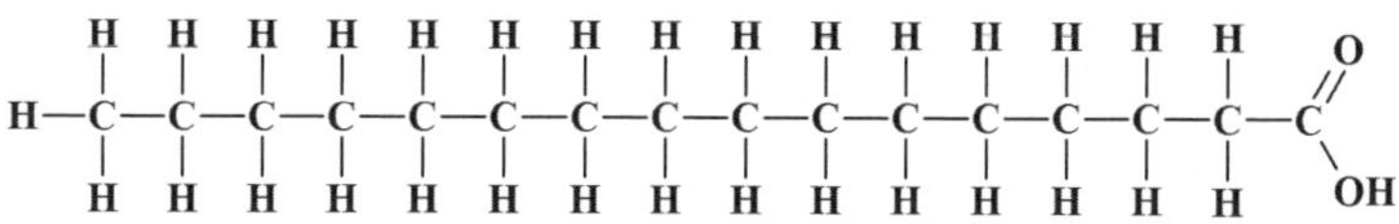

Hexadecansäure

Die gute Wasserlöslichkeit von Methansäure, Ethansäure und Propansäure beruht auf der hydrophilen Carboxy-Gruppe in den Molekülen. Mit zunehmender Kettenlänge des Alkyl-Restes nimmt der Einfluss der Carboxy-Gruppe auf die Wasserlöslichkeit ab und der Einfluss der hydrophoben Alkyl-Gruppe zu. Dies erklärt die schlechte Wasserlöslichkeit von Hexadecansäure.
In dem unpolaren Lösemittel Heptan sind alle Carbonsäuren gut löslich. Zwischen den Carboxy-Gruppen zweier Säure-Moleküle bilden sich stabile Wasserstoffbrückenbindungen aus (vgl. Seite 49 im Schülerband). Die so entstandenen dimeren Moleküle sind insgesamt unpolar und daher in unpolarem Heptan löslich.

Auswertung b):

LV2: Erst bei Zugabe von Wasser zu Ethansäure zeigt Lackmus eine Farbänderung nach Rot. Lackmus ist ein Indikator für Oxonium-Ionen (H^+(aq)), die erst durch Protolyse der Säure in Wasser gebildet werden:

H_3CCOOH(l) + H_2O(l) $\rightleftarrows$ H_3CCOO^-(aq) + H_3O^+(aq)

Mit dieser Protolyse lassen sich auf die Beobachtungen bei Zugabe von Magnesium zu Essigsäure erklären. Erst beim Zutropfen von Wasser setzt eine Gasentwicklung ein. Magnesium reagiert mit den entstandenen Wasserstoff-Ionen unter Bildung von Wassserstoff:

Mg(s) + 2 H^+(aq) $\rightarrow$ Mg^{2+}(aq) + H_2(g)

LV3: Bei der Zugabe von Wasser zu reiner Essigsäure beobachtet man eine elektrische Leitfähigkeit, die bei weiterer Wasserzugabe zunimmt. Dies ist auf die Bildung von Ionen, die durch Protolyse der Säure in Wasser gebildet werden (s.o.), und deren Konzentrationszunahme bei weiterer Wasserzugabe zurückzuführen.

Auswertung c):

H_3CCOOH(l) + $NaOH$(aq) $\rightleftarrows$ $H_3CCOONa$(aq) + H_2O(l)

Zur Titration von 0,6 g Ethansäure werden V_{LS} = 10 mL Natronlauge, c = 1 mol/L, verbraucht.

M(Ethansäure) = 60,05 g · mol^{-1}

n(Ethansäure) = $\frac{m}{M} = \frac{0{,}6\,g}{60{,}05\,g \cdot mol^{-1}}$ = 0,01 mol

n($NaOH$) = c($NaOH$) · V_{LS}($NaOH$) = 1 mol · L^{-1} · 0,01 L = 0,01 mol

n(Ethansäure) = n($NaOH$)

Bei der Titration wurden gleiche Stoffmengen Ethansäure und Natronlauge verbraucht. Das bedeutet, dass Ethansäure eine einprotonige Säure ist. Das Proton kann aus der Carboxy-Gruppe der Moleküle abgespalten werden. Aus der Formel ist ersichtlich, dass das Wasserstoff-Atom in der Carboxy-Gruppe an ein Sauerstoff-Atom gebunden. Sauerstoff ist stärker elektronegativ als Kohlenstoff. Daher sind Wasserstoff-Atome, die an Sauerstoff-Atome gebunden sind, elektropositiver und leichter abspaltbar als Wasserstoff-Atome, die an Kohlenstoff-Atome gebunden sind.

A1:

2 H_3CCOOH(aq) + Mg(s) $\rightarrow$ $(H_3CCOO)_2Mg$(aq) + H_2(g)

Beim Eindampfen der Lösung bleibt festes Magnesiumacetat $Mg(H_3CCOO)_2$(s) übrig. Es besteht aus Magnesium-Ionen Mg^{2+} und Acetat-Ionen H_3CCOO^-, die in der Lösung hydratisiert und im festen Salz im Gitter vorliegen.

A2:

a) Methanol $\rightarrow$ Methanal $\rightarrow$ Methansäure

b) Butan-1-ol $\rightarrow$ Butanal $\rightarrow$ Butansäure

A3:

Reduktion: $$\overset{0}{O_2} + 4\,H^+ + 4\,e^- \rightarrow 2\,H_2\overset{-II}{O}$$

Oxidation: $$H_3\overset{-I}{C}CH_2OH + H_2O \rightarrow H_3\overset{III}{C}COOH + 4\,H^+ + 4\,e^-$$

$$H_3CCH_2OH + O_2 \rightarrow H_3CCOOH + H_2O$$

Seite 50 und 51

B1:
Die angegebenen Struktursymbole haben gemeinsam, dass sie Stoffe repräsentieren, deren Moleküle ausschließlich aus Kohlenstoff-, Wasserstoff- und Sauerstoff-Atomen aufgebaut sind. Die Kettenlängen der Moleküle sind unterschiedlich, eine C2-Kette liegt beim Oxalsäure-Molekül vor, eine C3-Kette beim Milchsäure-Molekül, eine C4-Kette bei den Äpfelsäure- und Weinsäure-Molekülen und eine C5-Kette beim Citronensäure-Molekül. In den Ketten sind die Kohlenstoff-Atome über Einfachbindungen miteinander verknüpft, d. h. es sind Alkyl-Gerüste mit Carboxy- oder Hydroxy-Gruppen.
In jedem Molekül ist mindestens eine Carboxy-Gruppe enthalten. Bei Milchsäure handelt es sich um eine Monocarbonsäure, bei Oxalsäure, Äpfelsäure und Weinsäure um Dicarbonsäuren und bei Citronensäure um eine Tricarbonsäure.
Darüberhinaus enthalten das Milchsäure-Molekül, das Äpfelsäure-Molekül, das Citronensäure-Molekül eine und das Weinsäure-Molekül zwei Hydroxy-Gruppen.

B4:
Beispiele für Lebensmittel, die Carbonsäuren enthalten:
- Marmelade: Citronensäure
- Mixed Pickles: Essigsäure
- eingelegte Oliven: Kaliumsorbat, Milchsäure
- Remoulade: Essigsäure
- Mayonnaise: Essigsäure
- Senf: Essigsäure
- Erdbeersirup: Weinsäure
- eingelegte Paprika: Benzoesäure, Sorbinsäure
- Maiskölbchen: Essigsäure, Ascorbinsäure
- Apfelmus: Citronensäure, Ascorbinsäure
- Pfirsiche (Dose): Citronensäure, Ascorbinsäure
- Ketchup: Essigsäure

Konservierungsmethoden für Lebensmittel:
- Einlegen in Essig (Sauerbraten, Essiggurken, eingelegte Gemüse)
- Milchsäuregärung (Herstellen von Sauerkraut, Saure Bohnen, Joghurt, Kefir, Dickmilch, Käse)
- Zuckern (Marmelade)

- Einlegen in Alkohol
- Einlegen in Salzlösung
- Räuchern

Auswertung a):
Die Isolierung von Citronensäure basiert auf der besonderen Löslichkeitseigenschaft von Calciumcitrat, in kaltem Wasser gut und in heißem Wasser schlecht löslich zu sein. Bei der Neutralisation der Citronensäure entsteht eine Lösung von Calciumcitrat, die von den unlöslichen Bestandteilen abfiltriert werden kann. Beim Erhitzen dieser Lösung fällt Calciumcitrat aus. Dieses wird durch Lösen in kaltem Wasser und Versetzen mit Schwefelsäure in Citronensäure und Calciumsulfat überführt. Nach Abfiltrieren des schwerlöslichen Calciumsulfats kristallisiert die Citronensäure aus.

Auswertung b):
Reaktionsschritt a)

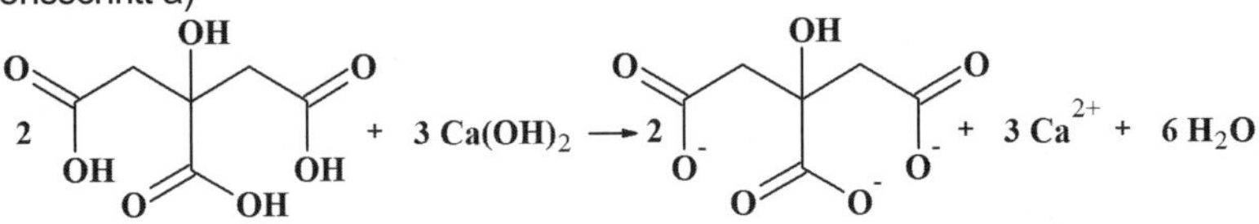

Reaktionsschritt c)

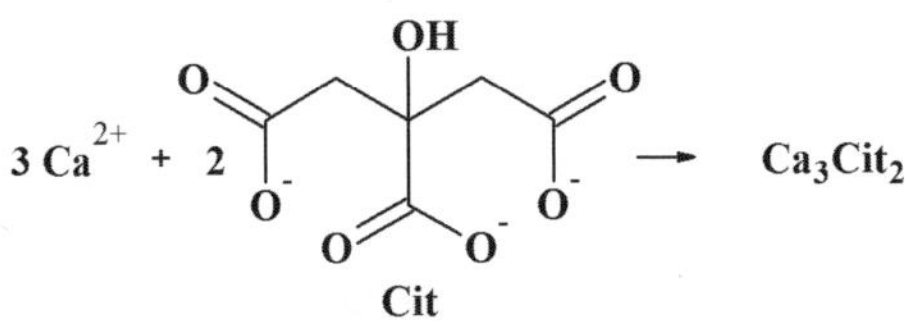

Reaktionsschritt e)

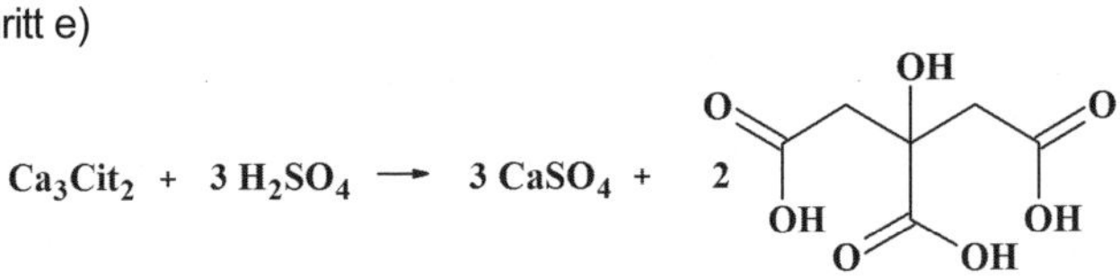

Auswertung c):
Die Auswertung erfolgt analog zu B3. Für die Ermittlung der Konzentration der Essigsäure ist lediglich der erhaltene Wert für das Volumen an verbrauchter Natronlauge einzusetzen.

Auswertung d):
Da die Citronensäure eine dreiprotonige Säure ist, beträgt das Stoffmengenverhältnis bei der Neutralisation von Citronensäure mit Natronlauge 1:3:

$H_3Cit(aq) + 3\,NaOH(aq) \rightarrow CitNa_3(aq) + 3\,H_2O(l)$

Es wird vereinfachend angenommen, dass im Zitronensaft ausschließlich Citronensäure und keine weiteren Säuren wie Ascorbinsäure u. a. enthalten ist.
Examplarische Rechnung, für die Titration von Zitronensaft (Werte je nach eingesetzter Zitrone schwankend):

gegeben: $V_{Ls}(\mathbf{H_3Cit}) = 10$ mL

$c(\mathbf{NaOH}) = 1$ mol/L

gemessen: $V(\mathbf{NaOH}) = 8{,}5$ mL

gesucht: $c(\mathbf{H_3Cit})$

Reaktionsgleichung:

$\mathbf{H_3Cit}(aq) + \mathbf{3\ NaOH}(aq) \rightarrow \mathbf{CitNa_3}(aq) + \mathbf{3\ H_2O}(l)$

Stoffmengenverhältnis:

$$\frac{n(\mathbf{H_3Cit})}{n(\mathbf{NaOH})} = \frac{1}{3} \Leftrightarrow n(\mathbf{NaOH}) = 3 \cdot n(\mathbf{H_3Cit})$$

Mit $c = n : V$ bzw. $n = c \cdot V$ erhält man

$$c(\mathbf{NaOH}) \cdot V(\mathbf{NaOH}) = 3 \cdot c(\mathbf{H_3Cit}) \cdot V_{Ls}(\mathbf{H_3Cit})$$

$$\Leftrightarrow c(\mathbf{H_3Cit}) = \frac{1}{3} \cdot \frac{c(\mathbf{NaOH}) \cdot V(\mathbf{NaOH})}{V_{Ls}(\mathbf{H_3Cit})}$$

Einsetzen der Werte liefert:

$$\Leftrightarrow c(\mathbf{H_3Cit}) = \frac{1}{3} \cdot \frac{1\,\text{mol} \cdot \text{L}^{-1} \cdot 8{,}5\,\text{mL}}{10\,\text{mL}} \approx 0{,}283\,\text{mol} \cdot \text{L}^{-1}$$

Seite 52 und 53

B1:

Die Wasserstoffentwicklung lässt sich besser durch Volumen- als durch Massenänderung verfolgen, weil diese zu klein ist.

B2:

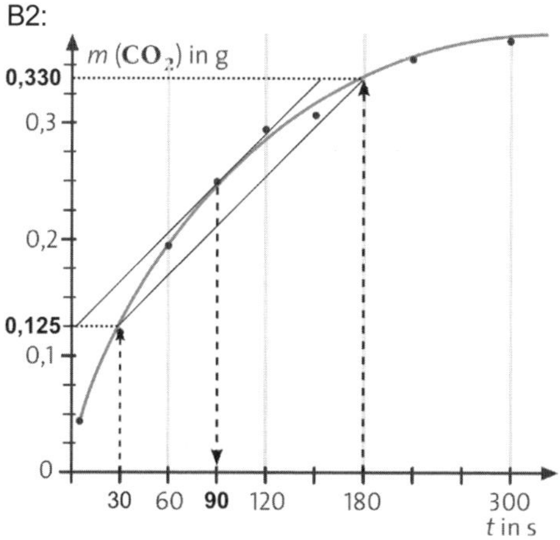

Mittlere Reaktionsgeschwindigkeit zwischen $t_1 = 30$ s und $t_2 = 180$ s:

$m_1(\mathbf{CO_2}) = 0{,}125$ g

$m_2(\mathbf{CO_2}) = 0{,}330$ g

$\Delta m = 0{,}205\,g$

$$\Delta n = \frac{\Delta m}{M} = \frac{0{,}205\,\text{g}}{44\,\text{g} \cdot \text{mol}^{-1}} = 0{,}00466\,\text{mol}$$

$$\bar{v}_r = \frac{\Delta n}{\Delta t} = \frac{0{,}00466\,\text{mol}}{180\,\text{s} - 30\,\text{s}} = 3{,}1 \cdot 10^{-5}\,\text{mol} \cdot \text{s}^{-1}$$

Zum Zeitpunkt $t = 90$ s ist die momentane Reaktionsgeschwindigkeit v_r gleich der mittleren Geschwindigkeit im o. g. Zeitintervall.

Auswertung a):

- Beobachtungen bei V1:
  Sprudeln in den Reagenzgläsern a), b) und c). Bei a) mit Calciumcarbonat-Pulver ist das Sprudeln am stärksten, bei c) mit Calciumcarbonat-Stücken am schwächsten. Das entweichende Gas kann als Kohlenstoffdioxid nachgewiesen werden.

- Beobachtungen bei V2:
  Stärkeres Sprudeln im Reagenzglas mit der Ameisensäure-Lösung der höheren Konzentration.
- Ergebnis:
  Die Reaktionsgeschwindigkeit ist abhängig von dem Zerteilungsgrad des Calciumcarbonats und der Konzentration der Ameisensäure-Lösung.
- Reaktionsgleichung:
  $\mathbf{CaCO_3}(s) + \mathbf{2\,HCOOH}(aq) \rightarrow \mathbf{CO_2}(g) + \mathbf{H_2O}(l) + \mathbf{Ca(HCOO)_2}(aq)$

Auswertung b):

t in s	5	30	60	90	120	150	180	210	300
$m\,(\mathbf{CO_2})$ in g	0,04	0,12	0,20	0,25	0,28	0,30	0,32	0,34	0,35
$n\,(\mathbf{CO_2})$ in mol	$9{,}1\cdot10^{-4}$	0,0027	0,0045	0,0057	0,0064	0,0068	0,0073	0,0077	0,0080

Auswertung c):
Berechnung der Stoffmenge $n(\mathbf{CO_2})$ nach folgendem Schema:

$$n(\mathbf{CO_2}) = \frac{m(\mathbf{CO_2})}{M(\mathbf{CO_2})} = \frac{0{,}04\,\text{g}}{44\,\text{g}\cdot\text{mol}^{-1}} = 9{,}1\cdot10^{-4}\,\text{mol} = 0{,}91\,\text{mmol}$$

Desweiteren vgl. Auswertung b).
Die grafische Darstellung ist analog B2, Seite 52 im Schülerbuch.

Auswertung d):
Der Verlauf des Graphen im Zeit – Stoffmenge($\mathbf{CO_2}$) – Diagramm ähnelt dem Verlauf des Zeit – Weg – Diagramms für ein ausrollendes Flugzeug. Der mittleren Geschwindigkeit im Zeit – Weg – Diagramm und damit der Sekantensteigung entspricht die mittlere Reaktionsgeschwindigkeit, d. h. der Quotient aus der Stoffmengendifferenz $\Delta n(\mathbf{CO_2})$ und der Zeitdifferenz Δt. Die momentane Reaktionsgeschwindigkeit entspricht der Momentangeschwindigkeit, d.h. der Tangentensteigung zum Zeitpunkt t.

Auswertung e):
Bei der Umsetzung von Magnesium mit Ameisensäure-Lösung bildet sich Wasserstoff (Nachweis durch die Knallgasprobe) nach:
$\mathbf{Mg}(s) + \mathbf{2\,HCOOH}(aq) \rightarrow \mathbf{Mg(HCOO)_2}(aq) + \mathbf{H_2}(g)$ bzw.
$\mathbf{Mg}(s) + \mathbf{2\,H^+}(aq) \rightarrow \mathbf{Mg^{2+}}(aq) + \mathbf{H_2}(g)$.

Auswertung f):
Anmerkung: Aus experimentell-praktischen Gründen ist es günstiger, die Volumenschritte von je 5 mL vorzugeben und die Zeit zu messen.
Beispiele für Messwerte bei V5:

Volumen in mL	5	10	15	20	25	30	35
Zeit in s	21	45	70	110	160	220	315

Diagramm:

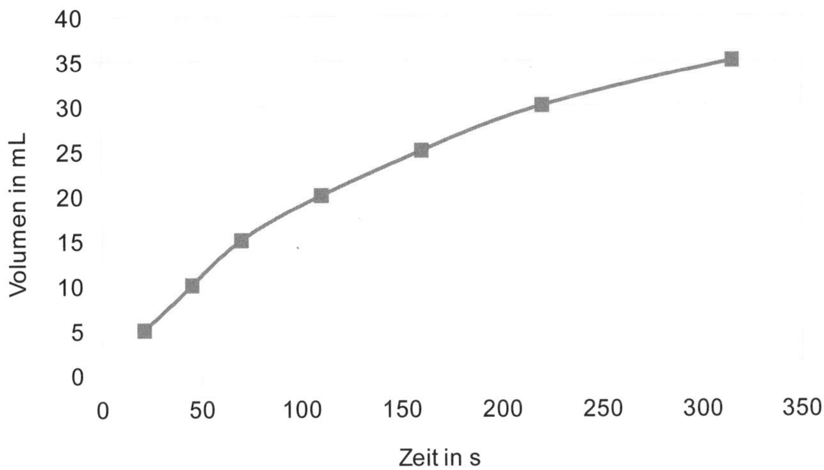

Seite 54 und 55

B1:
In der Rückflussapparatur kann die Reaktionsmischung längere Zeit am Sieden gehalten werden. Die verdampfenden Flüssigkeiten kondensieren im Rückflusskühler und tropfen in das Reaktionsgemisch zurück. Auf diese Weise wird gewährleistet, dass keine Stoffe entweichen können. Es handelt sich um ein geschlossenes System.

B3:

Ester	gebildet aus Carbonsäure	und	Alkohol
Methansäureethylester	Methansäure		Ethanol
Butansäureethylester	Butansäure		Ethanol
Ethansäurepentylester	Ethansäure		Pentanol
Benzoesäureethylester	Benzoesäure		Ethanol

Die Benennung der Ester erfolgt nach folgender Regel:
Name der eingesetzten Carbonsäure + Name des Alkyl-Rests des eingesetzten Alkohols + Endung „– ester"

B4:
Der „künstliche" Geruch der reinen naturidentischen Ester ist auf die Konzentration und die Tatsache zurückzuführen, dass es sich um einen Reinstoff handelt, in der Natur aber i. d. R. Gemische verschiedener Aromastoffe vorkommen.

Auswertung a):
Die bei den Reaktionen von V1 aus Carbonsäuren und Alkoholen entstehenden Ester sind schlecht wasserlöslich. Dies deutet daraufhin, dass in den Ester-Molekülen keine Hydroxy-Gruppen wie in den Edukt-Molekülen vorhanden sind, die mit Wasser-Molekülen Wasserstoffbrückenbindungen eingehen und so eine gute Wasserlöslichkeit bewirken.

Auswertung b):
Der Geruch der Ester erinnert an Fruchtbonbons, Kleber und Nagellackentferner.

Auswertung c):
Schwefelsäure liegt nach der Reaktion in der wässrigen Phase vor, da sie gut in Wasser löslich ist.

Auswertung d):
Die Auswertungsfrage bezieht sich auf Versuchsteil V2a. Aus 10 mL (0,17 mol) Essigsäure und 10 mL (0,17 mol) Ethanol erhält man etwa 9 mL (0,113 mol, 9,9 g) Essigsäureethylester.
V(Ester) = 9 mL im Experiment erhalten
gegeben: ρ(Ester) = 0,900 g/cm³
M(Ester) = 88 g/mol
gesucht: *n*(Ester)
Rechnung:
$m(\text{Ester}) = \rho(\text{Ester}) \cdot V(\text{Ester}) = 0{,}9\ \text{g/mL} \cdot 9\ \text{mL} = 8{,}1\ \text{g}$

$$n(\text{Ester}) = \frac{m(\text{Ester})}{M(\text{Ester})} = \frac{0{,}81\,\text{g}}{88\,\text{g}\cdot\text{mol}^{-1}} = 0{,}09\,\text{mol}$$

Etwa zwei Drittel der eingesetzten Säure haben mit dem Alkohol zum Ester reagiert.

Auswertung e):
Beim Stehenlassen des Reaktionsgemischs der Veresterung im Messzylinders mit 50 mL Wasser (Überschuss) verschwindet die organische Phase. Die Beobachtungen bei V2b) lassen den Schluss zu, dass eine Rückreaktion von Ester mit Wasser eingetreten ist.
Zur Überprüfung kann folgender Versuch vorgeschlagen werden:
Essigsäureethylester und Wasser werden gemischt, mit einem Tropfen Schwefelsäure versetzt und erhitzt. Man prüft den Geruch auf Essig. Die organische Phase muss kleiner, die wässrige Phase größer werden.

Auswertung f):

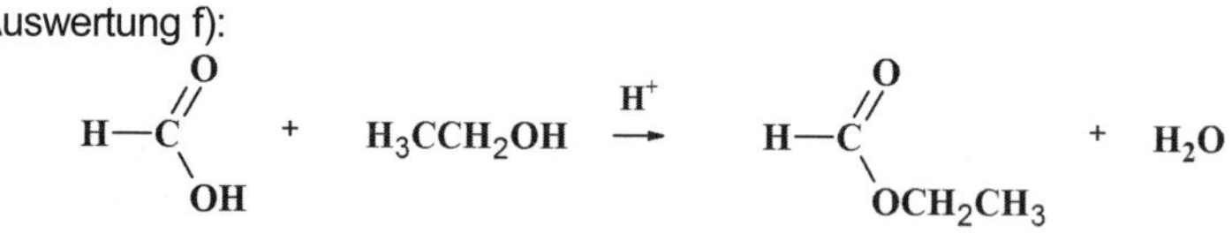

Methansäure   Ethanol   Methansäureethylester

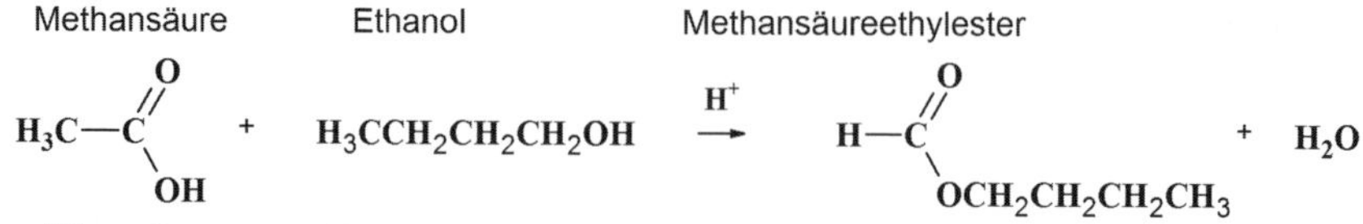

Ethansäure   Butan-1-ol   Ethansäurebutylester

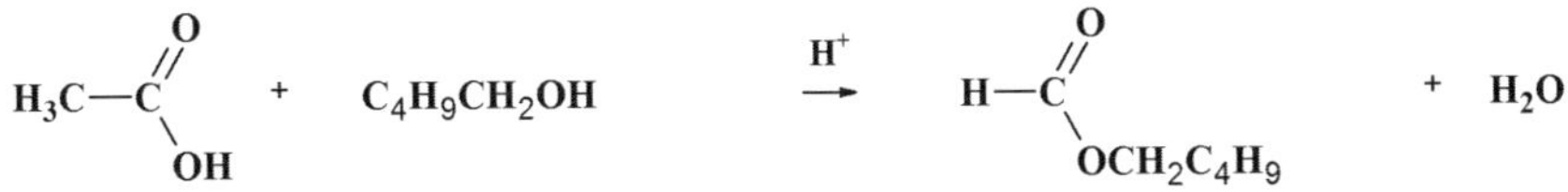

Ethansäure | Pentan-1-ol | Ethansäurepentylester

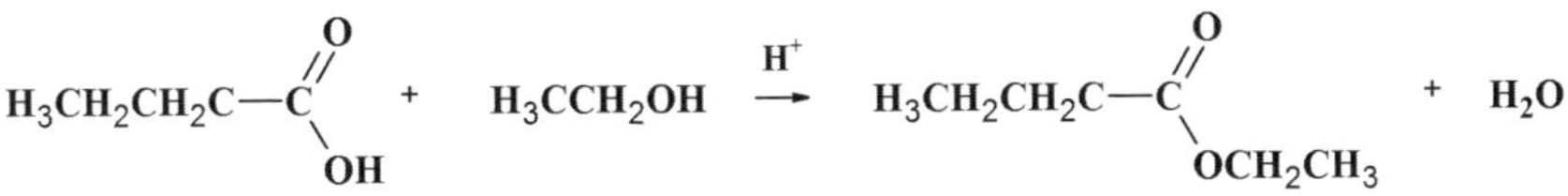

Butansäure | Ethanol | Butansäureethylester

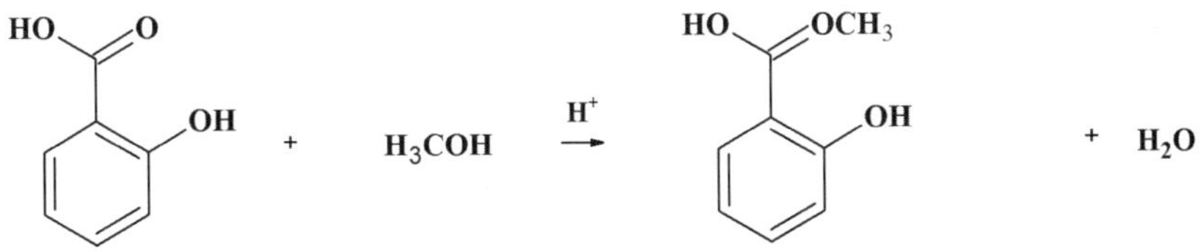

Salicylsäure | Methanol | Salicylsäuremethylester

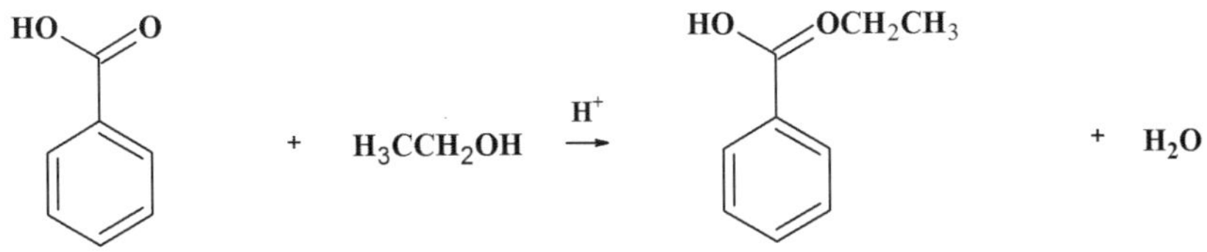

Benzoesäure | Ethanol | Benzoesäureethylester

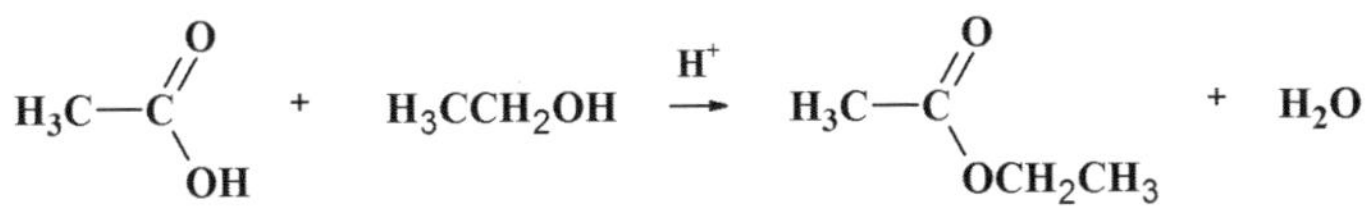

Ethansäure | Ethanol | Ethansäureethylester

A1:

Ethansäurebenzylester | Ethansäure | Benzylalkohol

Butansäureethylester | Butansäure | Ethanol

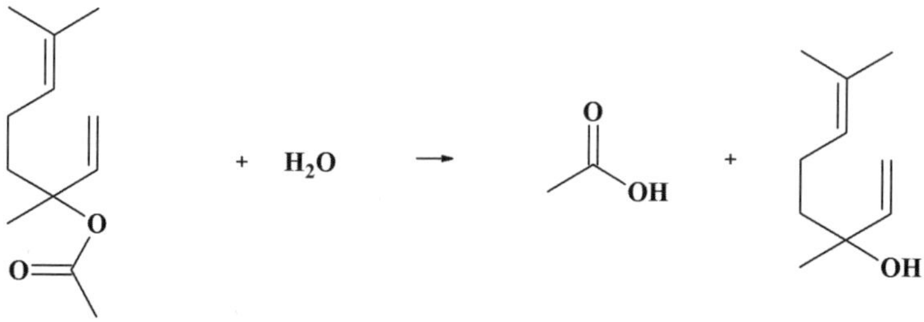

Linalylacetat Ethansäure Linalool

A2:
Bei der Zugabe von Natronlauge zu Methansäureethylester, Wasser und Bromthymolblau tritt zunächst eine Blaufärbung der wässrigen Phase ein, die beim Schütteln in Gelb übergeht. Dies lässt sich mehrfach wiederholen.

A3:
Die Farbänderung des Indikators zeigt an, dass die zugegebene Natronlauge neutralisiert worden ist. Es muss also eine Säure entstanden sein.

$$HCOOC_2H_5 + H_2O \rightarrow HCOOH + C_2H_5OH$$

$$HCOOH + OH^- \rightarrow HCOO^- + H_2O$$

Eine Säure würde Natronlauge sehr schnell neutralisieren. Die allmähliche Neutralisation beim Schütteln deutet darauf hin, dass die Säure erst entsteht, z.B. durch Hydrolyse eines Esters. Daher kann dieser Versuch als ein Esternachweis dienen.

Seite 56 und 57

B2:

a) Das chemische Gleichgewicht ist deswegen dynamisch, weil sich zwar die Konzentrationen der Edukte und Produkte nicht mehr ändern, es auf der Teilchenebene aber zum ständigen Stoffumsatz entsprechend der Hin- und der Rückreaktion kommt.
Im oberen Diagramm verläuft der Graph asymptotisch zur Abszisse. Man kann dem Diagramm entnehmen, dass die Reaktionsgeschwindigkeit v_r abnimmt und im Gleichgewicht gleich null ist.
Das untere Diagramm gibt den dynamischen Charakter des chemischen Gleichgewichts besser wieder. Hier sind die Reaktionsraten der Hin- und der Rückreaktion angegeben. Im Gleichgewicht sind diese gleich, die Kurven laufen aufeinander zu, sind nachher identisch, aber liegen weit über der Abszisse.

b) Die gestrichelte Linie im unteren Diagramm steht für die Differenz der Reaktionsrate der Hinreaktion und der Rückreaktion. Im Gleichgewicht sind die Reaktionsraten gleich, pro Zeitintervall reagieren gleich viele Edukt-Teilchen wie Produkt-Teilchen, die Differenz ist also null. Insgesamt entspricht der Kurvenverlauf dem der Reaktionsgeschwindigkeit.

Auswertung a) bis d):

V1

Ansatz Veresterung	Ansatz Esterhydrolyse	Blindprobe
0,25 mol Ethansäure 0,25 mol Ethanol 0,005 mol Schwefelsäure 50 mL Lösung	0,25 mol Essigester 0,25 mol Wasser 0,005 mol Schwefelsäure 50 mL Lösung	0,005 mol Schwefelsäure 50 mL Lösung

Titrationsergebnisse:	Veresterung	Esterhydrolyse	Blindprobe
a) Verbrauch an Natronlauge, c = 0,1 mol/L, zur Titration einer 1 mL-Probe $V_{ges}(NaOH)$	19,0 mL 18,7 mL 18,5 mL 19,2 mL 18,3 mL	18,5 mL 19,0 mL 18,6 mL 18,2 mL 19,0 mL	1,8 mL 2,0 mL 1,9 mL 1,7 mL 2,1 mL
Mittelwert	18,74 mL	18,66 mL	1,9 mL
b) Verbrauch an Natronlauge, c = 0,1 mol/L, zur Titration der Ethansäure $V(NaOH) = V_{ges}(NaOH) - V_{Blindprobe}(NaOH)$	16,84 mL	16,76 mL	
c) $n(CH_3COOH)$ • 1 mL-Probe • 50 mL-Probe	 1,68 mmol 0,084 mol	 1,68 mmol 0,084 mol	
d) $n(C_2H_5OH) = n(CH_3COOH)$	0,084 mol	0,084 mol	
$n(\text{Ester}) = n_0 - n(CH_3COOH)$ = 0,25 mol – 0,084 mol	0,166 mol	0,166 mol	
$n(H_2O) = n(\text{Ester})$	0,166 mol	0,166 mol	

Auswertung e):
Der Graph entspricht B1, S. 56, im Schülerbuch.

Auswertung f):
Ansatz V3: $n_0(CH_3COOH)$ = 0,25 mol
n_0(Ethanol) = 0,5 mol
0,005 mol Schwefelsäure

- Verbrauch an Natronlauge, c = 0,1 mol/L, zur Titration einer 1 mL-Probe:
  $V_{ges}(NaOH)$ = 9,9 mL
  $V_{Blindprobe}(NaOH)$ = 1,9 mL
- Verbrauch an Natronlauge, c = 0,1 mol/L, zur Titration der Ethansäure:
  $V(NaOH)$ = 9,9 mL – 1,9 mL = 8,0 mL
- $n(CH_3COOH) = n(NaOH) = c(NaOH) \cdot V(NaOH)$
  1 mL-Probe: $n(CH_3COOH)$ = 0,8 mmol
  50 mL-Probe: $n(CH_3COOH)$ = 0,04 mol
- n(Ester) = n_0(Ethansäure) – n(Ethansäure)
  n(Ester) = 0,25 mol – 0,04 mol = 0,21 mol

n(Wasser) = n(Ester) = 0,21 mol
n(Ethanol) = n_0(Ethanol) – n(Ester)
n(Ethanol) = 0,5 mol – 0,21 mol = 0,29 mol

Auswertung g):
Massenwirkungsquotient bei V1:

$$K_c = \frac{c(\text{Ester}) \cdot c(\text{Wasser})}{c(\text{Ethansäure}) \cdot c(\text{Ethanol})} = \frac{n(\text{Ester}) \cdot n(\text{Wasser})}{n(\text{Ethansäure}) \cdot n(\text{Ethanol})} = \frac{0{,}166\ \text{mol} \cdot 0{,}166\ \text{mol}}{0{,}084\ \text{mol} \cdot 0{,}084\ \text{mol}} = 3{,}9$$

Massenwirkungsquotient bei V3:

$$K_c = \frac{0{,}21\ \text{mol} \cdot 0{,}21\ \text{mol}}{0{,}04\ \text{mol} \cdot 0{,}29\ \text{mol}} = 3{,}8$$

Bei beiden Versuchen ist unabhängig von den Anfangskonzentrationen (Stoffmengen) der Massenwirkungsquotient gleich.

A1:
Bei der Veresterung von Buttersäure mit Ethanol wird Ethanol im 10-fachen Überschuss eingesetzt, um zu erreichen, dass die übel riechende Buttersäure möglichst vollständig umgesetzt wird.

Seite 58 und 59

B1:
Die drei Zylinder sollen gleiche Durchmesser haben, damit die zu vergleichenden Farbintensitäten nicht durch die Schichtdicke der Flüssigkeiten beeinflusst werden.

B2:
Ein gewisser Anteil der Eisen(III)-Ionen hat mit Thiocyanat-Ionen zur Verbindung $Fe(SCN)_3$ reagiert. Im Gleichgewicht gilt daher: $c_0(Fe^{3+}) > c(Fe^{3+}) > 0$ mol/L. Im Gleichgewicht ist die Konzentration der Eisen(III)-Ionen nicht null, da die Reaktion trotz stöchiometrischem Verhältnis der Edukte nicht vollständig verläuft.
Analog gilt für die Konzentrationen der Thiocyanat-Ionen: $c_0(SCN^-) > c(SCN^-) > 0$ mol/L.

B3:
Eigentlich handelt es sich bei einem Zylinder, der in V1 verwendet wird, um ein offenes System. Die beteiligten Stoffe liegen alle in wässriger Lösung vor, so dass es nicht zum Stoffaustausch mit der Umgebung kommt. Daher kann man von einem geschlossenen System sprechen.
In V2 bzw. V3 werden Edukte hinzugefügt, so dass man dann von einem offenen System sprechen muss.

Auswertung a):
Laut Reaktionsgleichung ist das Stoffmengenverhältnis, in dem die Edukte vollständig miteinander reagieren können $n(Fe^{3+})$:$n(SCN^-)$ = 1:3. Da in V1 die Edukte in genau diesem

Verhältnis eingesetzt werden (es werden gleiche Volumina der beiden Lösungen vereinigt, in denen $c(Fe^{3+})$:$c(SCN^{-})$ = 1:3 ist), könnten sie vollständig reagieren.

Auswertung b):
In V2 beobachtet man eine Vertiefung der roten Farbe. Daraus kann man schließen, dass sich bei Zugabe von Eisen(III)-Ionen weiteres Eisen(III)-thiocyanat gebildet hat. In Lösung Nr. 1 müssen sich nicht umgesetzte Thiocyanat-Ionen befunden haben.

Auswertung c):
Auch in V3 beobachtet man eine Vertiefung der roten Farbe. Daraus kann man schließen, dass sich bei Zugabe von Thiocyanat-Ionen weiteres Eisen(III)-thiocyanat gebildet hat. In Lösung Nr. 3 müssen nicht umgesetzte Eisen(III)-Ionen vorgelegen haben.

Auswertung d):
Da die Lösungen Nr. 1 und Nr. 3 (vor Durchführung von V2 bzw. V3) die gleiche Zusammensetzung haben (vgl. B1 und V1) und sowohl nicht umgesetzte Eisen(III)- als auch Thiocyanat-Ionen enthalten, muss man unter Berücksichtigung der Auswertungen a) bis c) folgern, dass die Hinreaktion aus a) unvollständig verläuft.

A1:
Durch das fortgesetzte Entfernen eines Reaktionsteilnehmers (hier des Produkts Ester) aus dem Reaktionsgemisch kann sich kein Gleichgewicht einstellen. Aus den in bestimmten Mengen eingesetzten Edukten (hier Ethanol und Ethansäure) kann man daher eine große Menge Produkt (Ester) gewinnen. Die Ausbeute, d. h. der Quotient aus der theoretisch bei vollständigem Umsatz zu erwartenden und der im Versuch gebildeten Stoffmenge an Ester ohne Eingreifen in das Gleichgewicht, steigt.

A2:
Die Kopftemperatur sollte auf maximal 77 °C ansteigen, da dann die Siedetemperatur des Esters erreicht ist und somit abdestilliert werden kann. Diese Temperatur sollte auch möglichst nicht überschritten werden, da die Siedetemperatur des Ethanols mit 78 °C sehr nahe an der des Esters ist. Im Destillat wird deshalb auch immer eine gewisse Menge Ethanol vorliegen.

Seite 60 und 61

B1:
Die Erdanziehungskraft wirkt ständig auf die Person auf der Slackline. Ist der Massenschwerpunkt der Person nicht zentral über der Slackline, dann kommt die Person aus dem Gleichgewicht. Das Gleichgewicht kann die Person durch Austrecken von Armen oder Beinen wieder zurückgewinnen.

B2:
Viele Bezeichnungen beziehen sich auf die Beziehung von Staaten und deren politischen Vertretern. Wenn sich zwei Staatsfrauen bzw. Staatsmänner treffen, dann spricht man von einem Kräftegleichgewicht oder auch Machtgleichgewicht oder politischem Gleichgewicht und meint damit den Einfluss der Personen auf das politische Geschehen zwischen den Staaten oder in einer Staatengemeinschaft. Von einem Kräftegleichgewicht kann man auch beim Tauziehen sprechen.
Das mechanische Gleichgewicht liegt vor, wenn sich etwas in der Waage befindet wie Kinder auf einer Wippe oder Gewichte an einer Balkenwaage.
In einem hydrostatischen Gleichgewicht befindet sich alles, was auf dem Wasser schwimmt bzw. in einer bestimmten Wassertiefe schwebt, also z. B. die auf dem Wasser des Toten Meeres liegende Person oder das auf dem Wasser schwimmende Schiff. Fische schweben unter Wasser und können über die Schwimmblase die Wassertiefe regulieren. Beim hydrostatischen Gleichgewicht sind die Gravitationskraft (Erdanziehung) und der Auftrieb im Gleichgewicht.
In einem ökologischen Gleichgewicht befindet sich ein System z. B. ein See, ein Fluss oder ein Wald, wenn sich die Population der dort lebenden Arten (Pflanzen und Lebewesen) über einen längeren Zeitraum nicht ändert.
Ein Marktgleichgewicht beschreibt die Situation, wenn Angebot und Nachfrage gleich groß sind.
Das innere Gleichgewicht bezieht sich auf die Psyche des Menschen. Das innere Gleichgewicht beschreibt eine Lebenssituation mit vielen Einflussfaktoren. Wenn die Faktoren ein zufriedenstellendes und glückliches Leben ermöglichen, kann man von einem ausgeglichenen inneren Gleichgewicht sprechen.

B3:
Bei Verwendung von zwei Rohren mit gleichem Durchmesser ist das Wasservolumen in beiden Behältern nach einiger Zeit gleich. Es liegt damit ein Modell für den Fall vor, dass die Gleichgewichtskonstanten der Hin- und Rückreaktion gleich sind. Dieser Fall ist bei chemischen Reaktionen aber sehr selten.

B4:
Im Gleichgewicht werden mehr Kugeln im Behälter B sein als in A (33 in Behälter A und 67 in Behälter B).
Man könnte auch vermuten, dass sich die Anzahl der Schritte bis zum Erreichen des Gleichgewichts ändert. Unter den gegebenen Voraussetzungen erreicht man bereits nach 9 Doppelzügen (Hin- und Rücküberführung) einen Gleichgewichtszustand.

B5:

Das im Buch abgebildete Diagramm erhält man mit den Parametern aus dem linken Bild. Das rechte Bild zeigt, wie sich geänderte Parameter auf die Kurvenverläufe auswirken.

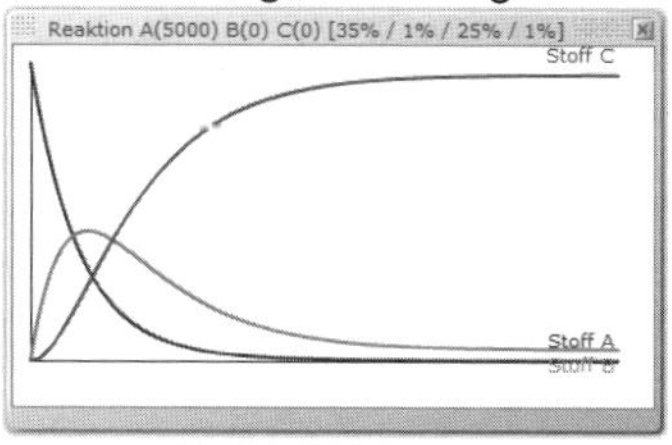

Parameter: $N_A(0)$:5000, $N_B(0)$:0, $N_C(0)$:0
$A \rightarrow B$ 35%, $B \rightarrow A$ 1%,
$B \rightarrow C$ 25%, $C \rightarrow B$ 1%

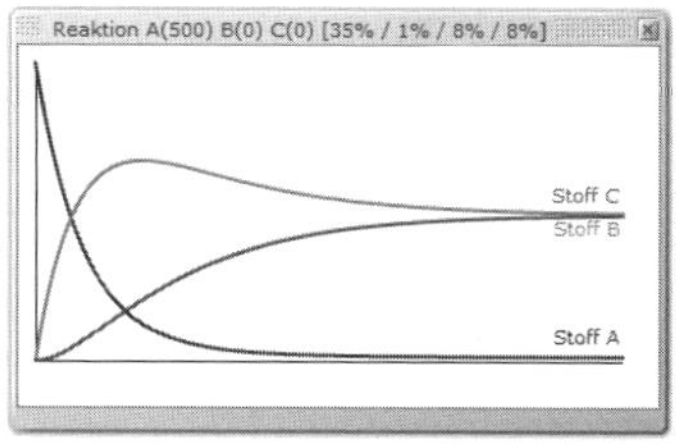

Parameter: $N_A(0)$:5000, $N_B(0)$:0, $N_C(0)$:0
$A \rightarrow B$ 35%, $B \rightarrow A$ 1%,
$B \rightarrow C$ 8%, $C \rightarrow B$ 8%

Auswertung a):

Nr. z	$N_A(z)$	$N_B(z)$
0	100	0
1 (hin)	80	20
1 (rück)	82	18
2 (hin)	66	34
2 (rück)	69	31
3 (hin)	55	45
3 (rück)	60	40
4 (hin)	48	52
4 (rück)	53	47
5 (hin)	42	58
5 (rück)	48	52
6 (hin)	38	62
6 (rück)	44	56
7 (hin)	35	65
7 (rück)	42	58
8 (hin)	34	66
8 (rück)	41	59
9 (hin)	33	67
9 (rück)	40	60
10 (hin)	32	68
10 (rück)	39	61
11 (hin)	31	69
11 (rück)	38	62
12 (hin)	30	70
12 (rück)	37	63
13 (hin)	30	70
13 (rück)	37	63

Auswertung b):

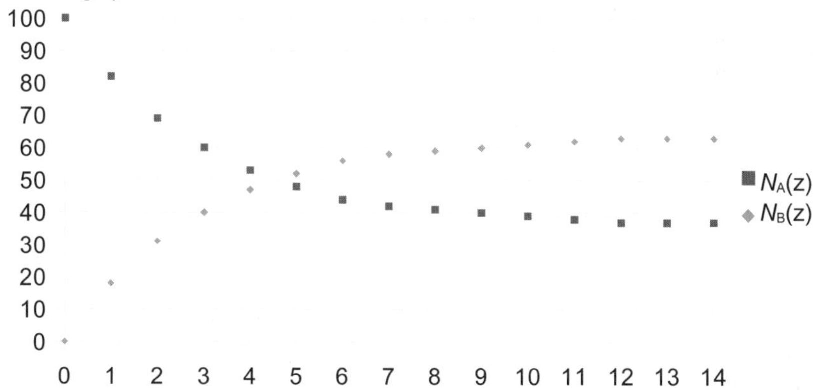

Aufgetragen sind jeweils die Anzahl der Kugeln im Behälter A und die Anzahl der Kugeln in Behälter B nach dem 1., 2., 3. usw. Doppelzug, d. h. die Situation in den beiden Behältern, wie sie sich nach dem z. „zurück"-Schritt darstellt.

Ab Schritt 12 ist die Anzahl der Kugeln in den beiden Behältern nach jedem weiteren Doppelzug gleich. Die Graphen bestehen nur aus Punkten, die nicht verbunden werden dürfen, weil die Funktionen $N_A(z)$ und $N_B(z)$ nur punktweise für alle natürlichen Zahlen z definiert sind. Dennoch zeigen die Graphen einen ähnlichen Verlauf wie die Konzentrations-Zeit-Kurve bei der Veresterung bzw. Esterhydrolyse aus B1, S. 56.

Auswertung c):

Schritt	Wasservolumen Zylinder A [mL]	Wasservolumen Zylinder B [mL]	Schritt	Wasservolumen Zylinder A [mL]	Wasservolumen Zylinder B [mL]
0	70	0	8	37	33
1	64	6	9	35	35
2	59	11	10	33	37
3	54	16	11	31	39
4	50	20	12	29	41
5	46	24	13	28	42
6	43	27	14	28	42
7	40	30	15	28	42

Auswertung d):

Urnenmodellversuch	Wasserheberversuch
$N_A(0)$: Anzahl der Kugeln in Behälter A zu Beginn	Füllstand im Messzylinder A zu Beginn
$N_B(0)$: Anzahl der Kugeln in Behälter B zu Beginn	Füllstand in Messzylinder B zu Beginn
$N_A(z)$	Füllstand in Messzylinder A nach z Überführungen
Überführungsrate von A nach B 20%	Durchmesser des Glasrohres für die Überführung von A nach B
Überführungsrate von B nach A 10%	Durchmesser des Glasrohres für die Überführung von B nach A

Auswertung e):

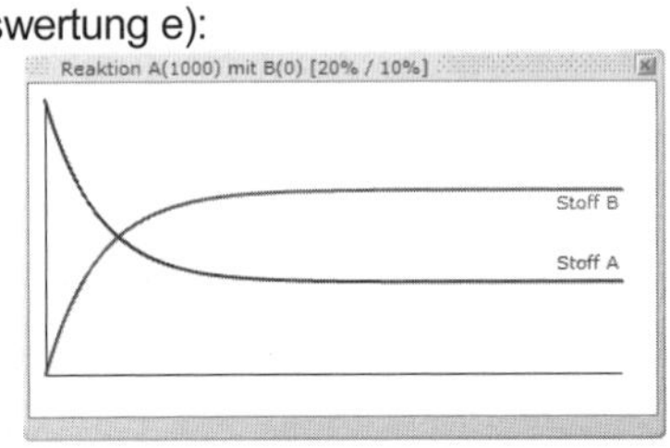

Parameter: A:1 000, B:0
A → B 20%, B → A 10%

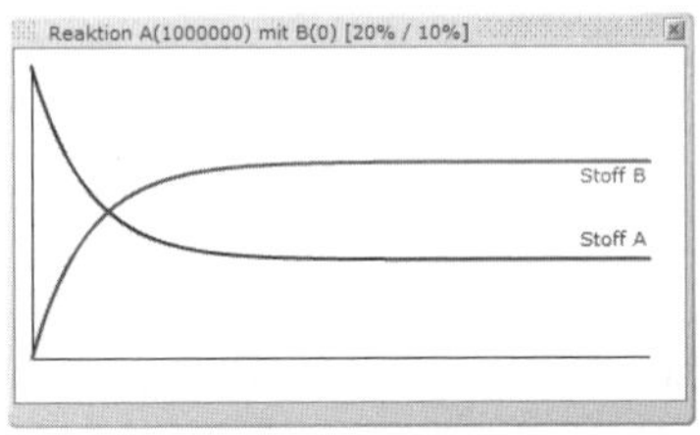

Parameter: A:1 000 000, B:0
A → B 20%, B → A 10%

Bei einer Erhöhung von A: 1 000 auf A: 1 000 000 ändert sich weder die prozentuale Verteilung der Kugeln in den Behältern im Gleichgewicht noch die „Geschwindigkeit" der Einstellung eines stationären Zustandes, d. h. die Anzahl der Schritte bis zum Erreichen eines Gleichgewichtszustands.

A1:
Die Kugeln in den Behältern A bzw. B stellen die Stoffmengen der Edukte (Alkohol und Carbonsäure) bzw. die Stoffmengen der Produkte (Ester und Wasser) dar. Der Reaktionsrate für die Hinreaktion in einem bestimmten Zeitintervall entspricht die Anzahl der überführten Kugeln bei einer „hin“-Überführung, was analog für die Rückreaktion gilt.
In den Modellversuchen ist nicht modelliert, dass bei der Reaktion zwei Edukte zu zwei Produkten reagieren. Der dynamische Charakter im Gleichgewicht kann mit dem Modellversuch aber sehr gut gezeigt werden, auch wenn im Modellversuch Hin- und Rück-„Reaktion“ nicht gleichzeitig ablaufen.

A2:
Das Abdestillieren des Hauptprodukts Ester bei der Veresterung kann im Modellversuch durch einen weiteren Schritt modelliert werden: Nach der „hin“-Überführung von Kugeln aus Behälter A nach Behälter B wird ein gewisser Prozentsatz der Kugeln aus Behälter B in einen dritten Behälter C überführt. Erst dann wird ein Anteil der Kugeln in Behälter B wieder zurück in Behälter A überführt.

A3:
Bei allen Modellversuchen kann der kontinuierliche Prozess einer chemischen Reaktion nicht modelliert werden. In alle Modellversuchen wird die Hin- und die Rückreaktion modelliert, wobei vor allem der Wasserheberversuch die Gleichzeitigkeit der Prozesse die Realität der chemischen Reaktion besser modelliert.
Denn dynamischen Charakter gibt aber auch das Urnenmodell wieder. Die Computersimulation ist eine starke Abstraktion des Urnenmodells und die Dynamik versteckt sich hier hinter einem Algorithmus.

A4:
Das Räuber-Beute-System stellt die gegenseitige Abhängigkeit von der Populationsverteilung von Tieren in einem Ökosystem dar. In einem gesunden Räuber-Beute-System gibt es ein festes Verhältnis zwischen der Anzahl an Beutetieren und der Anzahl an Räubertieren. Während das Verhältnis konstant bleibt, ändert sich aber in bestimmten Intervallen die Anzahl an Tieren. Wenn es viele Beutetiere gibt, wird mit zeitlichem Versatz auch die Zahl der Räubertiere ansteigen, bis die Räuber nicht mehr genügend Beute findet. Dann nehmen beide Populationen wieder ab und ein neuer Zyklus beginnt.
Diese Zyklen gibt es bei gewöhnlichen chemischen Gleichgewichten nicht. Doch auch in der Chemie gibt es Systeme, die gewisse Zyklen aufweisen, die sogenannten oszillierenden Systeme.
Wie bei den Modellversuchen die Überführungsrate oder der Durchmesser der Glasrohr die Reaktionsraten darstellen, gibt es auch bei der mathematischen Modellierung in Räuber-Beute-Systemen Raten, mit der die Übergangsraten z. B. zwischen Jungtier, geschlechtsreifen Tieren, gestorbenen Tieren und geraubten Tieren modelliert wird. An diesem Beispiel sieht man, dass hier mehr Parameter zu berücksichtigen sind als in den Modellversuchen.

Seite 64 und 65

B2:

Würde man den Versuch mit 60 mL Wasser anstatt mit einer Mischung aus 30 mL Wasser und 30 mL Aceton durchführen, würde man die Konzentration des Wassers verdoppeln. Wasser-Moleküle sind aber Reaktionspartner:

$[Co(H_2O)_6]^{2+}(aq) + 4\ Cl^-(aq) \rightleftarrows [Co(Cl)_4]^{2-}(aq) + 6\ H_2O(l)$

Entsprechend würde das System durch vermehrte Bildung des Hexaaquacobalt(II)-Komplexes antworten.

Damit der Versuch gelingt, müsste man ebenfalls die Konzentration der Chlorid-Ionen verdoppeln, worauf das System zur vermehrten Bildung des Tetrachlorocobalt(II)-Komplexes reagieren würde.

B3:

Die Erklärung ergibt sich aus Auswertung c). (*Hinweis*: Auch wenn diese beiden Aufgaben inhaltlich fast identisch sind, enthalten sie verschiedene Kompetenzoperatoren und stellen daher unterschiedliche Anforderungen.)

B4:

Man kann ohne Änderung der Temperatur die blaue Schrift wieder in die rosafarbene umwandeln, wenn man den Einflussfaktor Konzentration nutzt. So könnte man Wasser zufügen oder durch Abfangen der Chlorid-Ionen z. B. mit Silbernitrat-Lösung die Rückreaktion begünstigen.

Auswertung a):

Bildung von schwerlöslichem Silberthiocyanat:

$Ag^+(aq) + SCN^-(aq) \rightarrow AgSCN(s)$

Bildung von schwerlöslichem Eisen(III)-hydroxid:

$Fe^{3+}(aq) + 3\ OH^-(aq) \rightarrow Fe(OH)_3(s)$

Auswertung b):

In B1 sind die Lösungen abgebildet, die nach Zugabe von Kaliumthiocyanat-Lösung bzw. Eisen(III)chlorid-Lösung tiefer rot gefärbt sind. Hier antwortet das System, indem sich die in B3 dargestellte Gleichgewichtsreaktion durch Erhöhung der Konzentration der Ionen der Edukte auf die Seite der Produkte verschiebt.

In den Reagenzgläsern 2 und 3 aus V1 hingegen kommt es zur Farbaufhellung, da durch Ausfällen der schwerlöslichen Thiocyanat- bzw. Eisensalze die Konzentration der Edukte verringert wurde und das Gleichgewicht auf die Erniedrigung der Konzentration reagiert, indem es sich auf die Seite der Edukte verlagert.

Auswertung c):

Im Rggl. Nr. 3 wurde durch Zugabe von Natronlauge Eisen(III)-hydroxid ausgefällt und damit das Edukte Eisen(III)-Ionen aus dem in B3 formulierten Gleichgewicht entfernt. Die rote Farbe hellt sich auf. Durch Zutropfen von Salzsäure sollte der Niederschlag aus Eisen(III)-hydroxid nach der folgenden Reaktionsgleichung wieder gelöst werden:

$Fe(OH)_3$(s) + 3 HCl(aq) → Fe^{3+}(aq) + 3 Cl^-(aq) + 3 H_2O(l)
Die wieder freigesetzten Eisen(III)-Ionen können sich nun wieder am Gleichgewicht beteiligen und sollten zur Bildung von Eisen(III)-thiocyanat und damit zur Vertiefung der roten Farbe führen.

Auswertung d):
Aus der Gleichung lässt sich entnehmen, dass die Hinreaktion endotherm ist. Entsprechend ist die Rückreaktion exotherm. Führt man dem System Wärme zu, so begünstigt man die Reaktion, die Energie verbraucht, also die Bildung der blauen Lösung mit den Tetrachlorocobalt(II)-Ionen. Kühlt man ab, begünstigt man die energieliefernde Reaktion, also die exotherme Bildung der rosa Lösung mit den Hexaaquacobalt(II)-Ionen.

Seite 66 bis 68
(KOMPETENZEN TRAINIEREN)

A1:

I $H_3CC(CH_3)_2CHCH_3CH_2CH_3$
II $H_3CCH_2C(CH_3)_2CH_2CH_2CH_3$
III $H_3CC(CH_3)_2CH(CH_3)_2CH_3$
IV $H_3CC(CH_3)_2C(CH_3)_2CH_2CH_3$
V $H_3CCH_2CHCH_3C(CH_3)_2CH_3$ bzw. $H_3CCH_2CHCH_3C(CH_3)_3$

a) Die Formeln I und V sind identisch. Spiegelt man Formel V an einer vertikalen Achse und zeichnet die längste Kohlenstoffkette in einer Linie, erhält man Formel I.
b) I und V: 2,2,3-Trimethylpentan
II: 3,3-Dimethylhexan
III: 2,2,3,3-Tetramethylbutan
IV: 2,2,3,3-Tetramethylpentan

A2:
offene Aufgabe

A3:

2-Methylundecanal

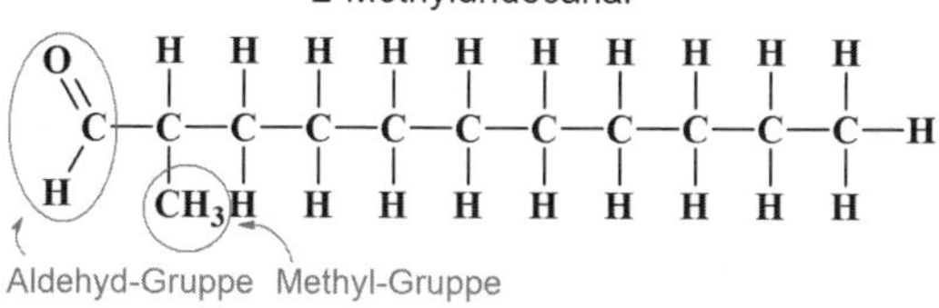

7-Hydroxy-3,7-dimethyloctanal

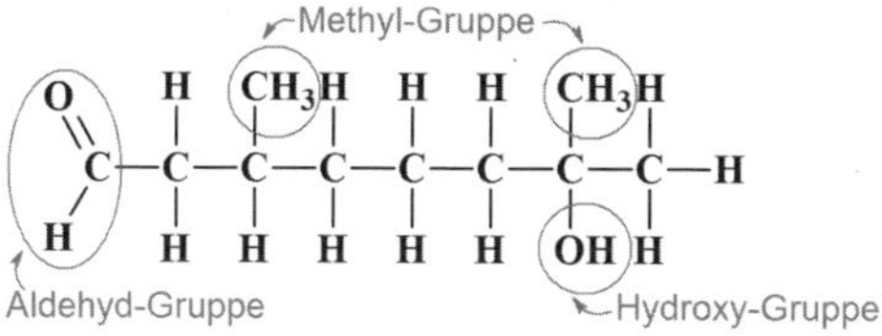

A4:

a) 5-Methylhex-4-enal
b) 2-Hydroxy-4-methylhexan-3-on

A5:

2-Methylbutansäureethylester

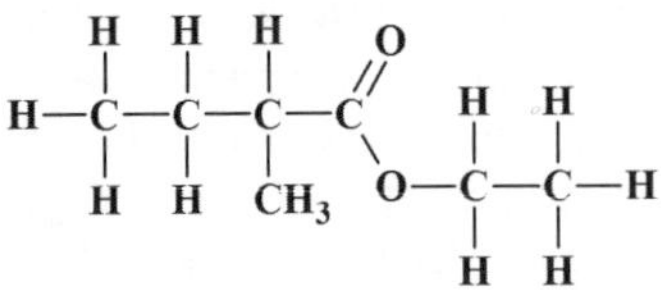

Ethansäure-2-methylbutylester

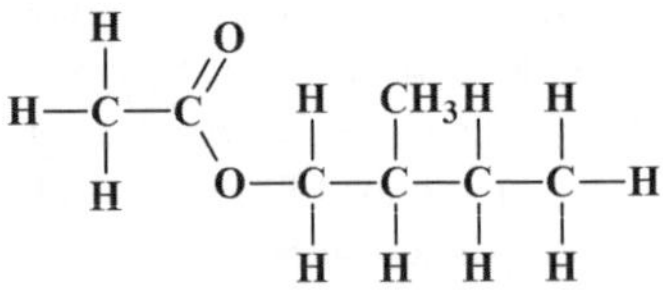

Gemeinsamkeiten:
In beiden Molekülen liegen eine Ester-Gruppe und ein Methyl-Substituent vor. Insgesamt enthalten beide Moleküle je eine C4-Kette und eine C2-Kette.
Der Unterschied liegt darin, dass einmal der Ester aus einer substituierten Butansäure und Ethanol gebildet wurde und im anderen Fall aus substituiertem Butanol und Essigsäure.

A6:
Bei einer Sauerstoff-Wasserstoff-Bindung ist der Elektronegativitätsunterschied $\Delta EN = 3{,}5 - 2{,}1 = 1{,}4$, während der Elektronegativitätsunterschied zwischen Kohlenstoff und Wasserstoff nur $\Delta EN = 2{,}5 - 2{,}1 = 0{,}4$ beträgt. Die Sauerstoff-Wasserstoff-Bindung ist viel stärker polar mit einer negativen Partialladung am Sauerstoff-Atom und einer positiven Partialladung am Wasserstoff-Atom als die Kohlenstoff-Wasserstoff-Bindung.
Aufgrund dieser polaren Bindung in der Hydroxy-Gruppe ist die Ausbildung von Wasserstoffbrückenbindungen zwischen den Hydroxy-Gruppen benachbarter Alkohol-Moleküle möglich. Diese zusätzlich zu den VAN-DER-WAALS-Kräften wirkenden, starken zwischenmolekularen Wechselwirkungen führen zu einem Anstieg der Siedetemperaturen von Alkoholen im Vergleich zu Alkanen gleicher Molekülmasse.

A7:

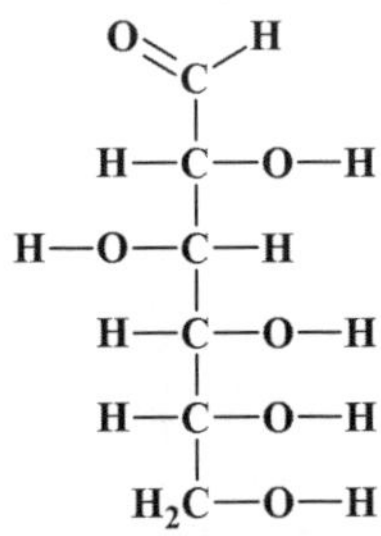

Im Glucose-Molekül gibt es eine Aldehyd-Gruppe und fünf Hydroxy-Gruppen. Da es sich um polare Gruppen handelt, ist Glucose gut löslich im ebenfalls polaren Wasser.

A8:

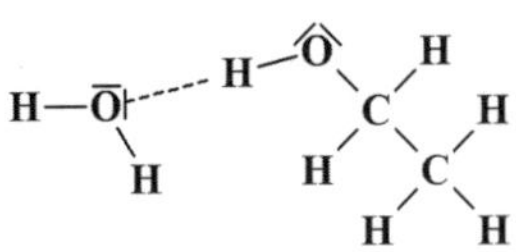

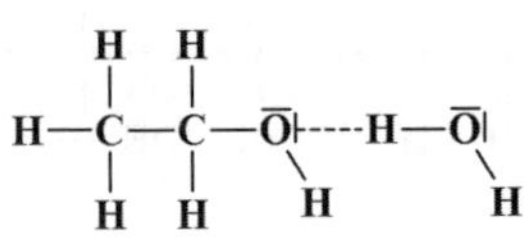

A9:

	Methanol SdT : 64,5°C	Ethanol SdT : 78,2°C
Methansäure SdT : 100,5°C	Methansäuremethylester SdT : 32°C	Methansäureethylester SdT : 54°C
Ethansäure SdT : 118°C	Ethansäuremethylester SdT : 57°C	Ethansäureethylester SdT : 77°C

Mit zunehmender Kettenlänge im Molekül steigt die Siedetemperatur der Stoffe, da stärkere VAN-DER-WAALS-Kräfte überwunden werden müssen. Dies erklärt die steigenden Siedetemperaturen innerhalb einer Stoffklasse.
Carbonsäuren haben höhere Siedetemperaturen als die entsprechenden Alkohole, da zwischen den Carboxy-Gruppen starke Wasserstoffbrückenbindungen existieren und sich Dimere bilden können (vgl. S. 49).
Methansäuremethylester und Methansäureethylester besitzen niedrigere Siedetemperaturen als Methansäure und die Alkohole Methanol und Ethanol. Die Ester-Moleküle können untereinander nicht wie die Säure- bzw. Alkohol-Moleküle Wasserstoffbrückenbindungen ausbilden, es herrschen lediglich die schwächeren Dipol-Dipol-Kräfte.
Methansäureethylester besitzt eine höhere Siedetemperatur als Methansäuremethylester. Dies ist auf die unterschiedlichen VAN-DER-WAALS-Kräfte zwischen den Molekülen zurückzuführen. Auf Grund der höheren molaren Masse sind die VAN-DER-WAALS-Kräfte zwischen den Methansäureethylester-Molekülen größer, was die höhere Siedetemperatur bewirkt.
Gleiches gilt auch für die Ester der Ethansäure. Die Siedetemperatur von Ethansäureethylester ist fast gleich der Siedetemperatur von Ethanol. Dies ist mit der Zunahme der VAN-DER-WAALS-Kräfte zwischen der Molekülen auf Grund der deutlich höheren molaren Masse zu erklären.

A10:
Aus den Tabellen (S. 26, B4, S. 40, B3 und S. 48, B3) kann entnommen werden, dass die Alkanale deutlich niedrigere Siedetemperaturen als ihre Homologen aus der Reihe der Alkohole und Alkansäuren aufweisen. Zwischen Alkanal-Molekülen wirken vor allem die VAN-DER-WAALS-Kräfte und Dipol-Dipol-Kräfte aufgrund der polaren Kohlenstoff-Sauerstoff-Bindung. Eine deutliche Erhöhung der Siedetemperaturen ist auf die Ausbildung von Wasserstoffbrückenbindungen zwischen den Hydroxy-Gruppen in den Alkohol-Molekülen zurückzuführen. Und nochmals eine Verstärkung der zwischenmolekularen Kräfte ergibt sich durch die Fähigkeit der Bildung von Dimeren aus zwei Alkansäure-Molekülen (vgl. S. 49 unten).

A11:

Vanillin

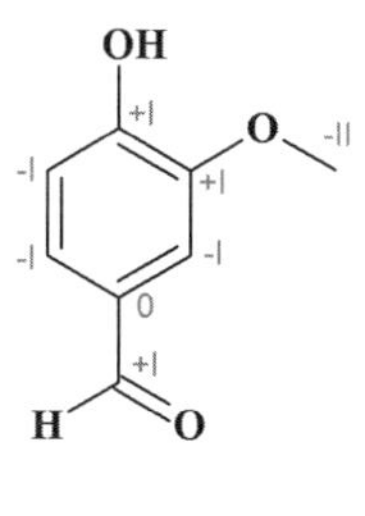

Geraniol

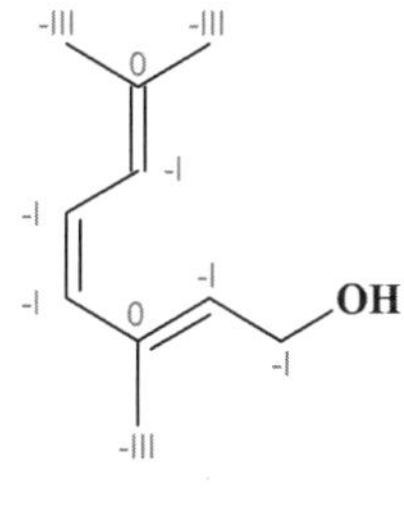

A12:

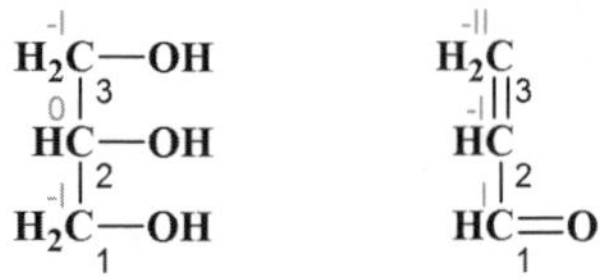

Glycerin Acrolein

An den Oxidationszahlen ist zu erkennen, dass im Acrolein-Molekül zwei Kohlenstoff-Atome (C2 und C3) reduziert wurden, während das Kohlenstoff-Atom C1 oxidiert wurde. Das Oxidationszahl-Konzept ist hier nur aussagefähig, wenn man sich auf einzelne Atome bezieht und nicht auf das Molekül als Ganzes.

A13:

Aus Trinkalkohol lässt sich Essigsäure herstellen, ein bei der Herstellung von Speiseessig gewünschter Prozess. Dabei findet eine Oxidation von Ethanol bis zur Ethansäure statt. Im Ethanol-Molekül liegt das Kohlenstoff-Atom C1 in der Oxidationssufe –I vor, im Ethansäure-Molekül in der Oxidationsstufe +III.

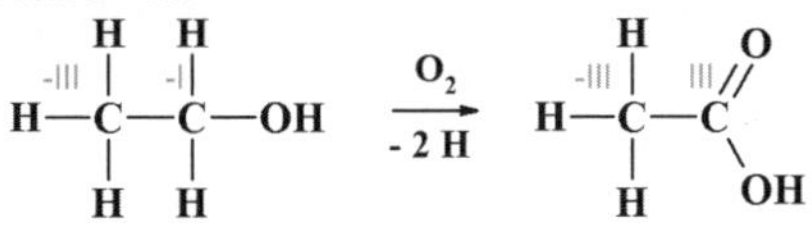

Als Zwischenprodukt wird Ethanal gebildet:

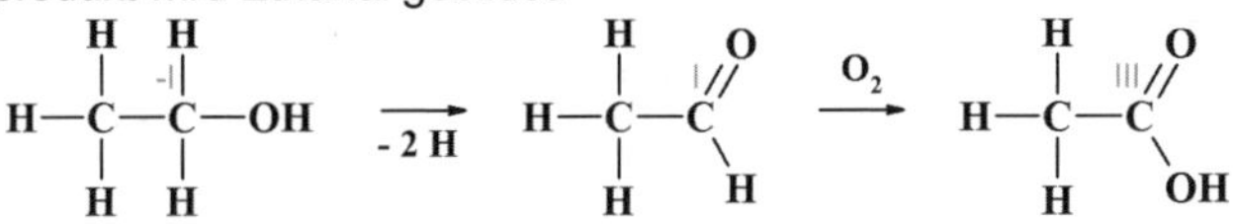

A14:

1. Da die Reaktion im alkalischen Medium stattfindet, können die Teilgleichungen und die Gesamtgleichung für die Silberspiegel-Probe mit Propanal analog zu dem Muster von S. 44 entwickelt werden:

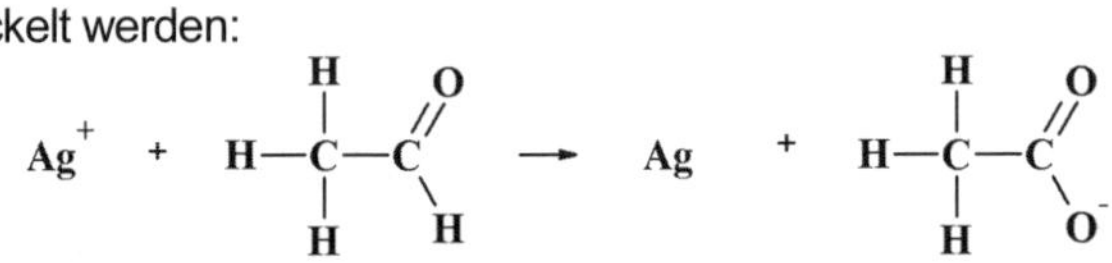

2. Teilgleichungen für die Oxidation und Reduktion mit der Anzahl der abgegebenen und aufgenommenen Elektronen aufstellen:

   Oxidation:

   $$\overset{\mathrm{I}}{\mathbf{CH_3CHO}} \rightarrow \overset{\mathrm{III}}{\mathbf{CH_3COO^-}} + 2\,e^-$$

   Reduktion:

   $$\overset{\mathrm{I}}{\mathbf{Ag^+}} + e^- \rightarrow \overset{0}{\mathbf{Ag}}$$

3. Ausgleich der Ladungsbilanz und der Atombilanz:
   für die Oxidation:

   I / III

   $CH_3CHO + 3\,OH^- \rightarrow CH_3COO^- + 2\,e^- + 2\,H_2O$

   für die Reduktion:

   I / 0

   $2\,Ag^+ + 2\,e^- \rightarrow 2\,Ag$
4. Multiplikation der beiden Teilgleichungen mit den entsprechenden Faktoren, sodass die Anzahl der bei der Oxidation abgegebenen und der bei der Reduktion aufgenommenen Elektronen gleich ist, anschließend Addition der Teilgleichungen zur Gesamtgleichung:

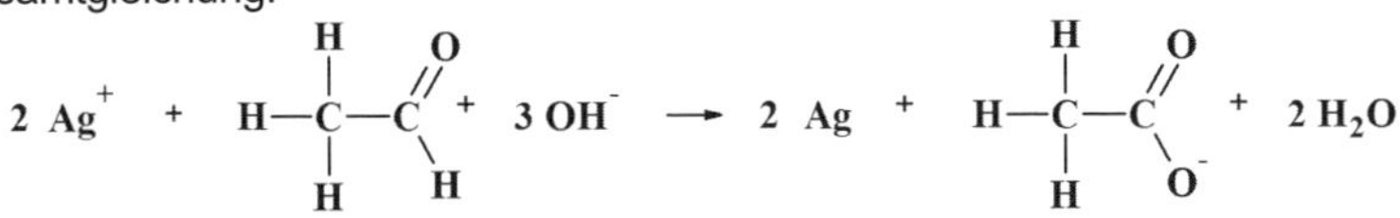

A15:

Da die Reaktion von Vanillin zu Vanillinsäure im sauren Medium stattfindet, kann die Reaktion kann nach dem Muster von S. 45 formuliert werden:

1. Identifizieren der Edukte und Produkte, Bestimmung der Oxidationszahlen:

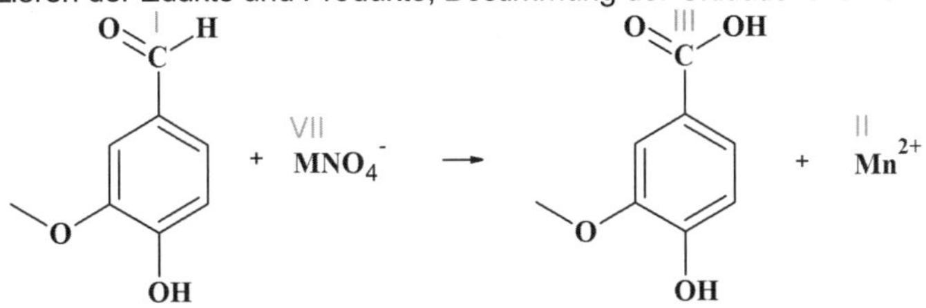

Vanillin Vanillinsäure

2. Teilgleichungen für die Oxidation und Reduktion mit der Anzahl der abgegebenen und aufgenommenen Elektronen:
   Oxidation:

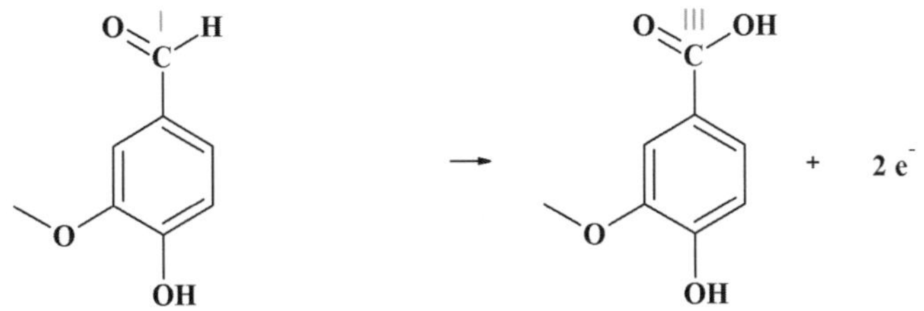

Vanillin Vanillinsäure

Reduktion:

VII / II

$MnO_4^- + 5\,e^- \rightarrow Mn^{2+}$

3. Ausgleich der Ladungsbilanz und der Atombilanz:
   Oxidation:

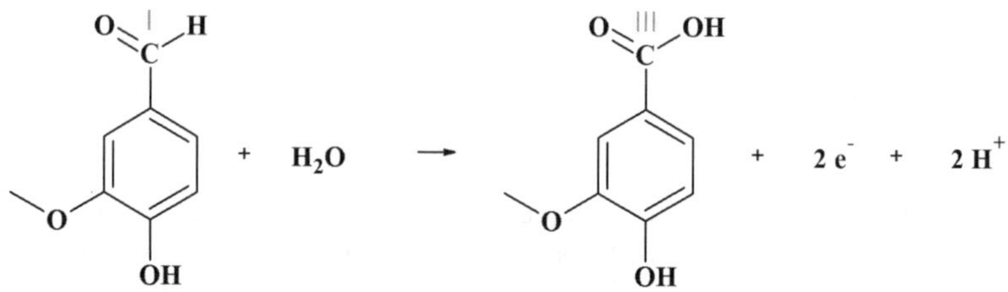

Vanillin — Vanillinsäure

   Reduktion:

   $\overset{VII}{Mn}O_4^- + 5\,e^- + 8\,H^+ \rightarrow \overset{II}{Mn}{}^{2+} + 4\,H_2O$

4. Multiplikation der beiden Teilgleichungen zum Ausgleich der übertragenen Elektronen
   Oxidation:

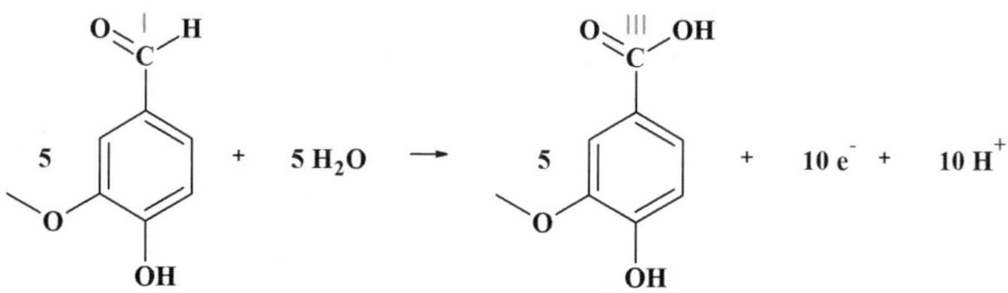

Vanillin — Vanillinsäure

   Reduktion:

   $2\,\overset{VII}{Mn}O_4^- + 10\,e^- + 16\,H^+ \rightarrow 2\,\overset{II}{Mn}{}^{2+} + 8\,H_2O$

5. Addition der Teilgleichungen zur Gesamtgleichung:

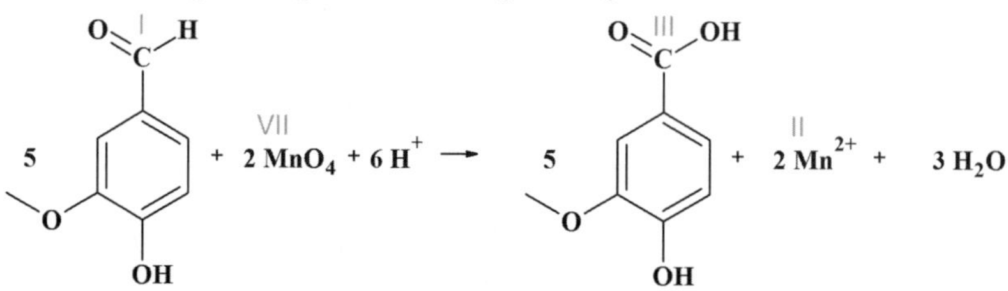

Vanillin — Vanillinsäure

A16:

Oxidation:

$$\overset{-I}{CH_3CH_2OH} + 5\,OH^- \rightarrow \overset{III}{CH_3COO^-} + 4\,H_2O + 4\,e^- \quad | \cdot 3$$

Reduktion:

$$\overset{VII}{MnO_4^-} + 2\,H_2O + 3\,e^- \rightarrow \overset{IV}{MnO_2} + 4\,OH^- \quad | \cdot 4$$

Gesamtgleichung:

$$3\,CH_3CH_2OH + 4\,MnO_4^- \rightarrow 3\,CH_3COO^- + 4\,MnO_2 + 4\,H_2O + OH^-$$

A17:

Oxidationszahlen der Eisen-Atome in rotem Blutlaugensalz:

$$K_3[\overset{III}{Fe}(CN)_6]$$

Berliner Blau:

$$\overset{III}{Fe_4}[\overset{II}{Fe}(CN)_6]_3$$

A18:

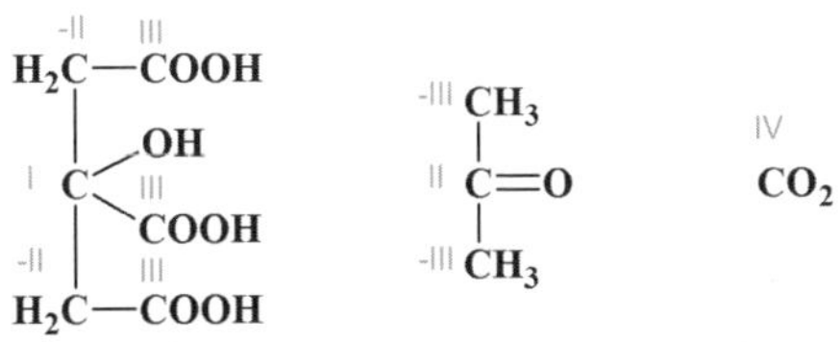

Die Kohlenstoff-Atome der Carboxy-Gruppen wechseln ihre Oxidationszahl von III zu IV, werden also oxidiert. Das Kohlenstoff-Atom C3 in der Kohlenstoffkette des Citronensäure-Moleküls wechselt die Oxidationsstufe von I zu II, wird also auch oxidiert. Die Kohlenstoff-Atome C2 und C4 in der Kohlenstoffkette des Citronensäure-Moleküls wechseln ihre Oxidationsstufen von –II zu -III, sie werden also reduziert.

A19:

a) Richtig, weil sich Gleichgewichtsreaktionen durch das Vorhandensein einer Hin- und einer Rückreaktion auszeichnen, die einander entgegengesetzt ablaufen.
b) Falsch; die Geschwindigkeiten der Hin- und Rückreaktion sind vom Betrag her gleich groß, lediglich ihre Summe ist gleich null.
c) Falsch, nach dem Prinzip von Le Chatelier beeinflusst eine Temperaturänderung die Lage des Gleichgewichtes von endothermen bzw. exothermen Reaktionen.
d) Falsch, weil die Produkte endothermer Reaktionen selbst energiereich sind. Aufgrund der durch Energiezufuhr vorhandene Aktivierungsenergie reagieren Edukte zu den energiereicheren Produkten.

A20:

b) Im Gleichgewichtszustand sind die Geschwindigkeiten der Hin- und Rückreaktion vom Betrag her gleich groß.
c) Die Lage eines chemischen Gleichgewichts ist abhängig von der Temperatur.
d) Z. B.: Die Produkte exothermer Reaktionen lassen sich durch Energiezufuhr in die Edukte zurückführen.

A21:

a) $\mathbf{2\,H_2 + O_2 \rightleftarrows 2\,H_2O}$

$$K = \frac{c^2(\mathbf{H_2O})}{c^2(\mathbf{H_2}) \cdot c(\mathbf{O_2})}$$

b) Es können maximal 2 mol Wasser gebildet werden, da der Wasserstoff der limitierende Faktor ist. Daraus folgt, dass 2/3 · 2 mol = 4/3 mol Wasser gebildet werden. Entsprechend folgt für die Stoffmenge von Wasserstoff im Gleichgewicht: 2 mol – 4/3 mol = 2/3 mol. Für die Stoffmenge des Sauerstoffs gilt aufgrund der Reaktionsgleichung: 2 mol – 2/3 mol = 4/3 mol. Mit $n(\mathbf{H_2})$ = 2/3 mol, $n(\mathbf{O_2})$ = 4/3 mol und $n(\mathbf{H_2O})$ = 4/3 mol folgt: K = 3 L/mol.

A22:

a) Reaktionsschema: $\mathbf{H_2 + I_2 \rightleftarrows 2\,HI}$
b) Dem Reaktionsschema ist zu entnehmen: $n(\mathbf{H_2}) : n(\mathbf{I_2}) : n(\mathbf{HI}) = 1 : 1 : 2$
c) Bis zur Einstellung des Gleichgewichts verringert sich die Konzentration des Wasserstoffs um x mol/L. Damit gilt für die Zahlenwerte der Konzentrationen:

	$c(\mathbf{H_2})$ in mol/L	$c(\mathbf{I_2})$ in mol/L	$c(\mathbf{HI})$ in mol/L
zu Beginn:	$1{,}35 \cdot 10^{-2}$	$2{,}55 \cdot 10^{-2}$	0
im Gleichgewicht:	$1{,}35 \cdot 10^{-2} - x$	$2{,}55 \cdot 10^{-2} - x$	2x

(Aus x mol Wasserstoff und x mol Iod entstehen 2x mol Iodwasserstoff und das Volumen ist konstant.)

d) Die Gleichgewichtskonstante des Iodwasserstoffgleichgewichts ist bei T = 731 K K = 48,75 (B3). Das MWG lautet in diesem Fall:

$$48{,}75 = \frac{(2x)^2}{(1{,}35 \cdot 10^{-2} - x) \cdot (2{,}55 \cdot 10^{-2} - x)}$$ oder umgeformt:

$$x^2 - 4{,}25 \cdot 10^{-2} x + 3{,}75 \cdot 10^{-4} = 0.$$

Für die quadratische Gleichung findet man folgende Lösungen:

$x_1 = 3 \cdot 10^{-2}$ und $x_2 = 1{,}25 \cdot 10^{-2}$.

Die Lösung x_1 kommt nicht in Frage, weil nicht mehr Wasserstoff bzw. Iod verbraucht werden kann als zu Beginn vorhanden war. Mit der Lösung x_2 erhält man:

$c(\mathbf{H_2}) = 0{,}1 \cdot 10^{-2}$ mol/L; $c(\mathbf{I_2}) = 1{,}3 \cdot 10^{-2}$ mol/L; $c(\mathbf{HI}) = 2{,}5 \cdot 10^{-2}$ mol/L.

A23:

Bei den Versuchen 4, 5 und 6 startet man mit einer bestimmten Konzentration Iodwasserstoff und wartet auf die Einstellung des chemischen Gleichgewichtes. Da sich gemäß Reaktionsgleichung Wasserstoff und Iod im Verhältnis 1 : 1 bilden, sind die Konzentrationen von Wasserstoff und Iod gleich.

A24:
Aus der Tabelle kann die Tendenz abgelesen werden, dass die Gleichgewichtskonstante *K* mit steigender Temperatur kleiner ist. Das bedeutet eine Verschiebung auf die Seite der Edukte Wasserstoff und Iod durch Temperaturerhöhung. Nach dem Prinzip von LE CHATELIER werden endotherme Reaktionen dadurch begünstigt. Demnach muss die Umkehrung, also die Bildung von Iodwasserstoff, eine exotherme Reaktion sein.

A25:

a) $\mathbf{HCOOH + HOCH_3 \rightleftarrows HCOOCH_3 + H_2O}$
b) Bei der Hinreaktion, der Veresterung, fällt die Konzentration der Methansäure streng monoton ab und erreicht nach etwa 4 Stunden einen Wert, der dann konstant bleibt. Bei der Rückreaktion, der Esterhydrolyse, steigt die Methansäurekonzentration streng monoton und erreicht ebenfalls nach 4 Stunden den konstanten Wert, der auch bei der Veresterung erreicht wurde. Die Steilheit der beiden Kurven und entsprechend die Reaktionsgeschwindigkeit der Veresterung bzw. der Esterhydrolyse ist anfangs am größten. Sie nimmt immer mehr ab, bis nach etwa 4 Stunden die Tangente an jeder der beiden Kurven die Steigung null hat. Das bedeutet, dass zu diesem Zeitpunkt die Reaktionsgeschwindigkeit gleich null ist. In diesem Fall, d. h. bei t > 4 h, herrscht der Zustand des chemischen Gleichgewichtes.
c) Wie bereits unter b) erwähnt ist die Reaktionsgeschwindigkeit v_r beim Gleichgewicht gleich null. Dies bedeutet nicht, dass keine Reaktion mehr abläuft, dass die Rate der Hinreaktion $r_{\rightarrow}$ und die Rate der Rückreaktion $r_{\leftarrow}$ gleich null sind, sondern, dass sie gleich sind ($r_{\rightarrow} = r_{\leftarrow}$). Pro Zeiteinheit reagieren genauso viele Edukte zu Produkten wie Produkte zu Edukten zurück reagieren. Dieser Zustand ist nach 4 Stunden erreicht, da sich von diesem Zeitpunkt an die Konzentration der Methansäure und damit auch die Konzentrationen der anderen Reaktionsteilnehmer nicht mehr ändern.
d) Gleichgewichtskonzentrationen:
$c(\mathbf{HCOOH}) = 0{,}012 \text{ mol} \cdot \text{L}^{-1}$
$c(\mathbf{CH_3OH}) = 0{,}012 \text{ mol} \cdot \text{L}^{-1}$
$c(\mathbf{HCOOCH_3}) = c_0 - c(\mathbf{HCOOH}) = 0{,}03 \text{ mol} \cdot \text{L}^{-1} - 0{,}012 \text{ mol} \cdot \text{L}^{-1} = 0{,}018 \text{ mol} \cdot \text{L}^{-1}$
$c(\mathbf{H_2O}) = 0{,}018 \text{ mol} \cdot \text{L}^{-1}$
e) $K = \dfrac{0{,}018 \cdot 0{,}018}{0{,}012 \cdot 0{,}012} = 2{,}25$

A26:
Esterhydrolyse:
$\mathbf{RCOOR' + H_2O \rightleftarrows RCOOH + R'OH}$

$$K = \frac{c(\mathbf{RCOOR'}) \cdot c(\mathbf{H_2O})}{c(\mathbf{RCOOH}) \cdot c(\mathbf{R'OH})}$$

Bei der Esterhydrolyse im Alkalischen wird die Säure neutralisiert:
$\mathbf{RCOOH + OH^- \rightleftarrows RCOO^- + H_2O}$
Dadurch wird die Säure aus dem Gleichgewichtsgemisch entfernt. Die Konzentration der Säure $c(\mathbf{RCOOH})$ bleibt sehr klein und damit ist der Massenwirkungsquotient des Estergleichgewichtes stets größer als die Massenwirkungskonstante. Die Hydrolyse (Rückreaktion) läuft daher ab, bis der Ester vollständig umgesetzt worden ist.

Kapitel 2:
Vom Erdöl zu Anwendungsprodukten – Grundchemikalien und technische Prozesse

Seite 71

B1:
Während vor 100 Jahren Kohle, Holz und Sonstiges den weitaus größten Anteil des Primärenergieverbrauchs ausmachten, ist heute der Anteil von Erdöl und Erdgas am größten. Er beträgt nach der Grafik in B1 ca. 2/3 des Gesamt-Primärenergieverbrauchs.

Seite 72 und 73

B1:
Das Erdöl wird in großen Tanks gelagert, die von Erdwällen umgeben sind, damit das Erdöl bei einem Leck im Tank nicht auf die angrenzenden Flächen laufen kann. Es muss auch vor dem Eindringen in das Erdreich und das Eintreten in das Grundwasser geschützt sein. Damit Gase und Dämpfe austreten können, sind die Tanks mit Ventilen zum Druckausgleich ausgestattet.

B2:
In dem Kolben muss neben den Dämpfen der zu untersuchenden Chemikalie auch genügend Sauerstoff im Kolben vorhanden sein, damit es zu einer Verbrennungsreaktion kommen kann. Gibt man zu viele Tropfen in den Kolben, verdrängt das Gas den Sauerstoff aus dem Kolben.

B3:
Damit man das Luft-Gas-Gemisch oberhalb der Schale entzünden kann, muss eine gewisse Anzahl an Molekülen der zu untersuchenden Substanz in den gasförmigen Aggregatzustand übergegangen sein. Die Anzahl an Molekülen in der Gasphase nimmt kurz vor der Siedetemperatur des Stoffes stark zu. Demnach haben Stoffe mit einer niedrigen Siedetemperatur auch niedrige Flammtemperaturen.

B5:
Das Öl sprudelt von alleine aus der Erde, wenn das Förderrohr bis in die Schicht mit dem flüssigen Öl reicht und sich darüber eine Gasschicht befindet, die unter Druck steht.

B6:
In einem Glockenboden kondensieren diejenigen Stoffe, deren Siedetemperatur gerade eben unterschritten wird. Wenn die Anzahl der Glockenböden steigt, dann enthalten die einzelnen Glockenböden Stoffe mit nur kleinen Unterschieden in der Siedetemperatur. Es entstehen mehr Fraktionen mit einem engen Siedetemperaturbereich.

B7:
Da Heptan bei 98 °C siedet, ist es in der zweiten Fraktion mit dem Siedebereich 30 °C bis 200 °C enthalten.

Auswertung a):
Die Destillation bei vermindertem Druck ist für das Destillat schonender, weil der Übergang in die Gasphase bei niedrigerer Temperatur stattfindet. Dadurch bleiben Stoffe, die sich bei höheren Temperaturen zersetzen, erhalten.

Auswertung b):
Die Entzündungstemperaturen von Benzin, Heptan und Diesel unterscheiden sich nicht erheblich. Die Flammtemperatur ist bei Diesel jedoch beträchtlich höher als bei Benzin und Heptan (vgl. B4). Daraus lässt sich folgern, dass im Gasraum über flüssigem Diesel bei Raumtemperatur wesentlich weniger brennbare Dämpfe enthalten sind als über flüssigem Benzin.

Auswertung c):
Diesel lässt sich nicht entzünden, weil Diesel eine sehr hohe Siedetemperatur hat (vgl. B7). Bei Raumtemperatur sind nicht genügend Kohlenwasserstoff-Moleküle aus dem Diesel in der Gasphase oberhalb der Flüssigkeit vorhanden. Der Docht und das Watteknäuel bewirken, dass der Brennstoff auf einer großen Oberfläche fein verteilt wird und schneller in die Gasphase gelangt. Beides fördert die Verbrennung von Diesel.

Seite 74 und 75

B1:
Aus der Raffination erhält man große Anteile an hochsiedendem Schmieröl und Bitumen. Der Anteil an Benzin, Kerosin und Diesel der Erdölfraktionen fällt viele geringer aus als der Bedarf dieser niedriger siedenden Fraktionen.

B2:
Die Kühlung des U-Rohrs bewirkt die Kondensation von Crackprodukten des Paraffins, deren Siedetemperatur bei Raumtemperatur oder darunter liegt. Würde man nicht kühlen, dann würden diese Crackprodukte aufgrund der starken Wärmezufuhr im Kolben nicht kondensieren. So kann gezeigt werden, dass beim Cracken gasförmige und flüssige Produkte erhalten werden.

B3:
Da es sich bei Kraftstoffen um Stoffgemische aus Stoffen mit unterschiedlichen Siedetemperaturen handelt, sieden die Kraftstoffe in Abhängigkeit von ihrer Zusammensetzung in Siedebereichen, nicht bei einer einzigen Siedetemperatur.

B4:

Beim klopfenden Motor ist der Wirkungsgrad geringer, weil es wegen der vorzeitigen Zündung nicht zu der bestmöglichen Kompression des Verbrennungsgemisches kommt und weil der Kolben sich bei der Zündung noch nach oben bewegt. Es wird also nicht so viel Volumenarbeit verrichtet wie bei optimaler Kompression und ein Teil davon wird wegen der „falschen“ Bewegungsrichtung des Kolbens auch noch vergeudet.

Auswertung a):

Da die Proben aus V2 (Bromwasserprobe) und aus V3 (BAYERsche Probe) mit dem eingesetzten Paraffin negativ ausfallen (keine Bromwasser-Entfärbung bzw. keine Verfärbung der Kaliumpermanganat-Lösung), mit dem Gas und mit dem Kondensat aus LV1 dagegen positiv, müssen in diesen Stoffe enthalten sein, die im Paraffin nicht enthalten waren.

Auswertung b):

	Paraffinöl	Kondensat im U-Rohr	Gasförmige Produkte
Aussehen bei RT	gelbliche viskose Flüssigkeit	farblose Flüssigkeit	farbloses Gas
Flammtemp./ Entzündbarkeit	> 55° C	bei RT entzündbar	bei RT entzündbar
Bromwasserprobe	negativ	positiv	positiv
BAYERsche Probe	negativ	positiv	positiv

Auswertung c):

Mit der Entfärbung des Bromwassers werden Stoffe nachgewiesen, deren Moleküle ungesättigte Kohlenstoff-Kohlenstoff-Bindungen enthalten. Aus den Ergebnissen der beiden Proben kann man schließen, dass im Gas und im Kondensat aus LV1 ungesättigte Kohlenwasserstoffe enthalten sind, im Paraffin dagegen nicht. (*Hinweis*: Diese Antwort setzt voraus, dass bereits elementare Kenntnisse über gesättigte und ungesättigte Kohlenwasserstoffe vorhanden sind. Falls das nicht der Fall ist, kann man diese Frage nutzen, um die Unterschiede herauszuarbeiten.)

Auswertung d):

Reaktionsgleichung:

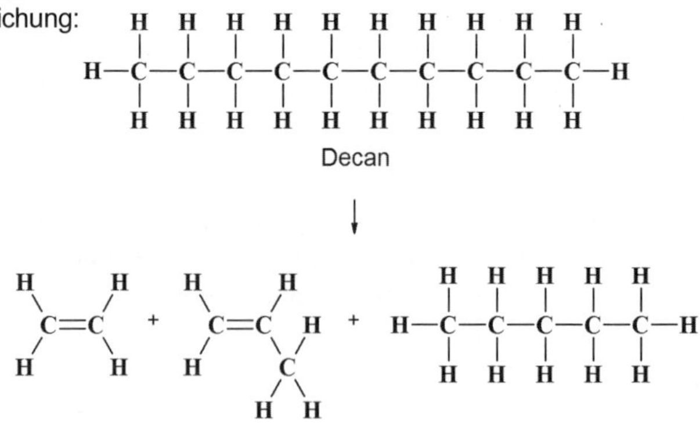

Decan

Ethen Propen Pentan

A1:

a)

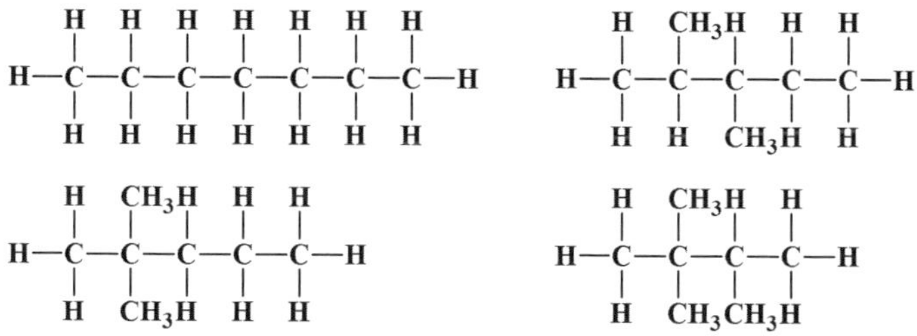

b)

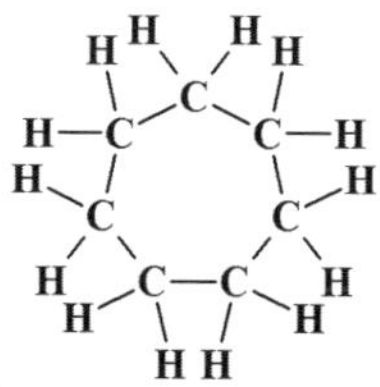

Die Summenformel des Cycloheptans ist C_7H_{14} und unterscheidet sich damit von der Summenformel des Heptans C_7H_{16}. Da Isomere die gleiche Summenformel haben, sind die beiden Moleküle zueinander nicht isomer.

Seite 76 und 77

B1:

Isobuten brennt mit rußender Flamme, während Propan mit leuchtend gelber Flamme ohne Rußbildung brennt. Bei einer Verbrennung bildet sich Ruß, wenn nicht genügend Sauerstoff zugegen ist. Bei Isobuten ist der Kohlenstoffgehalt in Bezug zum Wasserstoffgehalt größer als bei Propan, was zu einer unvollständigen Verbrennung mit Rußbildung führt.

B2:

Im Ethen-Molekül liegen alle Atome der Verbindung in einer Ebene. Die Bindungswinkel betragen jeweils 120°. Im Ethan-Molekül bilden die Bindungspartner um jedes der beiden Kohlenstoff-Atome ein Tetraeder. Anders als das Ethen-Molekül ist das Ethan-Molekül nicht planar.

B3:

Nach B1, Seite 78, sind heute zwischen 15 Mio. und 20 Mio., also $15 \cdot 10^6$ bis $20 \cdot 10^6$, organische Verbindungen bekannt. In B3 wird angegeben, dass alleine für die Isomere mit der Summenformel $C_{40}H_{82}$ über $62 \cdot 10^{12}$ Verbindungen möglich sind. Daraus wird deutlich dass die Zahl der möglichen organischen Verbindungen die Zahl der bekannten um viele Größenordnungen überschreitet. (*Hinweis*: Man könnte darauf hinweisen, dass bei Verbindungen mit Heteroatomen **O**, **N** usw. noch eine Vielzahl von möglichen Isomeren hinzukommt.)

B4:
Die Stärke der Wechselwirkungen zwischen den Alkan-Molekülen (VAN-DER-WAALS-Kräfte) nimmt mit der Größe und Masse der Moleküle zu. Bei kleinen Alkan-Molekülen (weniger als 4 Kohlenstoff-Atome) sind sie bei Raumtemperatur so gering, dass diese Alkane sich im Gaszustand befinden. Bei flüssigen Alkanen sind die Wechselwirkungen zwischen den Molekülen größer, sodass Wärme zugeführt werden muss, um sie zu überwinden und das flüssige Alkan in den Gaszustand zu überführen. Bei festen Alkanen sind die Wechselwirkungen noch größer und zwar ab $C_{20}H_{42}$ so groß, dass bei starkem Erhitzen statt der Entfernung eines Moleküls aus dem Molekülverband die Auftrennung von Kohlenstoff-Kohlenstoff-Bindungen aus dem Molekül erfolgen kann. Das bedeutet, dass sich der Stoff zersetzt (siehe Cracken) und nicht unzersetzt in den Gaszustand übergeht.

B5:
Mit den angegebenen Modellen lässt sich gut erklären, dass das Molekül unpolar ist (wegen der symmetrischen Verteilung der Partialladungen). Diese Moleküleigenschaft bestimmt einige Stoffeigenschaften, beispielsweise die schlechte Löslichkeit in Wasser und die relativ niedrigen Schmelz- und Siedetemperaturen von Pentan und anderen Alkanen.

B6:
Die Siedetemperatur des nur einfach verzweigten 2-Methylbutans ist höher als die Siedetemperatur des zweifach verzweigten 2,2-Dimethylpropans, da beim langkettigeren Molekül die VAN-DER-WAALS-Kräfte zwischen 2-Methylbutan-Molekülen größer sind als zwischen 2,2-Dimethylpropan-Molekülen.

B7:
Zu V4: Substitution von Brom an Heptan

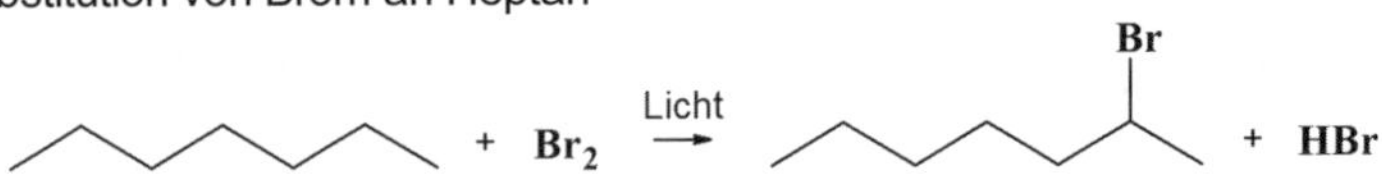

Zu V5: Addition von Brom an Hexen

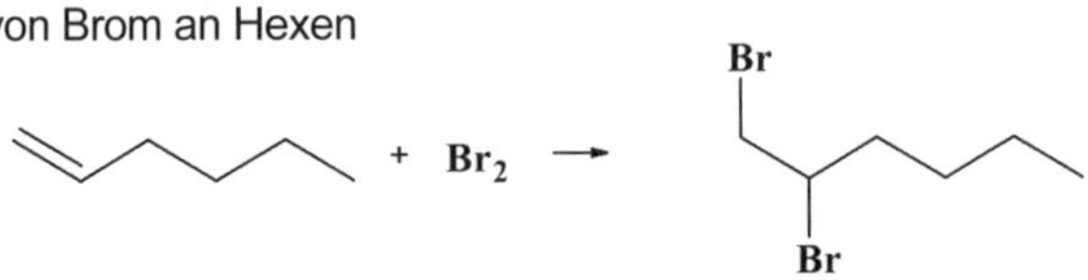

Hinweis: Die Schüler sollen in Anlehnung an B7 die Bromaddition so formulieren. Die saure Reaktion der wässrigen Phase muss ggf. durch den Lehrer erklärt werden. Es bilden sich als Produkte auch Bromhexanol und Bromwasserstoffsäure.

Auswertung a):
Tabelle mit Ergebnissen zu V1, V2 und V3:

Name	Flamme (V1)	löslich in Heptan (V2)	Leitfähigkeit (V3)
Pentan	gelbliche Flamme	ja	In allen Fällen tritt keine elektrische Leitfähigkeit auf.
Heptan	gelbliche Flamme	/	
Isooctan	/	ja	
Hexen	gelbe, rußende Flamme	ja	
Benzin	/	ja	
Cyclohexen	gelbe, rußende Flamme	ja	
Paraffinöl	/	ja	
Ethanol	/	ja	
Dest. Wasser	/	nein	

Tabelle mit Ergebnissen zu V4 und V5:

	+ Brom mit Licht (V4)	+ Brom im Dunkeln (V4)	+ Bromwasser (V5)
Heptan	Die Lösung entfärbt sich in dem Rggl., das mit Licht bestrahlt wird. Das feuchte Indikatorpapier zeigt über der Lösung eine saure Reaktion an.	keine Entfärbung, keine saure Reaktion	Die wässrige Phase entfärbt sich, aber die organische Phase färbt sich dunkelbraun. Das Indikatorpapier zeigt keine (oder nur schwache) saure Reaktion an.
Hexen			Das Bromwasser entfärbt sich. Das Indikatorpapier zeigt eine relativ starke saure Reaktion an.

Auswertung b):
Zunächst sollte man die untersuchten Stoffe in Kohlenwasserstoffe und andere Stoffe (Wasser, Ethanol) einteilen. Die untersuchten Kohlenwasserstoffe lassen sich wie folgt weiter einteilen:
Klasse 1: Heptan, Pentan, Benzin, Paraffinöl (*Hinweis*: Es wird vorher den Schülern mitgeteilt, dass sich die letzten drei Stoffe bzw. Stoffgemische in V4 und V5 wie Heptan verhalten.)
Klasse 2: Hexen, Cyclohexen (*Hinweis*: Es wird vorher den Schülern mitgeteilt, dass sich Cyclohexen in V5 wie Hexen verhält.)
Die Stoffe aus den beiden Klasse unterscheiden sich in ihren physikalischen Eigenschaften praktisch nicht (vgl. Tabelle zu V2). Bei chemischen Reaktionen der Stoffe aus den beiden Klassen werden die Unterschiede deutlich (vgl. Tabelle zu V1 und zu V5).

Auswertung c):
Die Stoffe der beiden Klassen lösen sich alle in Heptan und zeigen keine elektrische Leitfähigkeit. Bei der Verbrennung zeigen die Stoffe aus Klasse 2 eine rußende Flamme, die Stoffe der Klasse 1 brennen ohne Rußbildung.

Die Stoffe der Klasse 1 zeigen mit Brom nur unter Lichteinwirkung eine chemische Reaktion und reagieren auch mit Bromwasser nicht (bzw. nur sehr schwach).
Die Reaktivität der Stoffe aus Klasse 2 ist höher, da sie mit Bromwasser sofort reagieren.

A1:
Hinweis: In der Aufgabenstellung wird von einem Isomer des Pentens gesprochen, da die Schülerinnen und Schüler hier neben der Stellungsisomere der Doppelbindung auch *E*- und *Z*-Isomere bauen können.
In den Modellen zeigt sich, dass im Pentan-Molekül alle Bindungen frei drehbar sind und so viele verschiedene räumliche Anordnungen (Konfigurationen) des Moleküls möglich sind. Das Penten-Molekül zeigt nur freie Drehbarkeit um die Einfachbindungen. Die starre Anordnung um die Doppelbindung schränkt die Vielfält der Konfigurationen ein.

Seite 78 und 79

B1:
Bei der NMR-Spektroskopie werden Atomkerne z. B. 1H-Atome durch die Bestrahlung mit Radiowellen angeregt. Diese Atomkerne emittieren dann charakteristische Radiosignale, die vom Empfänger registriert werden. Nach der Emission liegen die Atomkerne unverändert vor, so dass der untersuchte Stoff nicht verändert wird.

B2:

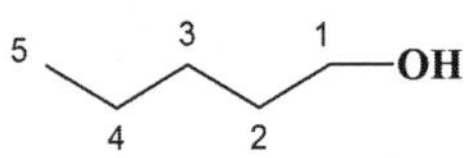

Pentan-1-ol
(primärer Alkohol)

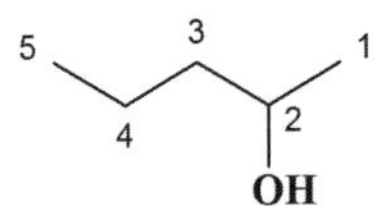

Pentan-2-ol
(sekundärer Alkohol)

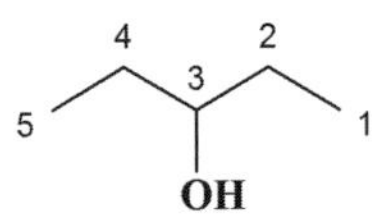

Pentan-3-ol
(sekundärer Alkohol)

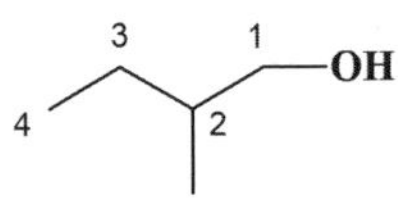

2-Methylbutan-1-ol
(primärer Alkohol)

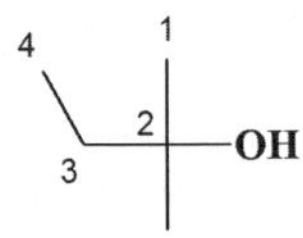

2-Methylbutan-2-ol
(tertiärer Alkohol)

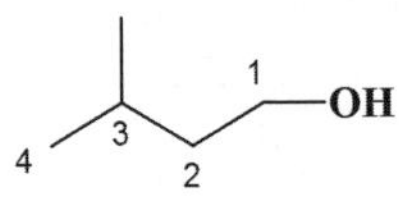

3-Methylbutan-1-ol
(primärer Alkohol)

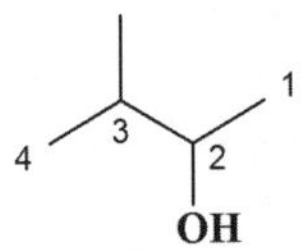

3-Methylbutan-2-ol
(sekundärer Alkohol)

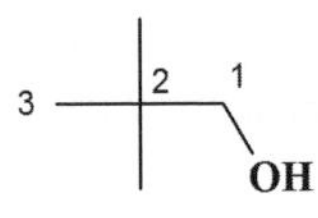

2,2-Dimethylpropan-1-ol
(primärer Alkohol)

B3:
Alkohole sieden bei viel höheren Temperaturen als die entsprechenden Alkane und auch viel höher als Alkane mit ähnlich hoher molarer Masse.
Beispiel: Ethanol (M = 46 g/mol) siedet bei 78 °C, Ethan (M = 30 g/mol) bei – 89 °C und Propan (M = 44 g/mol) bei – 42 °C.
Erklärung: Um eine Flüssigkeit zum Sieden zu bringen, müssen die anziehenden Kräfte zwischen ihren Molekülen überwunden werden. Bei Alkan-Molekülen sind dies schwache VAN-DER-WAALS-Kräfte, bei den Alkohol-Molekülen dagegen stärkere Dipol-Dipol-Wechselwirkungen und noch stärkere Wasserstoffbrückenbindungen.

B4:

Octan:	$H_3CCH_2CH_2CH_2CH_2CH_2CH_2CH_3$
Octen:	$H_2C{=}CHCH_2CH_2CH_2CH_2CH_2CH_3$
Octan-1-ol:	$H_3CCH_2CH_2CH_2CH_2CH_2CH_2CH_2OH$
Octanal:	$H_3CCH_2CH_2CH_2CH_2CH_2CH_2CHO$
Octanon:	$H_3CCOCH_2CH_2CH_2CH_2CH_2CH_3$
Octansäure:	$H_3CCH_2CH_2CH_2CH_2CH_2CH_2COOH$

B5:
Die Eigenschaften der Isomere unterscheiden sich am deutlichsten bei den funktionellen Isomeren. Während sich die in B5 angegebenen Gerüstisomere (Butan und Isobutan) und Stellungsisomere (Butan-1-ol und Butan-2-ol) nur geringfügig in einigen physikalischen Eigenschaften unterscheiden (Schmelz- und Siedetemperaturen, Viskositäten), unterscheiden sich die funktionellen Isomere (Butanal und Butanon) auch chemisch voneinander: Der Aldehyd Butanal reagiert mit SCHIFF-Reagenz, FEHLING-Probe und TOLLENS-Reagenz, das Keton Butanon dagegen nicht.

Auswertung a):
Alkanole, Alkane und Alkene sind brennbar. Die Flamme rußt bei Alkenen, bei Alkanen und Alkanolen rußt sie nicht.

Reaktionsgleichungen:

$$H_3CCH_2CH_2CH_2OH\ (l) + 6\ O_2\ (l) \rightarrow 4\ CO_2\ (l) + 5\ H_2O\ (l)$$
$$H_3CCH_2CH_2CH_3\ (l) + 6{,}5\ O_2\ (l) \rightarrow 4\ CO_2\ (l) + 5\ H_2O\ (l)$$
$$H_3CCH_2CH{=}CH_2\ (l) + 6\ O_2\ (l) \rightarrow 4\ CO_2\ (l) + 4\ H_2O\ (l)$$

Auswertung b):
In den Versuchen wird festgestellt, dass sich Methanol, Ethanol und die Propanole unbegrenzt in Wasser lösen, Butanol und Pentanol schlecht und Hexanol und Cetylalkohol ganz schlecht.
Erklärung (vgl. dazu auch B5, Seite 25, im Schülerband): In den Molekülen der ersten drei Alkanole hat die polare Hydroxy-Gruppe einen vergleichbaren Anteil wie der unpolare Alkyl-Rest. Es können sowohl Wasserstoffbrückenbindungen zu Wasser-Molekülen als auch VAN-DER-WAALS-Kräfte zu unpolaren Heptan-Molekülen ausgebildet werden. Diese drei Alkohole lösen sich daher sowohl in Wasser als auch in Heptan. Je größer der Anteil des

unpolaren Molekül-Rests im Alkanol-Molekül wird, desto geringer wird die Fähigkeit der Moleküle, Wasserstoffbrückenbindungen zu Wasser-Molekülen auszubilden. Die Wasserlöslichkeit nimmt daher in der Reihe Butan-1-ol, Pentan-1-ol, Hexan-1-ol, Hexadecan-1-ol (Cetylalkohol) stark ab. Die Löslichkeit in hydrophoben Lösemitteln bleibt aber erhalten.

Auswertung c):
Die Viskosität nimmt in der Reihenfolge Ethanol, Butan-1-ol, Pentan-1-ol zu und ist bei 2-Methylpropan-2-ol (*tert.*-Butanol) größer als bei Butan-1-ol. Das zeigt, dass die Viskosität der Alkanole mit der Länge des Alkyl-Rests und mit dem Verzweigungsgrad zunimmt. Gleiches gilt auch bei den Alkanen: Die Viskosität nimmt in der Reihenfolge Pentan, Heptan, 2,2,4-Trimethylpentan (Isooctan) zu, jedoch sind die Unterschiede hier nicht so groß wie bei den Alkanolen.
Erklärung: Je länger und je verzweigter die Moleküle sind, desto größer ist die Wechselwirkung zwischen ihnen und desto sperriger verhalten sie sich beim Fließen. Die aneinander vorbeigleitenden Flüssigkeitsschichten bremsen sich zunehmend ab, die Flüssigkeit ist viskoser (zähflüssiger).

A1:
$\mathbf{CH_4, C_2H_6, C_3H_8, C_4H_{10}, C_5H_{12}}$ ...
Für die Alkane gilt die allgemeine Summenformel: $\mathbf{C_nH_{(2n+2)}}$
$\mathbf{C_2H_4, C_3H_6, C_4H_8, C_5H_{10}}$ ...
Für die Alkane gilt die allgemeine Summenformel: $\mathbf{C_nH_{2n}}$

A2:
Einige typische Eigenschaften der ersten Glieder aus den homologen Reihen:
Alkane: bei Raumtemperatur gasförmig (Pentan flüssig), wasserunlöslich, löslich in Benzin und Ethanol, brennbar, entfärben Bromwasser nicht, reagieren nicht mit Natrium
Alkene: bei Raumtemperatur gasförmig (Penten flüssig), wasserunlöslich, löslich in Benzin und Ethanol, brennbar (rußende Flamme), entfärben Bromwasser, reagieren nicht mit Natrium
Alkanole: bei Raumtemperatur flüssig, wasserlöslich (Butanole und Pentanole schlecht löslich), löslich in Benzin, brennbar, reagieren mit Natrium (vgl. LV1, S. 28) unter Bildung von Wasserstoff
Alkanale: bei Raumtemperatur flüssig (Methanal ist gasförmig), schlecht wasserlöslich (Methanal löst sich gut, Ethanal mäßig), löslich in Benzin, brennbar, nachweisbar mit SCHIFF-Reagenz, FEHLING-Probe und TOLLENS-Reagenz (Silberspiegel-Probe) – vgl. dazu S. 40 f. im Schülerband
Alkanone: bei Raumtemperatur flüssig, schlecht wasserlöslich (Propanon löst sich gut), löslich in Benzin, brennbar, reagieren nicht mit SCHIFF-Reagenz, FEHLING-Probe und TOLLENS-Reagenz (*Anmerkung*: Auf Reaktionen der Ketone wird in diesem Band nicht eingegangen.)
Alkansäuren: bei Raumtemperatur flüssig, gut wasserlöslich, schlecht löslich in Benzin (Butan- und Pentansäure lösen sich in Benzin), brennbar (jedoch schlecht), wässrige

Lösung reagiert sauer, können mit Alkanolen zu Estern umgesetzt werden (vgl. S. 54, 55 im Schülerband)

Scitc 80 und 81

B1:

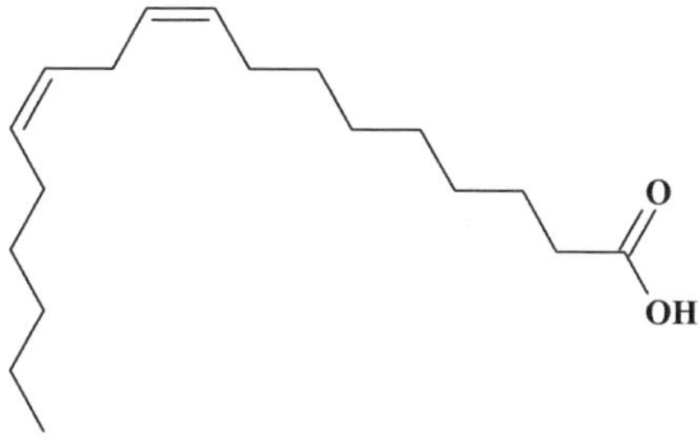

A1:

Bei den Maleinsäure-Molekülen kommt es wegen der günstigen Stellung (*Z*-Konfiguration der Carboxy-Gruppen) der beiden Hydroxy-Gruppen zu intramolekularen Wasserstoffbrückenbindungen. Die intermolekularen Bindungen sind vergleichsweise gering, so dass die Schmelztemperatur von Maleinsäure relativ niedrig (143 °C) liegt und Maleinsäure sich relativ gut in Wasser löst.

Wegen der *E*-Konfiguration der Carboxy-Gruppen in den Fumarsäure-Molekülen sind keine intramolekularen Wasserstoffbrückenbindungen möglich, dafür aber intermolekulare. Es ist also sehr schwer einzelne Fumarsäure-Moleküle aus dem festen Kristallgitter herauszulösen. Das erklärt die geringe Wasserlöslichkeit und die hohe Schmelztemperatur von Fumarsäure.

A2:

Computer-Modelle von *Z*- und *E*- Octadec-9-ensäure-Molekülen. (*Hinweis*: Die **C=C**- bzw. **C=O**-Doppelbindung erkennt man an der kürzeren Bindungslänge.)

Z-Octadec-9-ensäure

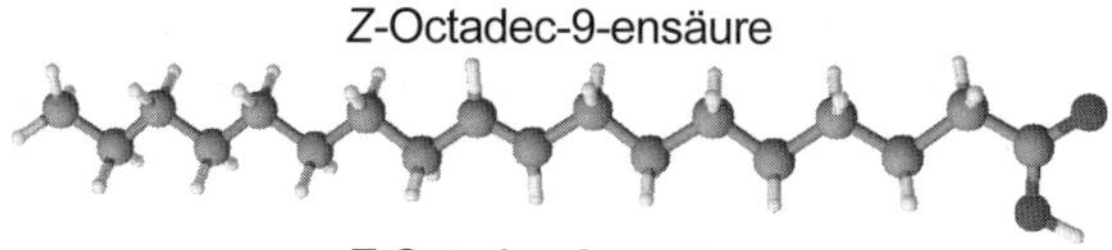

E-Octadec-9-ensäure

Das Modell des *E*-Octadec-9-en-Moleküls ist annähernd linear, das des *Z*-Isomers hat in der Mitte einen Knick.

Seite 82 und 83

B1:

a) Die Siedesteine verhindern einen Siedeverzug und damit ein Hochspritzen der Flüssigkeit im Kolben.

b) Die Formel von 2-Methylpropan-2-ol ist:

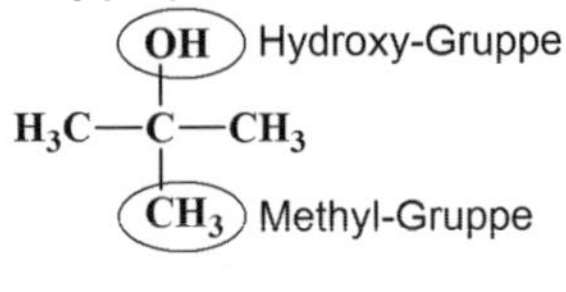

B2:

Man kann die isomeren Alkanole leichter trennen, weil ihre Siedetemperaturen ϑ_b weiter auseinander liegen als die der isomeren Alkene (vgl. die angegebenen Siedetemperaturen im Schülerband).

Auswertung a):

Die Flamme bei V2 ist eher der Molekülformel C_4H_8 zuzuordnen, da es sich um eine rußende Flamme handelt.

Im Vergleich zum entsprechenden Alkan brennen Alkene immer mit stärker rußender Flamme (vgl. Schülerband S. 76, B1), da in Alkenen der relative Anteil an gebundenem Kohlenstoff im Verhältnis zum gebundenen Wasserstoff größer ist, im Falle von C_4H_{10} beträgt das Verhältnis 2 : 5 und im Falle von C_4H_8 von 2 : 4.

Auswertung b):

In V3 entfärbt sich bei der Bromwasserprobe die Lösung beim Schütteln, nachdem das Gas durch die Lösung geleitet wurde. Diese Beobachtung lässt darauf schließen, dass das Gas Moleküle mit einer oder mehreren Doppelbindungen enthält. Die Brom-Moleküle können elektrophil an die Doppelbindungen addieren:

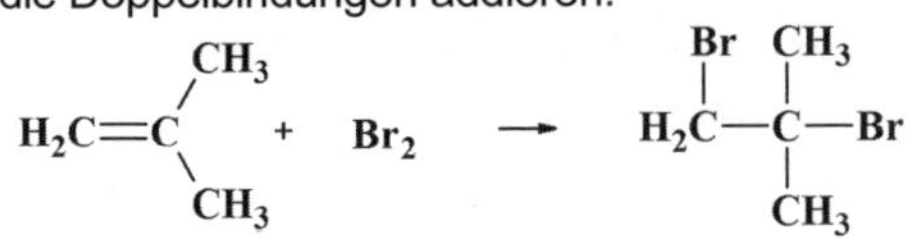

Auswertung c):

In V4 wird das Gas durch das Lösemittel Heptan geleitet. Nach Zugabe des Bromwassers und anschließendes Schütteln mit Bromwasser kann man sehen, dass sich zwei Phasen bilden, die nach dem Schütteln farblos sind. Reines Heptan mit Bromwasser versetzt, ergibt ebenfalls ein Zweiphasengemisch, wobei die ursprünglich braun gefärbte wässrige Phase farblos und die ursprünglich farblose Heptan-Phase nach dem Schütteln braun gefärbt sind.

Da die Bromwasser-Probe mit dem Heptan, durch das das Gas geleitet wurde, positiv ausfällt, muss das Gas ebenfalls unpolar sein.

Dies wird bestätigt, wenn man sich die Formeln von Isobuten und Heptan anschaut:

Isobuten Heptan

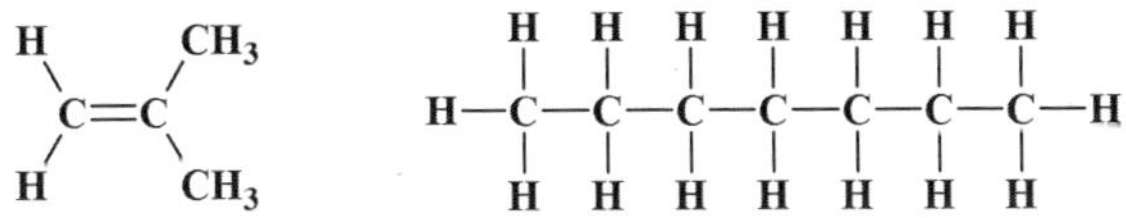

Beide Stoffe sind Kohlenwasserstoffe, d. h. ihre Moleküle enthalten ausschließlich gebundenen Kohlenstoff und Wasserstoff und keine polaren Gruppen.

Auswertung d):

In der Apparatur aus B1 ist es möglich, den eingesetzten Alkohol vollständig in die Produkte Isobuten und Wasser zu überführen, da ständig eines der Produkte, das gasförmige Isobuten, entnommen wird. Durch diese ständige Verringerung der Konzentration eines Produkts wird nach dem Prinzip von LE CHATELIER das Gleichgewicht auf die Produktseite verschoben, da das System dem äußeren Zwang durch Neubildung der Produkte entgegenwirkt.

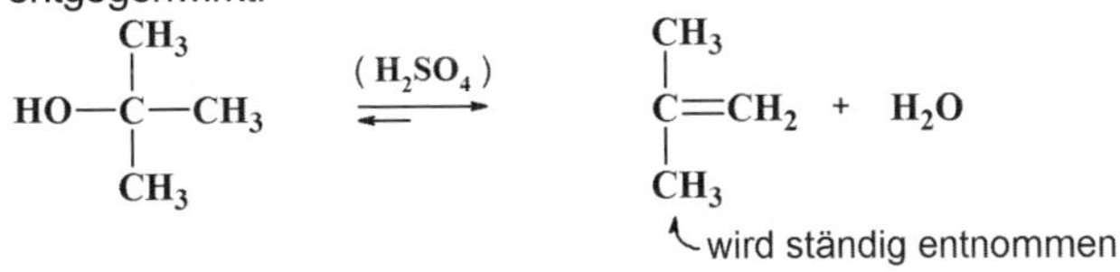

Auswertung e):

Die Kondensationsdämpfe müssen ständig im Steigrohr bleiben, damit nur Isobuten-Gas im Kolbenprober aufgefangen wird. Die Siedetemperatur von *tert*.-Butanol liegt bei T = 83 °C. Somit könnten sowohl *tert*.-Butanol-Dämpfe als auch Wasserdampf in den Kolbenprober gelangen und das gewünschte Produkt wäre verunreinigt.

Wären beide Produkte und etwas *tert*.-Butanol im Kolbenprober, könnte auch die Rückreaktion in geringem Maße ablaufen.

Auswertung f):

Abkürzung: A = 2-Methylpropan-2-ol (*tert*.-Butanol)

Zunächst berechnet man die Masse m, dann die Stoffmenge n des umgesetzten A:

$m(\text{A}) = V(\text{A}) \cdot \rho(\text{A}) = 20\ \text{mL} \cdot 0{,}77\ \text{g} \cdot \text{mL}^{-1} = 14{,}5\ \text{g}$

$n(\text{A}) = m(\text{A}) : M(\text{A}) = 14{,}5\ \text{g} : 74\ \text{g} \cdot \text{mol}^{-1} = 0{,}1959\ \text{mol}$

In der Reaktionsgleichung (1) im Schülerband ist zu erkennen, dass $n(\text{Isobuten}) = n(\text{A})$ ist.

Das Volumen des gebildeten Isobutens beträgt bei Normbedingungen demnach:

$V(\text{Isobuten}) = n(\text{Isobuten}) \cdot V_m = 0{,}1959 \cdot 24\ \text{L} \cdot \text{mol}^{-1} = 4{,}7016\ \text{L} = 4.701{,}6\ \text{mL}$

Der Kolbenprober (V = 100 mL) könnte also theoretisch 47-mal gefüllt werden.

A1:

Bei der technischen Anlage aus B4 wird im rechten Teil ebenso wie in der Laborapparatur aus V1 (B1) Isobuten durch Abspaltung von Wasser aus 2-Methylpropan-2-ol hergestellt. In beiden Fällen wird mit Säure als Katalysator gearbeitet und in beiden Fällen muss erhitzt werden.

Die technische Anlage enthält aber noch einen zusätzlichen Teil, einen Reaktor, in dem Wasser an Isobuten (Bestandteil des eingeleiteten Isomerengemisches) addiert wird. Im Gegensatz zur Laborapparatur aus B1 arbeitet die technische Anlage kontinuierlich: Das Gemisch der 4 isomeren Butene wird in die Anlage eingespeist; aus der Anlage entweichen ein Gemisch aus 3 isomeren Butenen (But-1-en, *Z*-But-2-en und *E*-But-2-en) und gesondert davon Isobuten (2-Methylpropen). Das Wasser, in dem auch der Katalysator (die Säure) enthalten ist, läuft innerhalb der Anlage im Kreis.

A2:

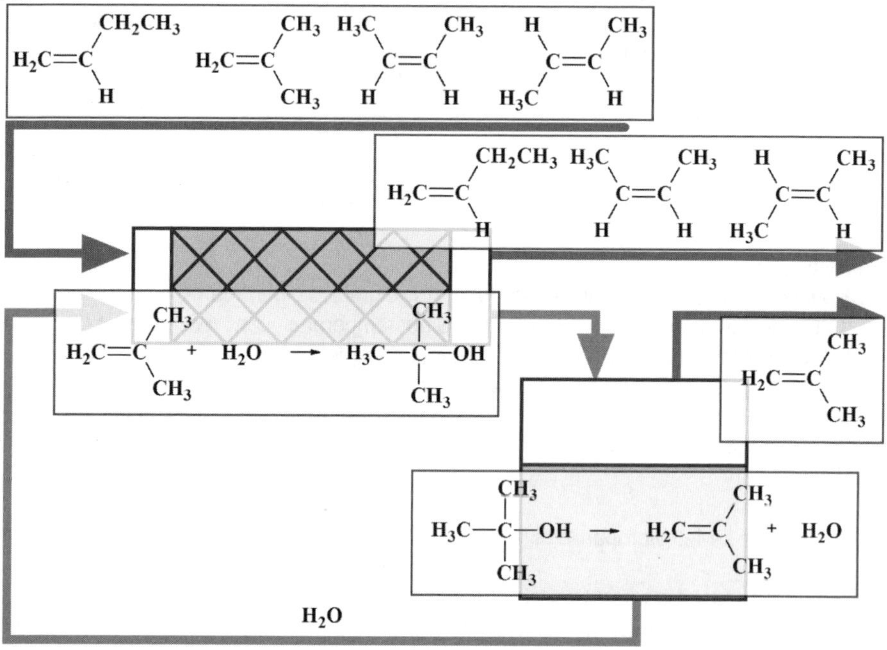

Seite 84 und 85 Kompetenzen Erwerben

B2:

Das Kupferoxid muss im Überschuss eingesetzt werden, weil die vollständige Oxidation des eingesetzten Isobutens gewährleistet sein muss. Wäre nicht genügend Kupferoxid vorhanden, erhielte man nicht 80 mL Kohlenstoffdioxid und könnte demzufolge nicht den korrekten Wert für x ermitteln.

B3:
Man könnte die geschwärzte Eisenwolle in einem dickwandigen Reagenzglas mit seitlichem Ausgang und gewinkeltem Glasrohr stark erhitzen und das entstehende Gas durch Kalkwasser leiten. Wird dieses getrübt, ist Kohlenstoffdioxid entstanden und es hat sich bei der schwarzen Ablagerung um Kohlenstoff gehandelt.

Seite 86

B1:
Aus Kekulé Sicht ist der wichtigste Forschungsgegenstand der Chemie die Betrachtung von Vorläufersubstanzen und möglichen Reaktionsprodukten einer gegebenen Substanz, d. h. die Erforschung chemischer Reaktionen.

B2:
Die vollständigen Valenzstrichformeln lauten:

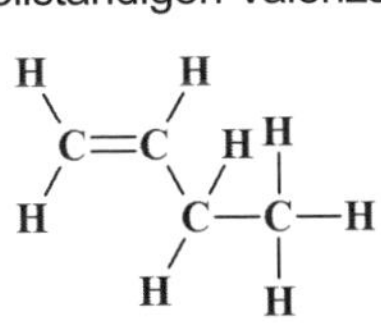

But-1-en

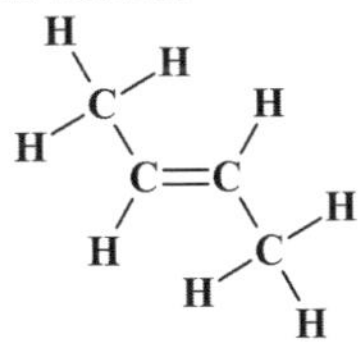

E-But-2-en

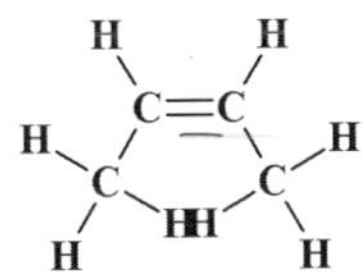

Z-But-2-en

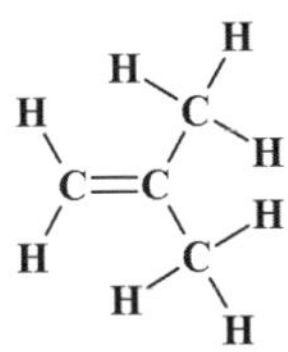

Isobuten

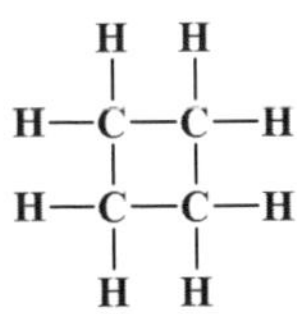

Cyclobutan

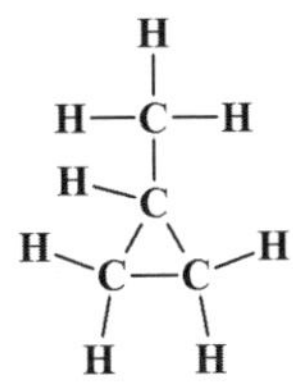

Methylcyclopropan

Molekülmodelle sind von den Schülerinnen und Schülern zu bauen.

B3:

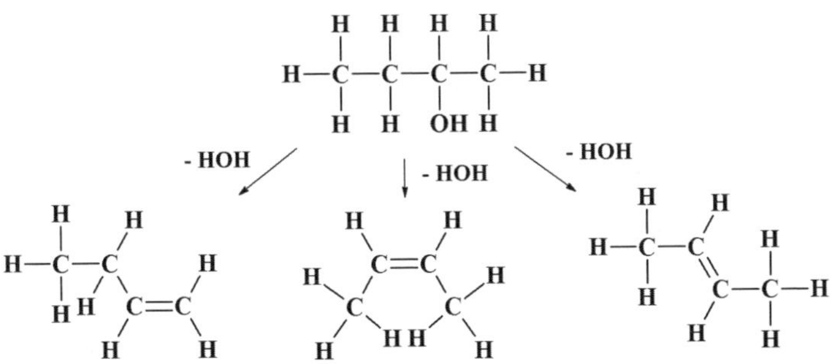

Aus Butan-2-ol können durch Wasser-Eliminierung theoretisch drei Alkene gebildet werden: But-1-en und *Z*-But-2-en und *E*-But-2-en (vgl. Formeln).

B1:
Aus B1 kann man entnehmen, dass sich der Reaktionsweg einer katalysierten Reaktion von dem einer nicht katalysierten Reaktion unterscheidet. Damit geht ein unterschiedlich großer Energiebetrag für die Aktivierungsenergie E_a einher. Der Katalysator setzt die Aktivierungsenergie E_a herab.
Die Lage der Energieniveaus der Edukte und Produkte bei katalysierter und nicht katalysierter Reaktion ist gleich. Da sich daraus die Reaktionsenergie ΔE ergibt, bleibt diese auch gleich.

B2:
Hier ist kein Gasbrenner erforderlich, weil die katalytische Hydrierung von Isobuten exotherm ist und bereits bei Raumtemperatur mit hoher Geschwindigkeit verläuft. Die Aktivierungsenergie muss sehr niedrig sein. Dies sollte auch aus dem hypothetischen Energieprofil hervorgehen.
Das zu erstellende Energieprofil sollte verdeutlichen, dass es sich um eine exotherme Reaktion handelt (Lage der Energieniveaus von Edukten und Produkten), dass es sich um eine katalysierte Reaktion handelt, die vermutlich mehrstufig ist (Form der Kurve) und dass die Aktivierungsenergie sehr niedrig ist.
Beispiel:

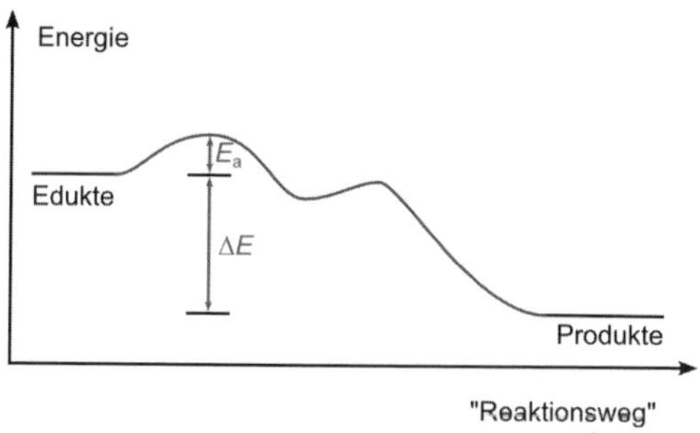

B3:
a) Die Abbildung zeigt eine Reaktion von zweiatomigen Molekülen zweier verschiedener Stoffe, die im Verhältnis 1 : 2 miteinander reagieren und dreiatomige Moleküle bilden. Eine katalysierte Bildung von Wasser aus Wasserstoff und Sauerstoff könnte hier symbolhaft dargestellt sein.
b) Die Hydrierung von Isobuten lässt sich in verschiedene Teilschritte aufteilen:
   1. Zuleiten des Isobuten-Wasserstoff-Gasgemischs an den Palladium-Katalysator und Adsorption an der Katalysatoroberfläche.
   2. Spalten der Bindungen in den Wasserstoff-Molekülen.
   3. Ausbilden von kovalenten Bindungen zwischen Wasserstoff-Atomen und den an der Doppelbindung beteiligten Kohlenstoff-Atomen der Isobuten-Moleküle.
   4. Desorption der gebildeten 2-Methylpropan-Moleküle.

Seite 88 und 89

B5:
Längeneinheit der Integralkurve für CH_2 : 2 LE
Längeneinheit der Integralkurve für $(CH_3)_2$: 6 LE
Die Zahlenwerte spiegeln die Anzahl der Protonen in der jeweils betrachteten Einheit wieder, es gibt im Isobuten-Molekül eine CH_2-Gruppe und zwei CH_3-Gruppen mit äquivalenten Protonen. Jedes Proton entspricht einer Längeneinheit.

A1:

^{1}H-NMR-Spektrum von Propansäure

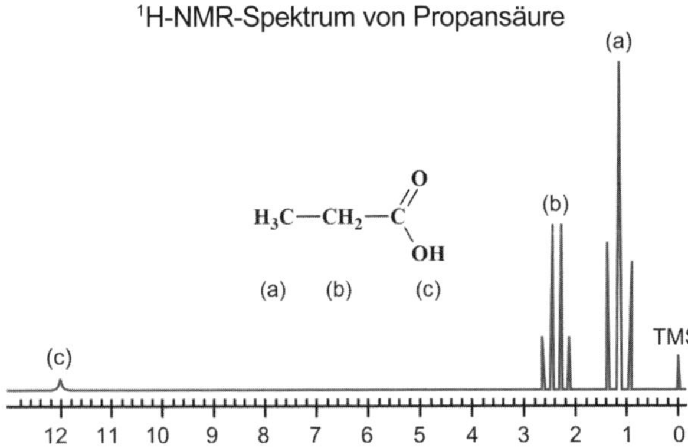

A2:
Es müsste sich um 2-Methylpropan-2-ol (*tert.*-Butanol) handeln. Da ein Singlett vorliegt, dessen Integralkurve 9 LE entspricht, ist davon auszugehen, dass neun Protonen vorliegen, die chemisch äquivalent sind. Diese gehören zu den drei Methyl-Gruppen, die an das C2-Atom gebunden sind. Das Singlett, dessen Integralkurve 1 LE entspricht, müsste dann auf das Proton der Hydroxy-Gruppe des Alkanol-Moleküls zurückzuführen sein.

A3:
Da bei den Molekülen der Isomere von Isobuten die Verteilung der gebundenen Wasserstoff-Atome anders ist, erhält man auch gänzlich andere Spektren. In den Molekülstrukturen der anderen isomeren Stoffe liegen ausschließlich Kohlenstoff-Atome vor, die mindestens ein Wasserstoff-Atom tragen. Somit gibt es keine weitere Struktur, bei der ein Proton von keinen direkt benachbarten, nicht äquivalenten Protonen umgeben ist.
Bei Cyclobutan liegt der besondere Fall vor, dass an jedes Kohlenstoff-Atom je zwei Wasserstoff-Atome gebunden sind. Die chemische Umgebung der Protonen ist also immer gleich. Daraus ergibt sich ein Spektrum mit nur einem Singlett mit einer Integralkurve, die 8 LE entspricht.

A4:
Die Kohlenstoff-Kerne des häufigsten Isotops ^{12}C sind nicht NMR-aktiv, da eine gerade Anzahl an Nukleonen vorhanden ist.

Seite 90 und 91

B1:
Die Apparatur aus B1, S. 90, ist im ersten Teil (Erlenmeyerkolben und Heizplatte) identisch mit der aus B1, S. 82. Sie hat aber im Gegensatz zu dieser ein wassergekühltes Steigrohr, eine Gaswaschflasche und eine Kühlfalle.
Die Kühlfalle könnte verbessert werden, indem stärker gekühlt wird (z. B. mit flüssigem Stickstoff) oder indem die Verweildauer des durchströmenden Gases in der Kühlfalle verlängert wird (z. B. durch ein spiralenförmiges Einleitungsrohr).

B2:
Das hier erhaltene Produkt ist mit Edukt (Isobuten), Lösemittel (Dichlormethan) und Katalysator (Aluminiumchlorid) verunreinigt.
Vom Uhrglas verdunsten Isobuten und Dichlormethan weitestgehend (jedoch nicht vollständig).

B3:
Wenn man den Klebstoff am Pflaster entsprechend untersucht, kann man feststellen, dass seine Lösung in Pentan Bromwasser entfärbt. Damit ist er dem in V3 erhaltenen Produkt ähnlich.

B5:
Ordnet man die Polyisobutene nach steigenden Polymerisationsgraden, kommt man zu der folgenden Reihenfolge:
Kleber des Pflasters < Kaugummi < Teichfolie.
Begründung: Je höher der Polymerisationsgrad ist, desto fester ist das Material.

Auswertung a):
Die Versuchsvorrichtung aus B1, Seite 82, ist für die Herstellung des in V3 benötigten Isobutens untauglich, weil damit weder eine gute Reinigung noch die Verflüssigung des Isobutens möglich ist. Mit der Apparatur aus B1, Seite 90, hingegen kann eventuell entweichendes *tert.*-Butanol durch das Ethylenglycol gelöst und somit zurückgehalten werden. Außerdem sorgt hier die bessere Kühlung - Wasserkühlung gegenüber Luftkühlung bei B1, S. 82 - für ein effektiveres Zurückhalten ungewünschter Stoffe wie *tert.*-Butanol oder Wasser.

Auswertung b):
Bei der Zugabe des Katalysators (wasserfreies Aluminiumchlorid gelöst in Dichlormethan) zum flüssigen Isobuten in V3 ist ein Temperaturanstieg zu beobachten. Die Reaktion verläuft also exotherm.

Auswertung c):
Das Produkt aus V3 ist bei Raumtemperatur nicht gasförmig wie Isobuten, sondern flüssig und klebrig. Da es sich aber ebenso wie Isobuten gut in Pentan löst und Bromwasser entfärbt, besteht es vermutlich ebenso wie Isobuten aus unpolaren Molekülen mit Kohlenstoff-Kohlenstoff-Doppelbindungen. Die Moleküle des Produkts müssten aber größer als die des Isobutens sein.

Auswertung d):
Der im Produkt enthaltene Katalysator (Aluminiumchlorid) könnte durch Auswaschen mit Wasser entfernt werden.

A1:
Polymerisation von Ethen:

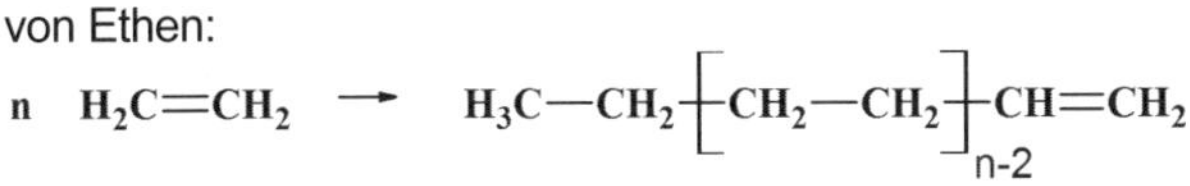

Polymerisation von Propen:

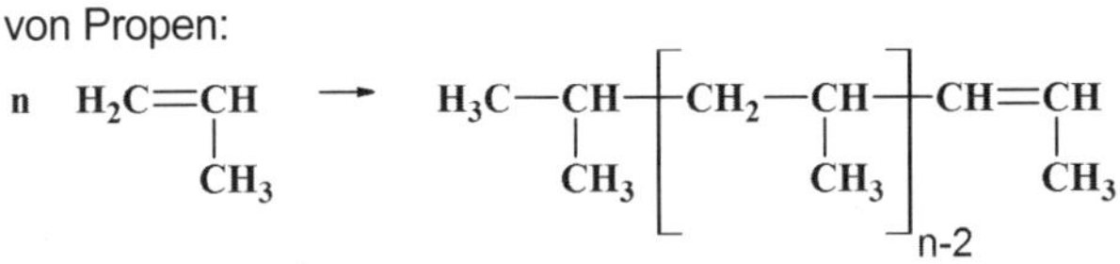

A2:
Die Oligomere von Ethen und Propen sind (wie auch die Oligomere von Isobuten) Flüssigkeiten aus unpolaren Molekülen und lösen sich daher nicht in Wasser aber in Benzin, das ebenfalls aus unpolaren Molekülen besteht. Die längerkettigen Polymere mit n > 10000 sind ebenfalls unpolare Moleküle, die jedoch makroskopisch feste Materialien bilden. Bei längerer Einwirkung von Benzin lösen sich auch Polyethen und Polypropen allmählich darin auf.

Seite 92 und 93

B1:
Arbeitsschritte:
1. Im Erlenmeyerkolben wird Isobuten aus 2-Methylpropan-2-ol und Schwefelsäure (Katalysator) hergestellt.
2. Im Rückflusskühler kondensieren die mit aufsteigenden Dämpfe aus Wasser und 2-Methylpropan-2-ol.
3. In der Waschflasche mit Ethylenglycol werden Reste von Wasser und 2-Methylpropan-2-ol absorbiert und zurückgehalten.
4. Im gekühlten Rggl. mit Seitenansatz kondensiert Isobuten.
5. Durch Zugabe von Aluminiumchlorid-Lösung in Dichlormethan wird die Polymerisation ausgelöst.

6. Auf einem Uhrglas lässt man das Lösemittel Dichlormethan verdampfen und prüft das erhaltene Polyisobuten mit einem Glasstab (B2, S. 90 Schülerband).

B2:
Bortrifluorid ist für Schülerversuche ungeeignet, weil es giftig und sehr reaktiv ist (vgl. die in B2 genannten Eigenschaften).
Das Bortrifluorid ist bei Raumtemperatur ein Gas, es besteht aus Molekülen. Aluminiumchlorid hingegen ist bei Raumtemperatur fest, es hat einen salzartigen Charakter. Dies kann dadurch erklärt werden, dass Metalle mit Nichtmetallen eine salzartige Struktur bilden – Aluminium ist ein Metall, Bor hingegen nicht.

B3:
Die vielen Rohrleitungen deuten darauf hin, dass in einer solchen Anlage viele verschiedene Stoffe zwischen den Teilen der Anlage (den Reaktoren, Destillationstürmen, Tanks etc.) hin- und hergeführt werden.

Auswertung a):
Hier sollten die Schülerinnen und Schüler die einzelnen Komponenten der Skizze den jeweiligen Beschreibungen im Text zuordnen bzw. beim Vorlesen durch einen Schüler könnten die Mitschüler die jeweils angesprochenen Prozesse mit dem Finger auf der Skizze (ggf. projizieren) nachfahren. D. h. die Beschreibung setzt bei dem gelb hinterlegten Reaktor an. Das rechteckige weiß, hellblau und dunkelblau gestreifte Bauteil repräsentiert den Reaktor, in dem Bortrifluorid ausgewaschen und in die wässrige Phase übergeleitet wird. Die äußeren ovalen Bauteile stehen für die Destillationskolonnen, in denen (rechts) die organische Phase nach der Polymerisation destillativ aufgetrennt wird bzw. in der Bortrifluorid aus der wässrigen Phase abgetrennt wird (links in der Skizze).

Auswertung b):
Ähnlichkeiten zwischen dem Laborversuch und der Industrieanlage:
- Das Edukt ist in beiden Fällen das gleiche (Isobuten).
- Es wird in beiden Fällen ein Katalysator eingesetzt. Dabei handelt es sich in beiden Fällen um eine Verbindung aus einem Element der 3. Hauptgruppe und einem Halogen.

Unterschiede zwischen dem Laborversuch und der Industrieanlage:
- Die Industrieanlage arbeitet kontinuierlich, die Apparatur im Laborversuch nicht.
- In der Industrieanlage wird Hexan als Lösemittel (für das Monomer) verwendet, im Laborversuch Dichlormethan (für den Katalysator).
- In der Industrieanlage werden das Lösemittel und der Katalysator im geschlossenen Kreislauf geführt, in der Apparatur des Laborversuch wird kein Stoff im Kreis geführt.
- Die Polymerisation verläuft in der Industrieanlage bei tieferer Temperatur (bis zu – 100 °C) als im Laborversuch (ca. – 6 °C).
- Die Reaktionsbedingungen (Temperatur, Durchflussgeschwindigkeit, Konzen-trationen der Stoffe u. a.) können in der Industrieanlage besser gesteuert werden als in der Laborapparatur.

Auswertung c):
Mit der kontinuierlich arbeitenden Industrieanlage mit Recycling von Materialien kann wirtschaftlich effizienter produziert werden, weil es keine zeitlichen Ausfälle gibt und die Hilfsstoffe (Lösemittel, Katalysator) nicht verbraucht werden. Dadurch, dass alle Stoffe bis auf das erwünschte Produkt innerhalb der Anlage bleiben und nicht in die Umwelt gelangen, ist die Umweltbelastung durch eine solche Anlage gering.

A1:
In den Destillationskolonnen erfolgt einerseits die destillative Trennung von Bortrifluorid und Wasser (links abgebildete Kolonne) und andererseits die Abtrennung des Polymers vom Lösemittel Hexan (rechts abgebildete Kolonne).

A2:
Der Stofftransport innerhalb der Industrieanlage:
Lösemittel Hexan, Katalysator Bortrifluorid und Waschwasser werden im Kreis geführt. Ebenso wird nicht reagiertes Restmonomer nach der destillativen Abtrennung des Polymers mit dem Lösemittel wieder dem Reaktor zugeführt. Das Monomer muss in großen Mengen dem Lösemittel-Katalysator-Gemisch vor Eintritt in den Polymerisationsreaktor zugeführt werden. Das Produkt verlässt die Anlage nach der destillativen Aufreinigung. Kleine Mengen Katalysator, Lösemittel und Wasser müssen nachgefüllt werden, da es immer auch zu geringen Verlusten kommt.
Die Farbgebung der Pfeile lässt sich folgendermaßen erklären:
grüne Pfeile: Zufuhr des Edukts, Entfernen des Produkts
blaue Pfeile: Wasser nach destillativer Abtrennung des Katalysators bzw. Zuleitung zum Auswaschen des Reaktionsprodukts
rote Pfeile: Wegs des Katalysators und des Lösemittels
schwarze Pfeile: Weg des Reaktionsgemischs zum Reaktor und durch die Produktaufbereitung

Seite 94

B1:
Polyethen mit geringer Dichte LD-PE wird für Folien oder Plastikbeutel verwendet, da es leicht und verformbar ist. Polyethen mit hoher Dichte HD-PE hingegen ist nicht leicht formbar, sondern fest und stabil, daher wird es z. B. für Wasserkästen verwendet, die formstabil sein müssen.

B2:
Polyethen

$$H_3C{-}CH_2{-}CH_2{-}CH_2{-}CH_2{-}CH_2{-}CH_2{-}CH_2{-}CH_2{-}CH_2{-}CH_2{-}CH_2{-}CH_2{-}CH_3$$

Polypropen

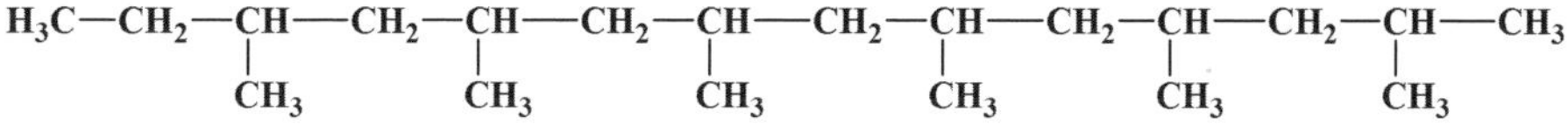

Polyisobuten

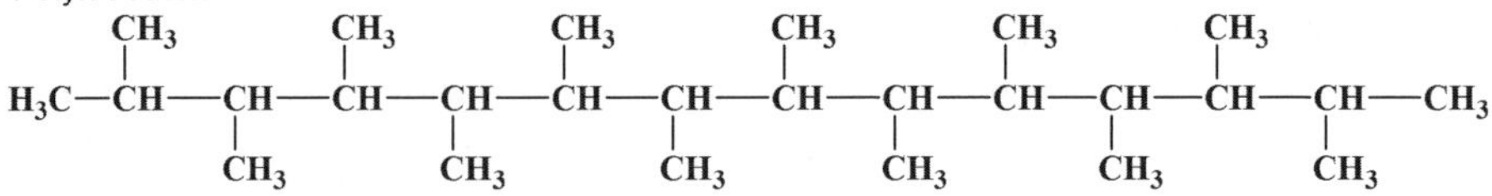

B3:

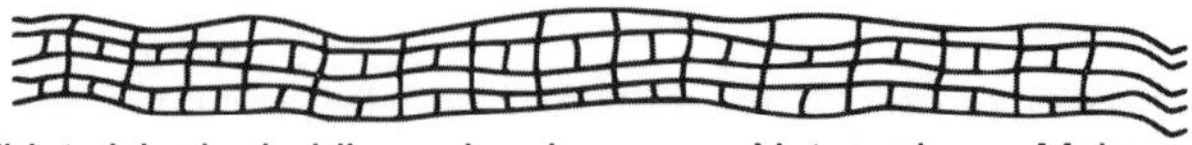

Im Duroplast bildet sich ein dreidimensionales enges Netzwerk aus Makromolekülen aus.

Seite 95

B4:
Kautschuk ist erst nach dem Vulkanisieren elastisch, weil erst dann die *Z*-Polyisopren-Moleküle über Schwefel-Atome und chemische Bindungen (Elektronenpaarbindungen) untereinander verknüpft sind. Wird auf das vulkanisierte Material eine Zugkraft ausgeübt, so verschieben sich Teile der sprossenartig verknüpften Moleküle gegeneinander. Setzt die Zugkraft aus, so kehren die Moleküle wieder in die ursprüngliche Lage zurück. Bei nicht vulkanisiertem Kautschuk gleiten die Makromoleküle aneinander vorbei und bleiben anschließend in der verschobenen Lage.

B6:
Aufbau und Funktionsweise der Pyrolyseanlage:
1. Durch Verbrennung von Pyrolysegas (Gemisch aus kurzkettigen Kohlenwasserstoffen, die sich bei der Pyrolyse bilden) wird der wirbelnde Quarzsand auf 600 °C bis 900 °C aufgeheizt.
2. Die oben eingeführten Kunststoffabfälle werden unter Luftabschluss bei den o. g. Temperaturen thermisch gespalten (Pyrolyse). Dabei bilden sich brennbare Gase (Pyrolysegase), flüssige Pyrolyseöle und fester Ruß.
3. Die Pyrolyseöle werden durch Destillation aufgetrennt. Das Pyrolysegas dient zum Aufheizen des Reaktors in Schritt 1.

Die Pyrolyse von Polyolefinen und das Cracken von Paraffinen beruhen chemisch auf der gleichen Grundreaktion, dem Auftrennen von Kohlenstoff-Kohlenstoff-Einfachbindungen in langkettige Kohlenwasserstoff-Moleküle durch Wärmezufuhr.

Seite 96 und 97

B1:
Das gebildete Gas ist Isobuten und kann durch Entfärbung von Bromwasser nachgewiesen werden.

B3:
Ein Benzin ist klopffest, wenn das Benzindampf-Luft-Gemisch im Zylinder des Motors bei der Kompression nicht zündet, bevor die Zündkerze den Funken zur Zündung gibt. Ein Benzin mit der Octanzahl 95 zeigt im Testmotor die gleiche Klopffestigkeit wie ein Gemisch aus 95 % Isooctan (2,2,4-Trimethylpentan) und 5 % n-Heptan.
Ein Benzin mit der Octanzahl 100 zeigt im Testmotor die gleiche Klopffestigkeit wie reines Isooctan (2,2,4-Trimethylpentan).

Auswertung a):
Methanol löst sich sowohl in Wasser als auch in Heptan gut; MTBE löst sich in Heptan gut und in Wasser schlecht. Die gute Löslichkeit beider in Heptan kann dadurch erklärt werden, dass sowohl im Methanol-Molekül als auch (noch mehr) im MTBE-Molekül die unpolaren Kohlenwasserstoff-Reste überwiegen. Diese wechselwirken mit Heptan-Molekülen über VAN-DER-WAALS-Kräfte. Die gute Wasserlöslichkeit von Methanol ist auf die Wasserstoffbrückenbindungen zwischen den Methanol-Molekülen und den Wasser-Molekülen zurückzuführen. MTBE-Moleküle können keine Wasserstoffbrückenbindungen ausbilden, weil sie kein Wasserstoff-Atom in einer Hydroxy-Gruppe enthalten. (Vgl. zur Wasserstoffbrückenbindung auch Seite 25 im Schülerband.)

Auswertung b):
Reaktionsgleichung:
$\mathbf{H_3C{-}OH}(l) + \mathbf{Na}(s) \rightarrow \mathbf{H_3CO^-Na^+}(me) + \tfrac{1}{2}\,\mathbf{H_2}(g)$
MTBE kann in dieser Weise nicht reagieren, weil im MTBE-Molekül keine Hydroxy-Gruppe **–OH** enthalten ist.

Auswertung c):
Das Rohprodukt aus V2 löst sich in Heptan gut und in Wasser schlecht. Es riecht eher nach MTBE als nach Methanol. Es reagiert aber mit Natrium unter heftiger Gasentwicklung und entfärbt Bromwasser.
Aus diesem Verhalten kann man schließen, dass das Rohprodukt vorwiegend aus MTBE bestehen kann, dass es aber noch mit Methanol und Isobuten (oder anderen Alkenen), also mit nicht umgesetzten Edukten (bzw. Konkurrenzprodukten aus der Reaktion), verunreinigt ist.

Auswertung d):
Durch Waschen mit Wasser wird aus dem Rohprodukt das Methanol entfernt (Methanol löst sich in Wasser wesentlich besser als MTBE). Durch Erwärmen treibt man aus dem flüssigen Produktgemisch das Isobuten aus.

Auswertung e):
Für das MTBE-Gleichgewicht von Seite 97 im Schülerband lautet das MWG:
$$K = \frac{c\,(\text{MTBE})}{c\,(\text{Methanol}) \cdot c\,(\text{Isobuten})}$$
Geht man von den Edukten Isobuten und Methanol aus und arbeitet bei 60 °C wie in B2, Seite 96, so überwiegt die Hinreaktion bis zur Einstellung des Gleichgewichts, d. h. bis der

Massenwirkungsquotient aus dem MWG den Wert von K erreicht hat. Das kondensierte Rohprodukt ist nicht frei von Edukten, weil K einen endlichen Wert hat und entsprechend der Nenner im Massenwirkungsquotient nicht null sein kann.
Geht man dagegen von MTBE aus und erhitzt zum Sieden, so überwiegt die Rückreaktion, d. h. die Spaltung von MTBE in Methanol und Isobuten. Da das gebildete Isobuten abgeführt wird, kann sich in diesem Fall das Gleichgewicht gar nicht einstellen und die Reaktion läuft weiter, bis das gesamte MTBE verbraucht ist. (*Hinweis*: Auch der größte Teil des gebildeten Methanols gelangt unter diesen Bedingungen in das Rggl. mit dem Bromwasser.)

A1:
Reaktionsgleichungen für die Bildung von a) Dimethylether, b) Diethylether und c) Ethyl-*tert.*-butylether:

a) $\mathbf{H_3C{-}OH + HO{-}CH_3 \rightarrow H_3C{-}O{-}CH_3 + H_2O}$

b) $\mathbf{H_3CCH_2{-}OH + OH{-}CH_2CH_3 \rightarrow H_3CCH_2{-}O{-}CH_2CH_3 + H_2O}$

c)

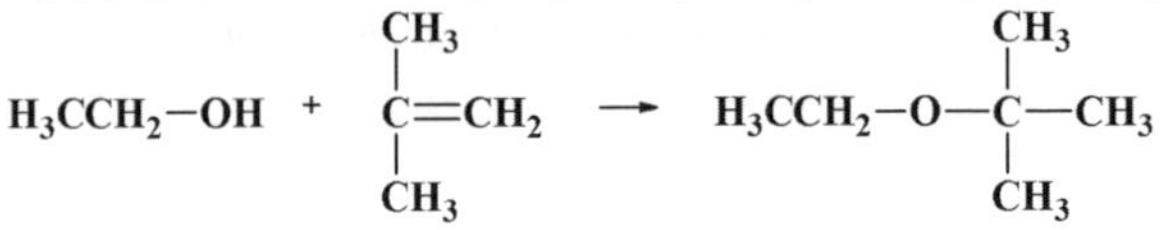

A2:
Die Herstellung von MTBE durch Kondensation von Methanol mit *tert.*-Butanol verläuft nach folgender Reaktionsgleichung:

$\mathbf{H_3COH + HO{-}C(CH_3)_3 \rightarrow H_3COC(CH_3)_3 + H_2O}$

Die Herstellung von MTBE gemäß Gl. (1) aus dem Schülerband hat den Vorteil, dass MTBE als einziges Reaktionsprodukt gebildet wird und ein Arbeitsschritt (die Auftrennung der Reaktionsprodukte) eingespart werden kann.

A3:
Der Einsatz von ETBE ist umweltfreundlicher, da für die Synthese Ethanol eingesetzt wird und nicht das giftige Methanol, das für die MTBE-Herstellung nötig ist. Handelt es sich beim Ethanol um Bioethanol, darf die Bezeichnung Biosprit für einen mit ETBE versetzten Kraftstoff verwendet werden. Dies ist aber irreführend, da das für die ETBE-Synthese verwendete Isobuten ein Erdölprodukt ist, der Kraftstoff also nicht ausschließlich aus erneuerbaren Energien / Biomasse gewonnen wurde.
Addition von Ethanol an Isobuten:

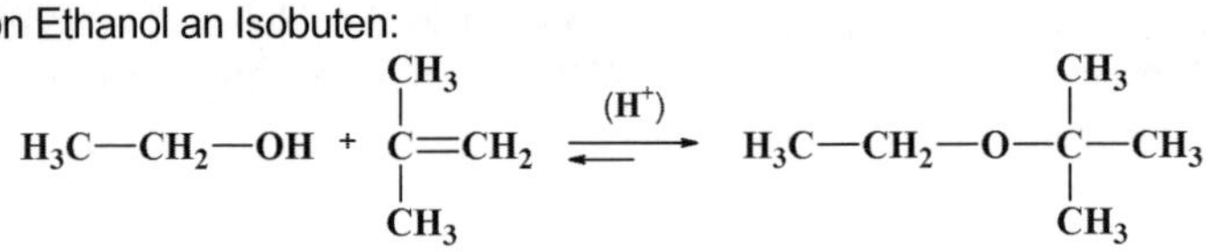

Ethanol Isobuten Ethyl-*tert.*-butylether ETBE

Seite 98 und 99

B3:

Herstellung von Vinylchlorid:

$H_2C{=}CH_2 + Cl_2 \rightarrow H_2C{=}CHCl + HCl$

Herstellung von Ethansäure:

$H_2C{=}CH_2 + H_2O \rightarrow H_3C{-}CH_2OH$

$H_3C{-}CH_2OH + O_2 \rightarrow H_3C{-}COOH + H_2O$

A1:

Die Herstellung der Polyolefine PE, PP und PIB beinhaltet nur zwei wichtige Schritte, bei denen chemische Reaktionen ablaufen:

1. Herstellung der Olefine durch Cracken von Paraffinen und
2. Polymerisation der Alkene.

Bei allen anderen Kunststoffen (beispielsweise Polyacrylate und Polycarbonate) ist es erforderlich, die entsprechenden Monomere in Prozessen, die mehrere chemische Schritte beinhalten, herzustellen. In B2 sind diese Schritte am Beispiel Polycarbonate aufgezeigt (vgl. weiß unterlegte Kästchen).

A2:

Die grünen Pfeile kennzeichnen die Reaktionsfolge zu ETBE.

Aus Biomasse wird durch alkoholische Gärung Ethanol gewonnen (vgl. S. 31 im Schülerband).

Die blauen Pfeile führen zunächst vom Erdöl zum Isobuten, wobei die Schritte Destillation (vgl. S. 73 im Schülerband) und Cracken (vgl. S. 75 im Schülerband) angedeutet werden. Folgt man dem blauen Pfeil nach links, ist die Polymerisierung von Isobuten zu Polyisobuten angedeutet (vgl. S. 91 im Schülerband). Dort, wo der grüne Pfeil vom Ethanol und der blaue Pfeil vom Isobuten kommend aufeinandertreffen, ist die Etherbildung zu ETBE verbildlicht (vgl. analog die MTBE-Bildung auf S. 97 im Schülerband).

A3:

Rohstoffe: Wasser, Erdöl, Erdgas

Zwischenprodukte: Synthesegas, Methanol, Isobuten

Wichtigste Reaktionsschritte auf dem Weg vom Erdöl zum MTBE:

Durch Cracken eines langkettigen Alkans entsteht (u. a.) Isobuten.

Das zweite Edukt, das Methanol, wird durch folgende Reaktionsschritte hergestellt:

1. Herstellung von Synthesegas (Gemisch aus Kohlenstoffmonooxid und Wasserstoff) aus Erdgas und Wasserdampf (vgl. auch Schülerband, S. 155):
   $CH_4 + H_2O \rightarrow CO + 3\,H_2$
2. Synthese von Methanol (vorher wird die Zusammensetzung des Synthesegases für die Methanol-Synthese optimiert):
   $CO + 2\,H_2 \rightarrow H_3COH$

Aus Isobuten und Methanol wird nach der Reaktionsgleichung von S. 97 im Schülerband MTBE synthetisiert.

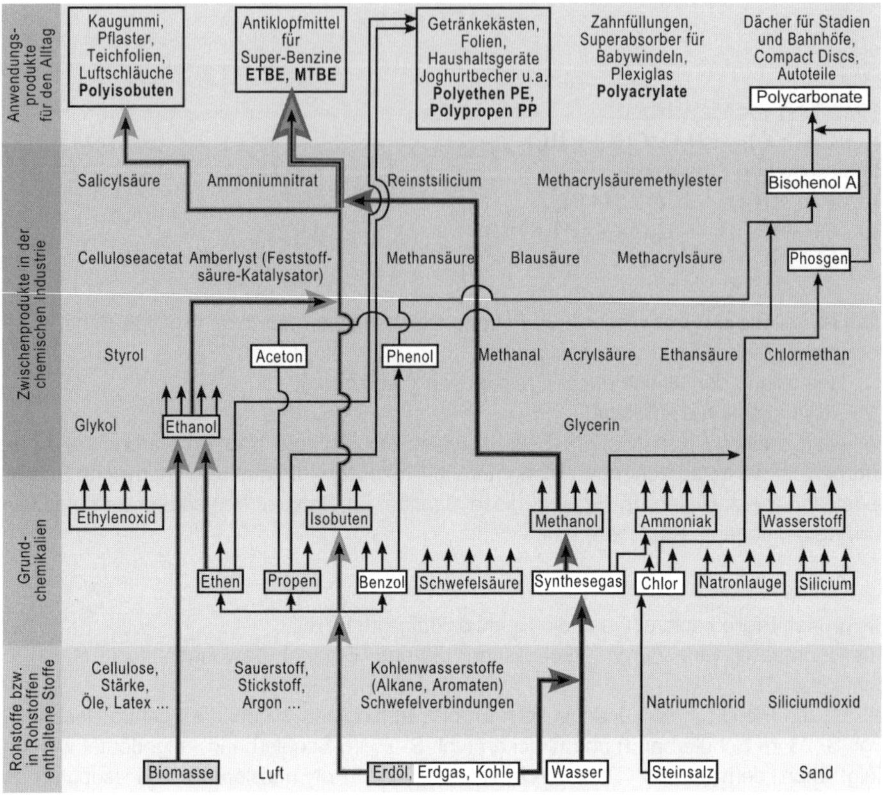

A4:
Beide Netzwerke vermitteln den Eindruck von vielen Objekten, die vielfach miteinander verbunden sind. Während die Escher-Graphik eine regelmäßige dreidimensionale Geometrie hat und keinen Anfang und kein Ende erkennen lässt, zeigt das Netzwerk aus B2 Zusammenhänge zwischen Stoffen. Es beginnt bei den Rohstoffen der chemischen Industrie (unten) und endet bei den Anwendungsprodukten (oben). Das Netzwerk aus B2 hat im mittleren Bereich („Grundchemikalien" und „Zwischenprodukte") eine einprägsame Gemeinsamkeit mit der Escher-Graphik aus B1: Hier ist jeder Knoten (= Stoff) mit mehreren anderen Knoten verbunden. Da aber genau dies der Bereich ist, in dem die chemische Industrie agiert, kann die Escher-Graphik als eine einprägsame Darstellung für das Konzept eines Verbundsystems angesehen werden.
(*Hinweis*: Die Problemstellung ist auch für andere Argumentationen offen. Die oben dargestellte Sichtweise soll als Unterstützung dienen.)

A5:
offene Aufgabe

Seite 100 und 101

B2:
Der Luftaustausch zwischen der Troposphäre und der Stratosphäre ist sehr gering, weil die zwischengelagerte und bis zu 60 °C kältere Tropopause nur sehr schwer von den Gasen durchquert wird.

B6:
Die in die Atmosphäre abgegebenen Emissionen kommen je nach Art der Emissionen und Witterungsverhältnisse in verschiedenen Entfernungen von den Emissionsquellen und in verschiedenen Formen als Immissionen wieder auf den Boden zurück. Je größere Dichten die Komponenten der Emissionen haben und je windstiller das Wetter ist, desto kürzer sind die Entfernungen zwischen den Emissionsquellen und den Immisionsgebieten.

Auswertung a):
Die Zusammensetzung der Atmosphären des Mars und der Venus und die Temperaturbedingungen auf unseren Nachbarplaneten machen ein Leben wie das irdische Leben dort nicht möglich, weil der für Tiere essentielle Sauerstoff fehlt und weil Photosynthese wie auf der Erde wegen der extremen Temperaturen und des fehlenden Wassers nicht möglich ist.

Auswertung b):
Die Schichtdicke der Atmosphären unterscheiden sich stark voneinander. Die Atmosphäre des Mars ist so dünn, dass auf der Marsoberfläche nur ein Atmosphärendruck von wenigen Millibar herrscht (Normdruck auf der Erdoberfläche 1013 mbar). Die Venus-Atmosphäre ist so dick, dass der Druck auf der Venusoberfläche mit 92 bar ungefähr 90-mal so hoch ist wie auf der Erde.
In der Venusatmosphäre sind also viel größere Massen des Treibhausgases Kohlenstoffdioxid vorhanden. Der natürliche Treibhauseffekt ist auf der Venus deutlich größer als auf dem Mars.

A1:
Reaktionsgleichung:

-III 0 -III -II -I -III -III IV

$$\mathbf{H_3CC(CH_3)_2CH_2CH(CH_3)CH_3}\ (l) + \mathbf{12{,}5\ O_2}\ (g) \rightarrow \mathbf{8\ CO_2}\ (g) + \mathbf{9\ H_2O}\ (l)$$

A2:
Gegeben: $\varphi_{\text{Ozon}} = 185$ ppb
Gesucht: φ_{Ozon} in mg/m³
Berechnung:

$$185\,\text{ppb} = \frac{185 \cdot 10^{-9}\,\text{m}^3}{1\,\text{m}^3} = \frac{185 \cdot 10^{-6}\,\text{L}}{1\,\text{m}^3}$$

$M(\mathbf{O_3}) = 48{,}0\ \text{g} \cdot \text{mol}^{-1}$ $V_{mn} = 22{,}4\ \text{L} \cdot \text{mol}^{-1}$

$$n = \frac{m}{M} = \frac{V_n}{V_{mn}}$$

$$m = \frac{V_n \cdot M}{V_{mn}} = \frac{185 \cdot 10^{-6} L \cdot 48{,}0\, g \cdot mol^{-1}}{22{,}4 L \cdot mol^{-1}} = 396 \cdot 10^{-6}\, g$$

In einem Kubikmeter Luft sind 0,396 mg Ozon enthalten.

A3:
Wird ein Rohstoff zu einem Produkt verarbeitet, so steigt sein Wert. Der Wert, der aus einer bestimmten Menge Rohstoff geschöpft wird (die Wertschöpfung), ist umso höher, je weiter der Grad seiner technischen Verarbeitung ist, weil der Marktwert des Produkts dadurch zunimmt. Da die Verarbeitung von Erdöl bis zu Benzin im Vergleich zur Verarbeitung bis zu Kunststoffen einen geringeren technischen Aufwand erfordert (weniger Arbeitsschritte, weniger Kosten), ist die Wertschöpfung kleiner. Konkret: Das aus 1 Tonne Erdöl gewonnene Benzin ist auf dem Markt nicht so viel wert, wie die aus 1 Tonne Erdöl gewonnenen Kunststoffe.

Seite 102 und 103

B1:
Mexico-City liegt am südlichen Ende eines nach Norden geöffneten Tals auf einer Höhe von über 2000 m. Im Osten, Süden und Südwesten der Stadt liegen hohe Vulkane (4000 m – 5000 m Höhe). Aufgrund dieser Kessellage ist der Austausch der Luftmassen über der Stadt stark eingeschränkt, sodass eine Inversionswetterlage über lange Zeiträume stabil bleiben kann.

B2:
Die kalte Luft in B2 steigt nicht auf, weil ihre Dichte größer ist als die der warmen Luft. Die in B2 dargestellte Situation ist „unnormal" weil in der Regel die Lufttemperatur am Boden am höchsten ist und nach oben hin abnimmt. Die warme Luft vom Boden steigt also im Normalfall nach oben.

B4:
Bei Kohlenstoffdioxid ist das Verhältnis zwischen natürlichen und anthropogenen Quellen laut Tabelle 33 : 1; bei Stickstoffoxiden beträgt dieses Verhältnis 1 : 2,1. Während der weitaus größte Anteil der Emissionen an Kohlenstoffdioxid aus natürlichen Vorgängen stammt, kommen die meisten Emissionen an Stickstoffoxiden aus menschlichen Aktivitäten. Der Grund für diesen großen Unterschied liegt darin, dass Kohlenstoffdioxid bei vielen chemischen Reaktionen, die in der Natur ablaufen (vgl. Tabelle), als Produkt auftritt; bei Stickstoffoxiden ist das nicht der Fall.

B5:
Die starke Abnahme der Emissionen an Kohlenstoffdioxid, Schwefeldioxid und Stockstoffoxiden ist auf die Einführung des Abgaskatalysators bei Autos und auf die Entschwefelung und Entstickung der Rauchgase von Kraftwerken zurückzuführen.

B6:
Die Regelung der Luftzufuhr ist notwendig, um jeweils genau den stöchiometrisch notwendigen Sauerstoff zu gewährleisten. Da weder die Zusammensetzung der Kraftstoffe noch die Menge des zur Verbrennung anstehenden Kraftstoffs konstant ist, muss die Luftzufuhr ständig über die λ-Sonde geregelt werden.

B7:
Bei den Reaktionen von unverbrauchten Kohlenwasserstoffen zu Kohlenstoffdioxid handelt es sich um Oxidationsreaktionen. Die Kohlenstoff-Atome haben in Kohlenwasserstoff-Molekülen die Oxidationszahlen – III bzw. – II, im Kohlenstoffdioxid-Molekül dann die Oxidationszahl + IV.
Die Reaktion der Stickoxide (**N** mit der Oxidationszahl + II bzw. + IV) zu elementarem Stickstoff (**N** mit der Oxidationszahl 0) ist hingegen eine Reduktion.

B8:
Im Ammoniak NH_3 hat Stickstoff die Oxidationszahl – III, im Stickstoffdioxid NO_2 die Oxidationszahl + IV und im elementaren Stickstoff die Oxidationszahl 0. Bei der in B8 angegebenen Reaktion wird in den Edukten gebundener Stickstoff sowohl oxidiert (das ist bei dem im NH_3 gebundenen Stickstoff der Fall) als auch reduziert (Stickstoff aus NO_2). Es handelt sich also um eine Komproportionierung.

Auswertung a):
Hinweise zu den Versuchsergebnissen:
Bei V1 geben die Verbrennungsprodukte aller untersuchten Proben einen weißen Niederschlag mit Bariumhydroxid-Lösung.
Bei V2 entfärbt sich die Fuchsin-Lösung schnell und deutlich, wenn man Schwefeldioxid einleitet. Bei der Probe mit den Verbrennungsprodukten aus Braunkohle dauert es je nach Schwefelgehalt der Kohle manchmal sehr lange, bis die Fuchsin-Lösung sich entfärbt.
Der Nachweis von Stickstoffoxiden (die Rosa-Pink-Färbung der SALTZMANN-Lösung) fällt bei der Verbrennung von Erdgas und Kartuschenbrennergas positiv aus, weil hohe Temperaturen in der Flamme erreicht werden; die übrigen Proben können (je nach Verbrennungsbedingungen) auch negativ ausfallen.

Auswertung b):
In V1 werden ausschließlich Gemische aus Kohlenwasserstoffen verbrannt, also bildet sich in jedem Fall Kohlenstoffdioxid.
Vgl. zu V2 und V3 Erklärung unter a).

Auswertung c):
Reaktionsgleichung:
CO_2 (g) + $Ba(OH)_2$ (aq) → $BaCO_3$ (s) + H_2O (l)
Die Bariumhydroxid-Probe bei V1 würde mit den Verbrennungsgasen von Wasserstoff negativ ausfallen, weil sie kein Kohlenstoffdioxid enthalten.

Auswertung d):
In der Vorrichtung kann man das Verbrennungsprodukt Wasser, das sich bei der Verbrennung von Kohlenwasserstoffen immer bildet, nicht nachweisen.

Seite 104

Auswertung a):
Wenn mit Aluminiumfolie abgedeckt wird, ist die gemessene Temperaturerhöhung minimal. Bei der Abdeckung mit dem Flachbeutel aus Polyethen misst man einen starken Temperaturanstieg. Ist der PE-Beutel jedoch innen mit Wasser befeuchtet, so ist der Temperaturanstieg sehr gering. Daraus folgt, dass Polyethen die Wärme gut durchlässt, Wasser dagegen nicht. Aluminium lässt die Wärme ebenfalls nur sehr schlecht durch.

Auswertung b):

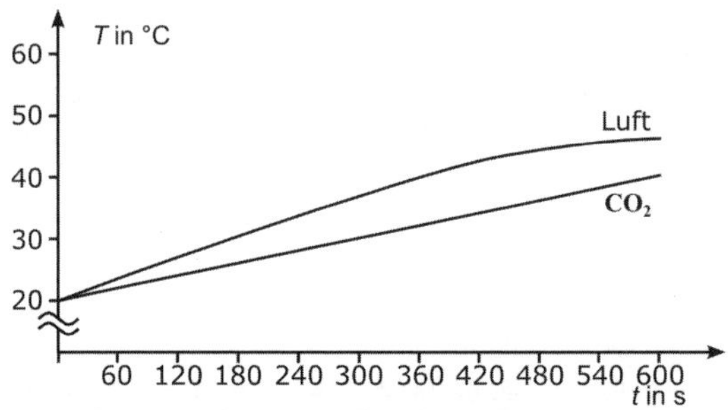

Wenn die Dosen in V1 (B1) mit Kohlenstoffdioxid gefüllt sind, ist der Temperaturanstieg nicht so groß wie dann, wenn sie mit Luft gefüllt sind. Die von dem Brenner ausgehende Wärmestrahlung gelangt bei Füllung mit Luft besser an den Thermofühler als bei Füllung mit Kohlenstoffdioxid. Die Kohlenstoffdioxid-Moleküle absorbieren diese Wärmestrahlung besser als Sauerstoff- und Stickstoff-Moleküle. Daraus muss gefolgert werden, dass Kohlenstoffdioxid die Wärmestrahlung besser absorbiert als Luft.

Auswertung c):
Die obere Wanne mit Wasser ist bei V2 (vgl. B2) notwendig, um die von der Lampe ausgestrahlte Wärme zu absorbieren. Auf den schwarzen Boden in der unteren, mit Gas gefüllten Wanne, soll kaltes Licht eintreffen. (*Hinweis*: Diese Frage muss wahrscheinlich von der Lehrkraft beantwortet und erläutert werden.)
Die schwarze Pappe soll das kalte Licht absorbieren und in Wärme umwandeln.
Im Modellversuch stellt die Pappe die Erdoberfläche z. B. einen dunklen Ackerboden dar. Verschiedene Oberflächen (helle oder dunkle Flächen oder reflektierende Oberflächen wie das Wasser) führen zu unterschiedlich starken Temperaturänderungen. Die Wanne mit Wasser repräsentiert die Wolkenschicht in der Atmosphäre.

Auswertung d):
Wenn die schwarze Pappe in V2 durch Aluminiumfolie ersetzt wird, findet die Umwandlung von Licht in Wärme nicht bzw. kaum statt. Entsprechend ist praktisch keine Erwärmung des Gasraums in der unteren Wanne feststellbar.

Auswertung e):

Analogien	**Modellversuch**	**Natürlicher Treibhauseffekt**
wärmeabsorbierende Schicht	besteht aus Wasser	besteht aus Wasser
Vorgänge	Licht wird in Wärme umgewandelt und durch ein Treibhausgas zeitweise gespeichert.	Licht wird in Wärme umgewandelt und durch ein Treibhausgas zeitweise gespeichert.
Unterschiede	**Modellversuch**	**Natürlicher Treibhauseffekt**
Lichtquelle	Lampe	Sonne
Boden	schwarze Pappe	Erdoberfläche
Wärmeabsorber über dem Boden	Wasser in Wanne	Wasser in den Wolken
Atmosphäre in Bodennähe	aus fast reinem Kohlenstoffdioxid	Luftatmosphäre (ca. 80 % Stickstoff, ca. 20 % Sauerstoff, ca. 0,038 % Kohlenstoffdioxid)

Seite 105

A1:
Der Anstieg des Treibhauseffekts und damit die globale Erderwärmung sind u. a. Folge des den Anstiegs des Gehalts an Treibhausgasen in der Atmosphäre. (*Anmerkung*: Inwiefern das zum Anstieg des Meeresspiegels durch Abschmelzen der Polkappen und zur Verschiebung von Klimazonen führt, ist z. T. noch strittig.)

A2:
Um den Anstieg des Kohlenstoffdioxid-Gehalts in der Atmosphäre zu bremsen, müsste man

- weniger fossile Brennstoffe verfeuern bzw. verbrennen;
- weniger Wälder roden und statt dessen Flächen aufforsten;
- Technologien entwickeln und nutzen, die ohne (oder mit weniger) Emission von Kohlenstoffdioxid den Bedarf an Energie und Rohstoffen für den menschlichen Wohlstand erfüllen.

Einzelpersonen können durch Einsparung von Energie und Materialien im täglichen Leben dazu beitragen, die Emissionen an Kohlenstoffdioxid zu reduzieren. Beispiele: unnötigen Stromverbrauch vermeiden, für kurze Strecken Fahrrad statt Auto benutzen, sparsam mit Verpackungsmaterial umgehen, Materialien dem Recycling zuführen etc.

Seite 106 und 107

B1:
In der Regel werden zunächst Asthmakranke vor physischen Anstrengungen gewarnt. Auch Gesunde sollten sportliche Aktivitäten, die hohe körperliche Anstrengungen erfordern, einschränken (vgl. auch B6 im Schülerband).

B2:
Die in LV3 der Luft zugesetzten Stoffe sind die gleichen, die in B3 als Vorläufer von Ozon bei der Bildung von Photosmog an Sommertagen angegeben sind.

B3:
Die Peaks in den Morgenstunden kommen durch den Berufsverkehr zustande.
Man erkennt, dass Kohlenwasserstoffe und Stickstoffoxide die Vorläufer von bodennahem Ozon sind daran, dass der Anstieg des Ozon-Gehalts zu der Tageszeit beginnt, wo diese Vorläufer Maxima durchlaufen, d. h. in der Früh um ca. 8 Uhr. In dem Maße, wie der Ozon-Gehalt dann ansteigt, geht die Konzentration der Vorläufer zurück.

Auswertung a):
Man erkennt an den Schatten, die sich über den fluoreszierenden Schirm bewegen, wenn Gas aus der Apparatur in Pulsen herausgedrückt wird, dass mindestens eine Komponente des Gasgemischs (Sauerstoff + Ozon) UV-Licht absorbiert. Da reiner Sauerstoff keine Schatten auf dem Schirm erzeugt, ist Ozon die absorbierende Komponente. (*Hinweis*: Der fluoreszierende Schirm sollte einen Fluoreszenzindikator F_{254} enthalten, der bei λ = 254 nm angeregt wird, weil Ozon in diesem Bereich gut absorbiert. Entsprechend muss die UV-Lampe Licht dieser Wellenlänge ausstrahlen.)

Auswertung b):
Ozon ist gegenüber Gummi reaktiver als Sauerstoff, weil Ozon die Gummihaut eines aufgeblasenen Luftballons zerstört, Sauerstoff dagegen nicht (LV1 d).

Auswertung c):
Beim Fotokopierer bildet sich Ozon, weil die starke Lampe des Kopierers auch kurzwelliges UV-Licht ausstrahlt, unter dessen Einwirkung geringe Mengen von Sauerstoff aus der Luft in Ozon umgewandelt werden.

Auswertung d):
Der in LV3 erzeugte Photosmog zerstört das β-Carotin (gelbe Bande, die im DC an der oberen Front mitläuft), sowie die beiden Chlorophylle a und b, die als grüne Banden etwa in der Mitte des DC mitlaufen. Das wird deutlich, wenn man die beiden Chromatogramme von Extrakten aus unbestrahlten und bestrahlten Blättern vergleicht.

Seite 108 und 109

B1:
Die in die Stratosphäre einfallende Strahlung kommt ungefiltert aus dem Weltall. Sie enthält UV-Licht und sichtbares Licht, auch sehr kurzwelliges, energiereiches UV-Licht mit Wellenlängen $\lambda > 150$ nm. Das UV-Licht mit 150 nm $< \lambda <$ 240 nm wird in der Stratosphäre weitestgehend durch Sauerstoff O_2 absorbiert, wobei Ozon O_3 gebildet wird. Seinerseits absorbiert auch das stratosphärische Ozon UV-Licht mit Wellenlängen $\lambda < 300$ nm. Das Ergebnis dieser Absorption von UV-Licht ist das photostationäre Gleichgewicht zwischen Sauerstoff und Ozon und die Aufwärmung der Stratosphäre bis um 0 °C (vgl. B4 auf S. 109 im Schülerband). Die Stratosphäre ist also ein Filter für die kurzwellige UV-Strahlung.
Das durch die Stratosphäre und Tropopause in die Troposphäre eindringende Licht enthält schließlich fast nur noch Licht mit $\lambda > 320$ nm, wobei der Anteil an kurzwelligem Licht stark höhenabhängig ist. Im Hochgebirge ist er wesentlich höher als am Meer. (*Hinweis*: Vgl. Einteilung der UV-Strahlung in UV-A, UV-B und UV-C auf Seite 108 im Schülerband.)

B2:
Skizze zum Chlor-Katalyse-Zyklus:

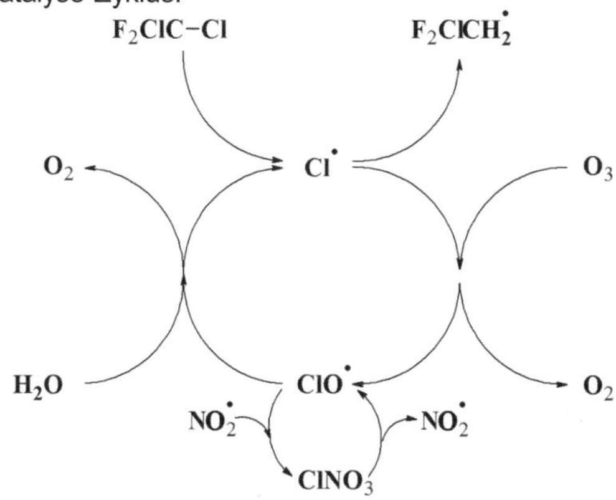

Die Reaktionen des Chlor-Katalyse-Zyklus beeinflussen den Chapman-Zyklus, weil die beiden Zyklen einige gemeinsame chemische Substanzen enthalten. Das sind Ozon O_3, elementarer Sauerstoff O_2 und atomarer Sauerstoff **O**.

A1:
Auf den Seiten der NASA kann die aktuelle Situation der Ozonschicht auf der nördlichen und südlichen Hemisphäre recherchiert werden:
http://ozonewatch.gsfc.nasa.gov/ozone_maps/
Interessant sind vor allem die Video-Dateien, die die Entwicklung und das Auflösen des Ozonlochs über eine Zeitperiode darstellen.

A2:

Die Bildung des Ozonlochs startet jeweils im Frühling, der über dem Südpol im September und über dem Nordpol im Februar beginnt. Im Winter werden nach der Reaktionsgleichung die im Chlor-Katalyse-Zyklus beteiligten Chloroxid-Radikale im Chlornitrat „gespeichert".

$$ClO\cdot + NO_2\cdot \underset{\text{Frühjahr}}{\overset{\text{Winter}}{\rightleftharpoons}} ClNO_3$$

Erst bei einem höheren Sonnenstand und ausreichenden Temperaturen zerfällt das Chlornitrat wieder und setzt durch Freisetzen der Chloroxid-Radikale den Chlor-Katalyse-Zyklus wieder in Gang. Dies führt zur Störung des Chapman-Zyklus und zum Abbau von Ozon.

A3:

In der Stratosphäre wird die Bildung von Ozon ständig durch die kurzwellige UV-Strahlung angetrieben. Da diese energiereiche Strahlung in der Troposphäre nicht vorhanden ist, bildet sich auch weitaus weniger Ozon. (*Hinweis*: Zur Bildung des troposphärischen Ozons im Photosmog vgl. Seite 106 und 107.)

Seite 110 bis 112 (KOMPETENZEN TRAINIEREN)

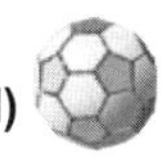

A1:

Im Erdöl sind sehr viele Stoffe enthalten, auch solche mit sehr nahe beieinander liegenden Siedetemperaturen. Trotz der fraktionierten Destillation erhält man immer nur Fraktionen, in denen mehrere Stoffe mit einem engen Siedetemperaturbereich vorhanden sind. (*Hinweis*: Benzol C_6H_6 siedet bei 80 °C, die heteroaromatische Schwefelverbindung Thiophen C_4H_4S, die zwar in viel kleineren Mengen aber dennoch wie Benzol im Erdöl enthalten ist, siedet bei 84 °C. Durch Destillation lassen sich Benzol und Thiophen nur sehr schwer trennen. Ein weiterer Grund, weshalb ein reiner Stoff allein durch Destillation nur sehr schwer oder gar nicht gewonnen werden kann, ist die Bildung von azeotropen Gemischen. Das sind Gemische bestimmter Zusammensetzung aus mehreren Komponenten, die niedriger sieden als jede der reinen Komponenten.)

A2:

n-Pentan

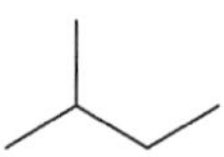
2-Methylbutan

2,2-Dimethylpropan

n-Hexan

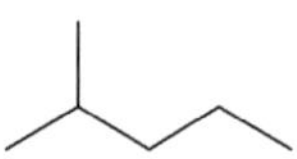
2-Methylpentan

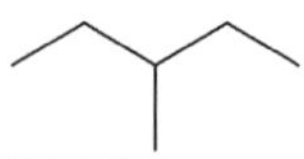
3-Methylpentan

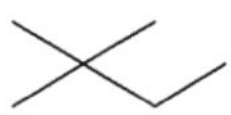
2,2-Dimethylbutan

n-Octan

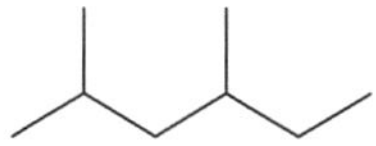

2,4-Dimethylhexan

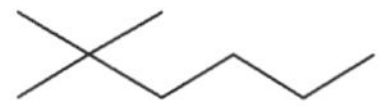

2,2-Dimethylhexan

A3:

Rohstoffe sind in der Regel Stoffgemische, wie sie in der Natur vorkommen und aus denen mithilfe von technischen Verfahren (in der Regel in mehreren Schritten) Nutzstoffe isoliert oder hergestellt werden.

Beispiele: Erdöl, Erdgas, Kohle, Wasser, Steinsalz

Grundchemikalien in der chemischen Industrie sind Stoffe, die in sehr großen Mengen aus Rohstoffen hergestellt werden und dann weiter zu Produkten unseres Alltags umgesetzt werden.

Beispiele: Isobuten, Methanol, Chlor, Ethen, Natronlauge, Benzol

A4:

Bei der Raffination von Erdölen handelt es sich um die Trennung von Stoffgemischen, die Stoffe wandeln sich nicht chemisch um. Beim Cracken von Erdölfraktionen laufen chemische Reaktionen ab, es entstehen neue Stoffe. In beiden Fällen arbeitet man mit Kohlenwasserstoffen und in beiden Fällen wird auch erhitzt.

A5:

Von den in B4, Seite 76, angegebenen Alkanen entsprechen Pentan, Hexan, Heptan, Octan und Nonan den DIN-Vorschriften für Super-Benzin (Siedetemperatur unter 215 °C). (*Hinweis*: Die vielen Isomere dieser Alkane, die Cycloalkane und Aromaten, die ebenfalls im Super-Benzin enthalten sein können, sind hier nicht genannt.)

A6:

Bei gleicher Molekülmasse haben die beiden Stoffe unterschiedliche Siedetemperaturen. Die Siedetemperatur des nur einfach verzweigten 2-Methylbutans ist höher als die Siedetemperatur des zweifach verzweigten 2,2-Dimethylpropans, da bei längerkettigen 2-Methylbutan-Molekülen die VAN-DER-WAALS-Kräfte zwischen Molekülen größer sind als zwischen 2,2-Dimethylpropan-Molekülen.

A7:

a) $\mathbf{H_3CCH_3}$ Ethan
$\mathbf{H_3CCH_2CH_3}$ Propan
$\mathbf{H_3CCH_2CH_2CH_3}$ Butan
$\mathbf{H_3C\underset{\underset{CH_3}{|}}{C}HCH_3}$ 2-Methylpropan

b) Da Ethan der niedrigst siedende Kohlenwasserstoff ist, kann der erste Peak im Gaschromatogramm mit einer Fläche von 0,74 % der Gesamtfläche (S. 110, B1) diesem Kohlenwasserstoff zugeordnet werden.

Das verzweigte Isomer des Butan-Moleküls kann untereinander weniger VAN-DER-WAALS-Kräfte ausbilden als Butan-Moleküle. Daher zeigt der dritte Peak, dass Feuerzeuggas 18,48 % 2-Methylpropan enthält. Fast die Hälfte des Feuerzeuggases besteht aus Butan (vierter Peak mit 46,81 %).

c) Die Identifizierung der Peaks kann auf zwei verschiedene Methoden erfolgen.
Beim ersten Verfahren nimmt man das Gaschromatogramm der einzelnen Stoffe auf und vergleicht die Retentionszeiten der Reinsubstanzen mit denen im Feuerzeuggas. Diese Methode kann nur angewandt werden, wenn die Bedingungen völlig konstant gehalten werden können (z. B. Strömungsgeschwindigkeit des Trägergases, Temperatur).
Das zweite Verfahren bezeichnet man als Identifizierung durch Aufstockung (Standardadditions-Methode). Man stockt den Gehalt einer Substanz im Feuerzeuggas durch Zugabe der Reinsubstanz zum Stoffgemisch auf. Im Gaschromatogramm beobachtet man dann die Erhöhung einer Peakfläche. So können nach und nach die Einzelbestandteile identifiziert werden.

A8:

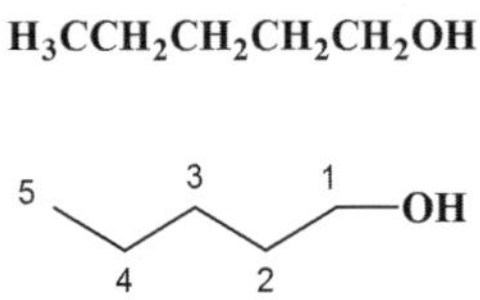

Pentan-1-ol

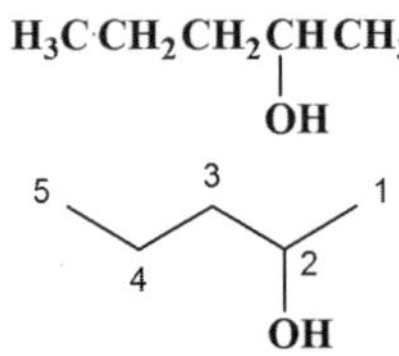

Pentan-2-ol

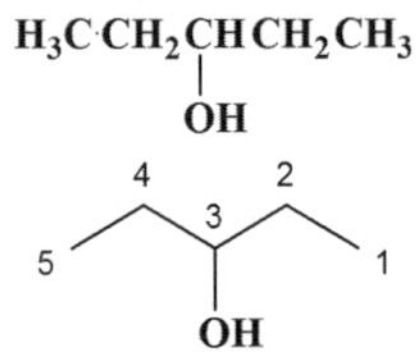

Pentan-3-ol

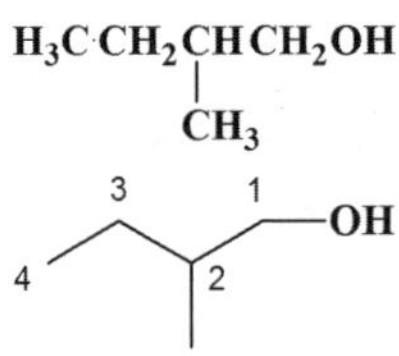

2-Methylbutan-1-ol

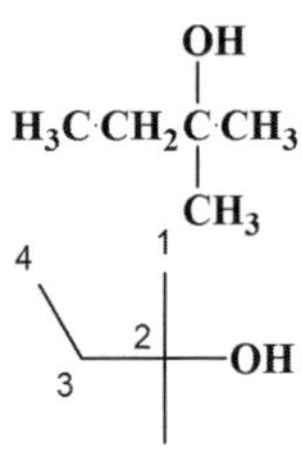

2-Methylbutan-2-ol

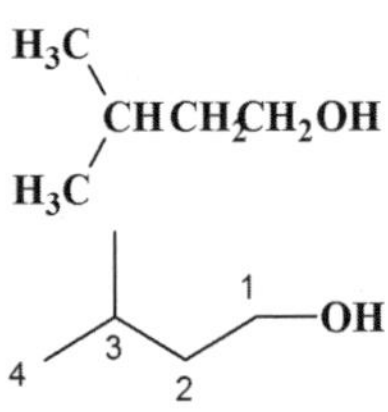

3-Methylbutan-1-ol

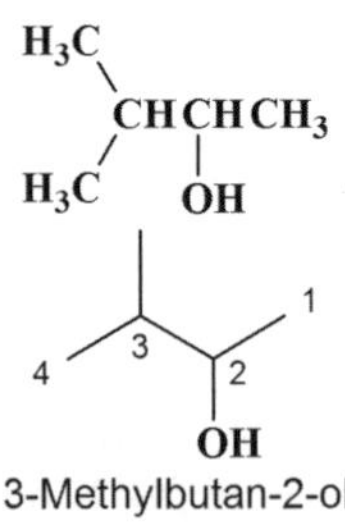

3-Methylbutan-2-ol

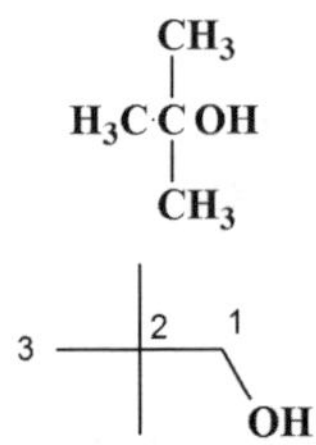

2,2-Dimethylpropan-1-ol

A9:

a) Drei zu Diethylether $C_4H_{10}O$ isomere Alkohole sind:
   Butan-1-ol, Butan-2-ol und 2-Methylpropan-1-ol (vgl. Formeln in B2 auf S. 78 im Schülerband).
b) Wenn man Diethylether und einen dieser Alkohole in Betracht zieht, handelt es sich um funktionelle Isomerie. Die Butanole unter sich sind z. T. Positionsisomere und z. T. Gerüstisomere.
c) Diethylether siedet sehr viel niedriger als jeder der isomeren Alkohole, weil die zwischenmolekularen Kräfte bei den Ether-Molekülen sehr viel schwächer sind als bei den isomeren Alkoholen. Bei Ether-Molekülen sind nur VAN-DER-WAALS-Kräfte und schwache Dipol-Dipol-Kräfte möglich, bei Alkohol-Molekülen dagegen relativ starke Wasserstoffbrückenbindungen.

A10:

Es ist möglich, in der nächsten Chemiestunde wieder Isobuten herzustellen, da ein Stehenlassen im verschlossenen System bewirkt, dass auch die Rückreaktion abläuft. Damit sind wieder Edukte vorhanden, aus denen man erneut Isobuten herstellen kann.

A11:

Das Ergebnis aus V1 (Aufgabenstellung) wird analog zu dem Beispiel von S. 84f ausgewertet und führt zu dem Ergebnis C_3H_y.
Das Ergebnis aus V2 (Aufgabenstellung) ist sogar identisch zu dem Beispiel von Seite 84f. Also lautet die Summenformel C_3H_8. Es handelt sich demnach um Propan, zu dem es keine Isomere gibt.

A12:

Reaktionsgleichungen:

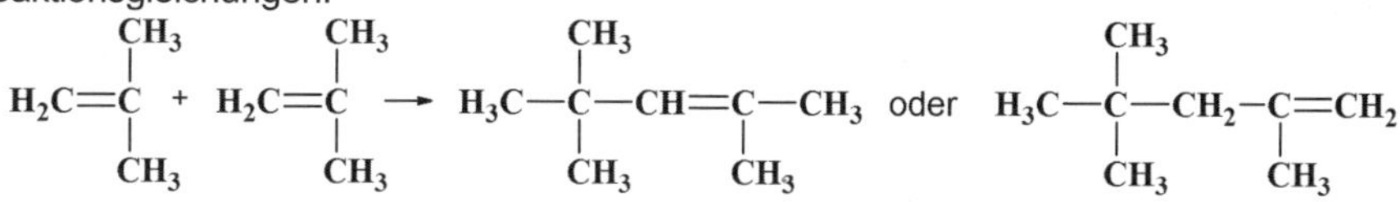

A B

oder 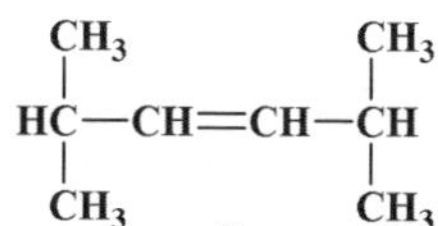

C

(theoretisch auch möglich)

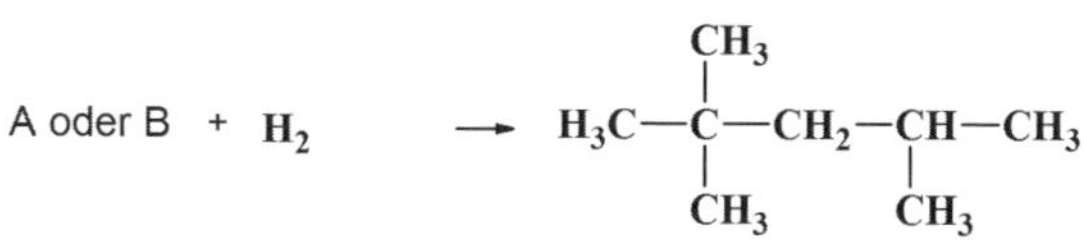

2,2,4-Trimethylpentan

A13:

a)

2-Methyl-prop-2-en Wasser

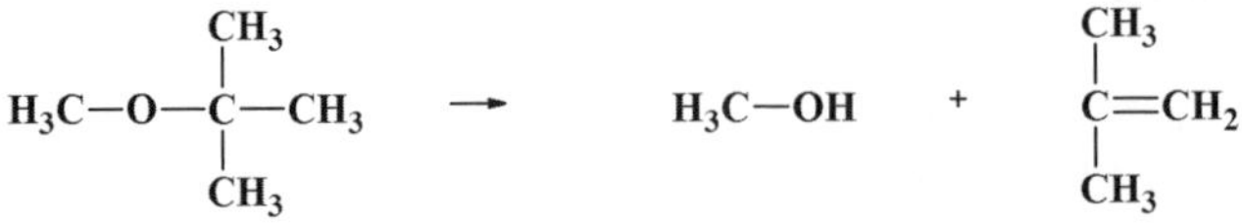

Methanol 2-Methyl-prop-2-en

b) Die Eliminierung von Wasser aus 2-Methylpropan-2-ol erscheint umweltfreundlicher, da kein giftiges Methanol entsteht. Andererseits handelt es sich bei Methanol um eine Grundchemikalie der chemischen Industrie (vgl. B2, S.98), die für weitere Synthesen verwendet werden kann. Somit könnte Methanol abgeführt und anderen Synthesen zugeleitet werden.

A14:

Eine Übersicht über die katalysierten Reaktionen von S. 82 bis S. 97 könnte wie folgt aussehen:

Seite / Versuch	Thema des Versuchs	Homogene Katalyse	Heterogene Katalyse
S. 82 V1	Synthese von Isobuten aus 2-Methylpropan-2-ol mit Schwefelsäure als Katalysator	Edukte: (l) Kat: (l)	
S. 84 V2	Reaktion von Isobuten zu Kohlenstoff und Wasserstoff mit Eisenwolle als Katalysator		Edukte: (g) Kat: (s)
Mitgeteilter Versuch auf S. 86 (vgl. B2, S. 87)	Reaktion von Isobuten mit Wasserstoff zu Isobutan mit Palladium-Katalysator		Edukte: (g) Kat: (s)
S. 90 V1	Synthese von Isobuten aus 2-Methylpropan-2-ol mit Schwefelsäure als Katalysator	Edukte: (l) Kat: (l)	
S. 90 V3	Polymerisation von Isobuten mit Aluminiumchlorid als Katalysator	Edukte: (l) Kat: (aq)	
S. 96 V1	Synthese von MTBE aus Isobuten und Methanol mit der Feststoffsäure Amberlyst 15 als Katalysator		Edukte: (g) Kat: (s)

A15:

a)

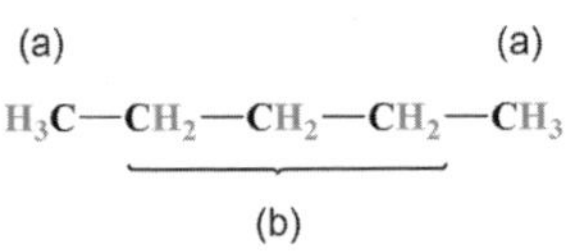

Pentan

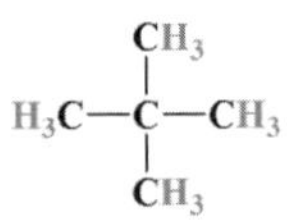

2,2-Dimethylpropan

Der rote Peak ist den 12 äquivalenten Wasserstoff-Atomen aus dem 2,2-Dimethylpropan zuzuordnen. Bei den blauen Peaks handelt es sich um die Signale der Wasserstoff-Atome aus Pentan.

b) Grau markierte Wasserstoff-Atome im 2,2-Dimethylpropan sind dem roten Peak mit 12 LE zuzuordnen.
Grau markierte Wasserstoff-Atome im Pentan sind den blauen Peaks mit je 6 LE zuzuordnen. Die Wasserstoff-Atome der CH_3-Gruppen geben das Signal bei 1,3 ppm, die Wasserstoff-Atome der CH_2-Gruppen das Signal bei 0,8 ppm.

c) Das NMR-Spektrum von 2,2-Dimethylbutan hat nicht nur einen Peak, da in den Molekülen von 2,2-Dimethylbutan nicht ausschließlich chemisch äquivalente Wasserstoff-Atome gebunden sind.

A16:

Der Polymerisationsgrad eines Polyisobuten-Moleküls mit der Molekülmasse 10000 u lässt sich wie folgt ermitteln:

Die Molekülmasse des PIB-Moleküls beträgt 10000 u, die Molekülmasse eines Isobuten-Moleküls beträgt 56 u. Durch Division ergibt sich die Zahl von 178,57, d. h. es sind ca. 178 Isobuten-Moleküle zu einem Makromolekül verknüpft. Bei einem Polymerisationsgrad im Bereich von 50 < n< 1000 erhält man klebrige Produkte, wie auch in V3 von S. 90.

A17:

a) Synthese von Polyvinylchlorid aus Vinylchlorid:

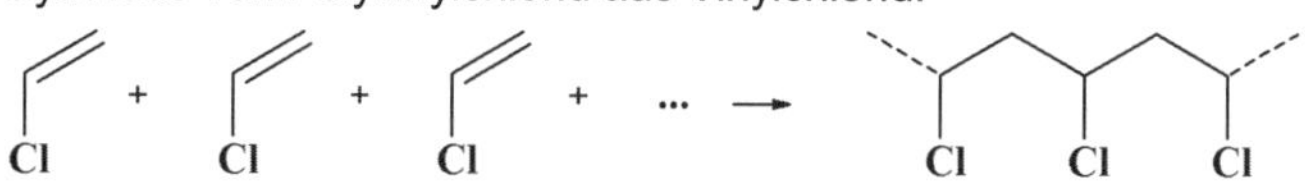

b) Synthese von Polytetrafluorethen aus Tetrafluorethen:

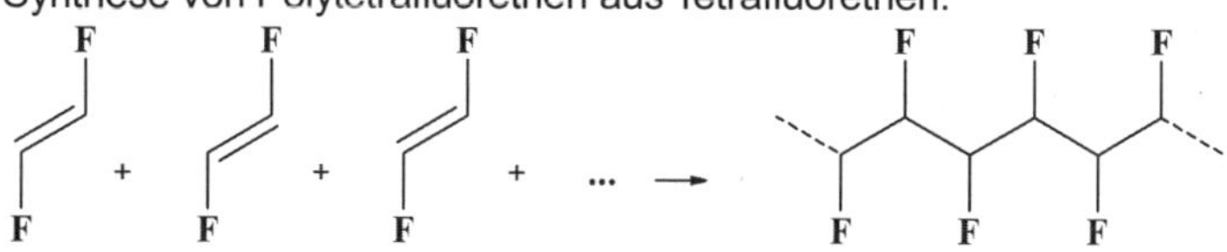

A18:

Polyalkene haben die gleiche elementare Zusammensetzung wie (reines) Benzin und Heizöl: In ihnen sind ausschließlich Kohlenstoff und Wasserstoff gebunden. Das bedeutet, dass bei ihrer Verbrennung nur Wasser und Kohlenstoffdioxid gebildet werden.

A19:

a) Bei der Pyrolyse von Polyethen PE können prinzipiell die gleichen Produkte entstehen wie beim Cracken von Paraffinen. Im flüssigen Gemisch aus der Pyrolyse könnten beispielsweise Hexen und Hepten enthalten sein, im gasförmigen Gemisch Ethen und Propen.

Hex-1-en Ethen

Da diese Verbindungen Doppelbindungen enthalten, entfärben sie Bromwasser.

(*Hinweis*: Da die Reaktionsbedingungen beim Cracken von Paraffinen andere sind als bei der Pyrolyse von Polyethen, ist die Produktverteilung verschieden.)

b) In beiden Apparaturen wird ein gesättigter Kohlenwasserstoff durch Erhitzen gecrackt. In B3 handelt es sich um Polyethen, in B2, S. 74 um Paraffinöl. Die Moleküle des festen Polyethens sind länger als die Moleküle im viskosen Paraffinöl.
In beiden Fällen werden in einem eisgekühlten Gefäß die flüssigen Crack-Produkte aufgefangen. In B3 werden die gasförmigen Crack-Produkte pneumatisch aufgefangen, in B2, S. 74 nur in einem umgestülpten Reagenzglas.

A20:

Die Arbeitsschritte und Reaktionen bei der Synthese von Methyl-*tert*.-butylether MTBE ausgehend von Erdöl sind im Folgenden allgemein dargestellt:

1. Fraktionierte Destillation von Erdöl
2. Cracken der flüssigen Erdölfraktion mit niedrigem Siedebereich
3. Herstellen von Isobuten aus dem C4-Schnitt: Wasser-Addition und -Abspaltung (Eliminierung / Dehydratisierung)
4. Addition von Methanol an Isobuten

A21:

Die Oxidationszahlen der Kohlenstoff-Atome im MTBE-Molekül und im 2,2-Dimethylbutan-Molekül sind in den folgenden Formeln durch römische Ziffern angegeben:

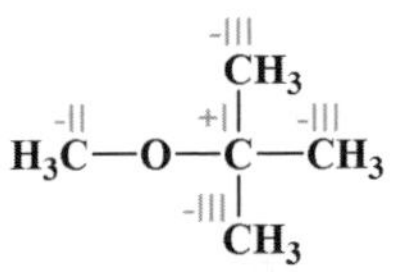

MTBE

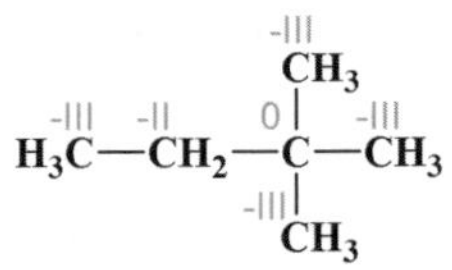

2,2-Dimethylbutan

Aus den folgenden Reaktionsgleichungen wird deutlich, dass für die Verbrennung von 1 mol MTBE 7,5 mol Sauerstoff und für die Verbrennung von 1 mol 2,2-Dimethylbutan 9,5 mol Sauerstoff benötigt werden:

$$\mathbf{H_3COC(CH_3)_3 + 7{,}5\ O_2 \rightarrow 5\ CO_2 + 6\ H_2O}$$

$$\mathbf{H_3CC(CH_3)_2CH_2CH_3 + 9{,}5\ O_2 \rightarrow 6\ CO_2 + 7\ H_2O}$$

A22:

a) MTBE wirkt in den Otto-Kraftstoffen als Antiklopfmittel, d. h. es erhöht die Octanzahl des Kraftstoffs und verhindert die vorzeitige Zündung des Benzin-Luft-Gemischs im Zylinder des Motors (vgl. S. 75).
b) In der Industrie kann die MTBE-Synthese über die Parameter Stoffmengenverhältnis Methanol/Isobuten, Temperatur und Druck im Reaktor gesteuert werden.
c) Vergleicht man die MTBE-Synthese im Labor mit der industriellen MTBE-Produktion, wird deutlich, dass man jeweils Isobuten und Methanol als Edukte einsetzt. Ferner wird bei ähnlichen Temperaturen und mit ähnlichen Katalysatoren gearbeitet. Während die Industrieanlage kontinuierlich arbeitet, müssen im Labor die Edukte bzw. ihre Vorläufer nachgefüllt werden. Die Mengen, mit denen gearbeitet wird, unterscheiden sich entsprechend der Anwendungsorte – große Industrieanlage versus kleine

Laborapparatur – stark. Während in der Laborapparatur Normdruck herrscht, wird in der Industrie bei erhöhtem Druck (ca. 8 bar) gearbeitet. Das bewirkt, dass alle Reaktanden flüssig sind und eine größere Produktausbeute erzielt werden kann.

A23:
Wintersmog entsteht bei Inversionswetterlagen (vgl. B1, Seite 74) vorwiegend in der kalten Jahreszeit. Er enthält neben Kohlenstoffdioxid auch Schwefeldioxid, Kohlenstoffmonooxid und Stickstoffoxide. Mit der Bezeichnung saurer Smog wird der Tatsache Rechnung getragen, dass die genannten Oxide mit der Luftfeuchtigkeit Säuren bilden.
Sommersmog (Photosmog) bildet sich an sonnenreichen Sommertagen. Er enthält Ozon und andere Photooxidantien (Peroxide, Hydroperoxide, Carbonylverbindungen u. a.). Die Autoabgase (unverbrannte Kohlenwasserstoffe, Stickstoffoxide) und die Ausdünstungen von Nadelwäldern (die u. a. eine besondere Art von Kohlenwasserstoffen, die Terpene, enthalten) begünstigen die Bildung von Sommersmog.

A24:
Der Spruch „Ozon: oben gut, unten schlecht“ ist aus Sicht des Menschen richtig, weil das Ozon in der Stratosphäre notwendig ist („oben gut“), um das lebensschädliche UV-Licht zu absorbieren, während das bodennahe Ozon in zu hoher Konzentration ein Atemgift sein kann (vgl. Seite 106ff).

A25:
Folgende Hauptspurenstoffe und Spurenstoffe der Atmosphäre werden in ihrem Gehalt durch die technische Nutzung von Erdöl beeinflusst:

- Kohlenstoffdioxid – nimmt global zu, weil es ein direktes Verbrennungsprodukt ist und nicht in dem Maße abgebaut wird (durch Photosynthese und andere Prozesse) wie es bei der Verbrennung von Erdöl, Erdgas und Kohle gebildet wird.
- Stickstoffoxide – nehmen lokal zu, weil sie in Nebenreaktionen bei Verbrennungen in Luft gebildet werden; ihre Bildung und ihr Abbau in der Atmosphäre (als saurer Regen auf den Boden und als Nitrate in den Boden) halten sich aber in etwa die Waage.
- Kohlenstoffmonooxid – nimmt lokal zu, weil es ein Produkt der unvollständigen Verbrennung ist; wird aber in der Atmosphäre weiter umgewandelt (in der Regel zu Kohlenstoffdioxid).
- Ozon – nimmt in der Stratosphäre lokal und temporär ab (Ozonloch), weil u.a. Produkte der petrochemischen Industrie (FCKW) das Ozon-Gleichgewicht beeinflussen; nimmt in der bodennahen Troposphäre lokal und temporär zu (Photosmog), weil u. a. petrochemische Erzeugnisse (Benzin) dazu beitragen, dass sich mehr Ozon bildet.
- Kohlenwasserstoffe – nehmen lokal und temporär zu, weil sie u.a. in Autoabgasen enthalten sind, werden aber in der Atmosphäre wieder abgebaut, sodass es nicht zu einer globalen Zunahme kommt.
- Schwefeldioxid – nimmt lokal und temporär zu, weil es bei der Verbrennung von Schwefelverbindungen aus dem Erdöl entsteht; kommt als saurer Regen auf die Erde.

- Dichlordifluormethan und Fluortrichlormethan – haben in den Jahren von 1950 bis 1990 zugenommen, weil sie (als Podukte der petrochemischen Industrie) vielfach eingesetzt wurden; zurzeit geht ihr Anteil wieder zurück.

A26:
Offene Aufgabe. Möglichkeit für projektorientierten Unterricht.

A27:
Oxidation von unverbrauchten Kohlenwasserstoffen und von Kohlenstoffmonooxid:
$\mathbf{C_7H_{16}}$ (g) + $\mathbf{11\ O_2}$ (g) → $\mathbf{7\ CO_2}$ (g) + $\mathbf{8\ H_2O}$ (g)
$\mathbf{2\ CO}$ (g) + $\mathbf{O_2}$ (g) → $\mathbf{2\ CO_2}$ (g)
Reduktion von Stickoxiden durch Kohlenstoffmonooxid:
$\mathbf{2\ NO}$ (g) + $\mathbf{2\ CO}$ (g) → $\mathbf{N_2}$ (g) + $\mathbf{CO_2}$ (g)

A28:
Auch die Ersatzstoffe sind „Kinder der Petrochemie“, weil es sich dabei um partiell fluorierte Kohlenwasserstoffe handelt. Die Kohlenwasserstoffe, aus denen man sie herstellt, stammen aus dem Erdöl.

Kapitel 3:
Stoffkreisläufe – Kreisprozesse in Natur und Technik

Seite 116 und 117

B2:
Das Abbinden des Kalkmörtels ist in Räumen mit offenen Koksöfen beschleunigt, weil durch die Koksöfen das zum Abbinden nötige Kohlenstoffdioxid erzeugt und bereitgestellt wird.

B3:
Calciumoxid, Siliciumdioxid, Aluminiumoxid, Eisenoxid usw.
Eine exakte Formel für Zement wie für Kalkstein (Calciumcarbonat) ist nicht möglich, da Zement nach den Prozent-Angaben aus B3 variable Zusammensetzungen haben kann.

B4:
Im Drehrohrofen aus B4 wird laut Text von Seite 117 Kalk bei ca. 1000 °C gebrannt. Dabei entweicht Kohlenstoffdioxid in die Umwelt.

B5:
Weitere Bauwerke aus Stahlbeton sind z. B. Brücken, tragende Säulen und Wände von Hochhäusern, Zwischendecken bei Wohnhäusern und Industriegebäude.

B6:
Exotherme Prozesse: Löschen (– 64 kJ) und Abbinden (– 115 kJ)
Endothermer Prozess: Brennem (+179 kJ).
Die Energiebilanz ist ausgeglichen, d. h. die Summe der Energien aus den exothermen und endothermen Prozessen ist gleich null.

Auswertung a):
Deutungen:
V1: Da die Masse des Marmors beim Erhitzen abgenommen hat, kann man schließen, dass er sich zersetzt hat und etwas entwichen ist. Der Test mit Phenolphtalein-Lösung deutet darauf hin, dass aus dem Marmor ein in wässriger Lösung alkalisch reagierendes Produkt entstanden ist.
V2: Die exotherme Reaktion von Calciumoxid mit Wasser führt ebenso wie der gebrannte Marmor aus V1 zu einer alkalischen Lösung. Das legt die Vermutung nahe, dass sich in V1 aus Marmor (Calciumcarbonat) Calciumoxid gebildet hat.
V3: Der abgebundene Kalk und der Marmor reagieren mit Salzsäure sehr ähnlich (Gasentwicklung). Unter Berücksichtigung der obigen Deutungen zu V1 und V2 kann man annehmen, dass gebundener Kalk die gleiche chemische Zusammensetzung hat wie Marmor.

Reaktionsgleichungen:
V1: $CaCO_3(s) \rightarrow CaO(s) + CO_2(g)$
V2: $CaO(s) + H_2O(l) \rightarrow Ca(OH)_2(aq)$
V3: $Ca(OH)_2(aq) + CO_2(g) \rightarrow CaCO_3(s) + H_2O(l)$

Auswertung b):
Bei der Reaktion von Calciumcarbonat mit Salzsäure in V3 entweicht Kohlenstoffdioxid.
Reaktionsgleichung:
$CaCO_3(s) + 2\,HCl(aq) \rightarrow CaCl_2(aq) + H_2O(l) + CO_2(g)$

Auswertung c):
Bei dem weißen Niederschlag handelt es sich um Calciumcarbonat.
Reaktionsgleichung:
$Ca(OH)_2(aq) + CO_2(g) \rightarrow CaCO_3(s) + H_2O(l)$

Auswertung d):
Wenn sich eine feste Ionenverbindung (ein Salz) in Wasser löst, muss die Gitterenergie aufgewendet werden und die Hydratationsenergie wird frei. Wenn die Gitterenergie wesentlich höher ist als die Hydratationenergie, ist das entsprechende Salz nur schwerlöslich. Das ist der Fall bei Calciumcarbonat.

Auswertung e):
Kalkmörtel bindet nur an der Luft, Zementmörtel benötigt keine Luft zum Abbinden. Abgebundener Kalkmörtel wird von Salzsäure zersetzt, weil es sich um Calciumcarbonat handelt, Zementmörtel ist resistent gegen Salzsäure. Natronlauge greift beide Mörteltypen nicht an.

Auswertung f):
offene Aufgabe

Auswertung g):
offene Aufgabe

A1:
Die Stoffbilanz beim technischen Kalk-Kreislauf ergibt, dass der Kreislauf bei Calciumcarbonat beginnt und auch endet. Alle anderen beteiligten Stoffe, Wasser und Kohlenstoffdioxid, gehen in den gleichen Mengen in den Kreislauf ein und aus (vgl. B6 und Reaktionsgleichungen unter Auswertung a).

A2:
Gemeinsamkeiten: Der technische und der natürliche Kalk-Kreislauf haben beide die Verbindung Calciumcarbonat als zentrale Start- und Zielsubstanz. An beiden Kreisläufen sind Wasser und Kohlenstoffdioxid beteiligt.
Unterschiede: Beim technischen Kreislauf ist Calciumhydroxid ein wichtiges Zwischenglied, beim natürlichen Kreislauf fehlt Calciumhydroxid. Dafür kommt im natürlichen Kreislauf Calciumhydrogencarbonat als Zwischenglied vor, das wiederum beim technischen Kreislauf fehlt. Während der technische Kreislauf nur unter „unnatürlichen“ Bedingungen zustande kommt (Kalkbrennen bei 1000 °C und daher

nur mit hohem Energieaufwand möglich ist, läuft der natürliche Kreislauf unter natürlichen Bedingungen bei moderaten Temperaturen ab. Beim natürlichen Kalk-Kreislauf dauert der Zyklus vom Kalkstein zum Kalkstein aber viel länger als beim technischen Kreislauf.

Seite 118 und 119

B3:
Die Glasschmelze muss langsam und gleichmäßig abgekühlt werden, damit möglichst keine Spannungen im erstarrten Material entstehen. Diese würden dazu führen, dass das Glas bei mechanischer oder thermischer Beanspruchung leicht platzt.

Auswertung a):
In V1 weist man mit der gelben Flammenfärbung Natrium-Ionen nach. V3 zeigt die Gasentwicklung beider Stoffe mit Salzsäure. Das Gas wird in V4 als Kohlenstoffdioxid nachgewiesen, welches mit Kalkwasser schwerlösliches Calciumcarbonat bildet.

Auswertung b):
Die Messergebnisse sollten zeigen, dass bei V5 mit Natriumhydrogencarbonat etwa die doppelte Menge an Kohlenstoffdioxid entwickelt wird (siehe auch Rechnung bei Auswertung c).

Auswertung c):
V5: Aus den Reaktionsgleichungen auf Seite 119 erkennt man folgende Stoffmengenverhältnisse von $\mathbf{HCl}$ und $\mathbf{CO_2}$ (Soda bzw. Natron im Überschuss).

- Bei der Reaktion mit $\mathbf{Na_2CO_3}$
  $$\frac{n(\mathbf{HCl})}{n(\mathbf{CO_2})}=\frac{2}{1}$$
  mit $n(\mathbf{HCl})$ = 0,01 mol erhält man
  $$n(\mathbf{CO_2})=\frac{n(\mathbf{HCl})}{2}=0{,}005\,\text{mol}$$
  und nach $m = M \cdot n$
  $m(\mathbf{CO_2}) = 44\ \text{g} \cdot \text{mol}^{-1} \cdot 0{,}005\ \text{mol} = 0{,}22\ \text{g}$.
- Bei der Reaktion mit $\mathbf{NaHCO_3}$
  $$\frac{n(\mathbf{HCl})}{n(\mathbf{CO_2})}=\frac{1}{1}$$
  mit $n(\mathbf{HCl})$ = 0,01 mol erhält man
  $$n(\mathbf{CO_2})=n(\mathbf{HCl})=0{,}01\,\text{mol}$$
  und nach $m = M \cdot n$
  $m(\mathbf{CO_2}) = 44\ \text{g} \cdot \text{mol}^{-1} \cdot 0{,}01\ \text{mol} = 0{,}44\ \text{g}$.

Auswertung d):
Die bessere Übereinstimmung mit den Werten erklärt sich durch die Tatsache, dass zunächst (leichtere) Luft verdrängt wird, am Ende aber (schwereres) Kohlenstoffdioxid im Erlenmeyerkolben bleibt und die Massenabnahme somit geringer ausfällt. Füllt man den Kolben vor dem Versuch mit Kohlenstoffdioxid, kommt man dem theoretischen Wert deutlich näher.

Hinweis: Es empfiehlt sich, zusätzlich den Erlenmeyerkolben mit Glaswolle lose zu verschließen, damit während der Reaktion keine Flüssigkeitstropfen entweichen.

Auswertung e):
Hier besteht die Möglichkeit, das Gas in eine Gasmessglocke einzuleiten oder in einem großen, mit Wasser gefüllten Becherglas in einer pneumatischen Wanne aufzufangen. Ein Teil des Kohlenstoffdioxids löst sich zwar in Wasser, wenn man den Weg durch das Wasser aber kurz hält, lässt sich dieser Effekt vernachlässigbar klein halten.

A1:
Dies ist eine offene Aufgabe. Sie hat den Sinn, den Schülerinnen und Schülern vor Augen zu führen, dass die meisten Hersteller den Gehalt an bestimmten Stoffen (hier Natriumcarbonat und Natriumhydrogencarbonat) zwar anzeigen, aber keine exakten Mengenangaben machen. So erscheint Natriumhydrogencarbonat bei verschiedenen Backpulversorten lediglich als „Zutat“ ohne Mengenangabe.
Aus den Reaktionsgleichungen auf Seite 119 erkennt man folgende Stoffmengenverhältnisse von $\mathbf{NaHCO_3}$ und $\mathbf{CO_2}$ ($\mathbf{HCl}$ im Überschuss):

$$\frac{n(\mathbf{NaHCO_3})}{n(\mathbf{CO_2})} = \frac{1}{1}$$

$$n(\mathbf{Na_2CO_3}) = \frac{2\,\text{g}}{84\,\text{g}\cdot\text{mol}^{-1}} \approx 0{,}024\,\text{mol}$$

$n(\mathbf{CO_2}) = 0{,}024$ mol
Bei Raumtemperatur entsprechen 0,024 mol, bei 24 L/mol, einem Volumen von 0,576 L.

A2:
Die in B4 erkennbare schichtweise Ablagerung von Natron und Soda am Sodasee deutet darauf hin, dass es einen Wechsel von Perioden mit viel Wasser und wenig Wasser im See gibt (Dürreperioden und Regenperioden). Die Salze kristallisieren an den Stellen aus, wo ihre Konzentration im Wasser (in der Lösung) wegen des verdunstenden Wassers bestimmte Grenzwerte (gegeben durch das jeweilige Lösungsprodukt) überschreitet.

Seite 120 und 121

B2:
Beim Öffnen der Flasche ist neben dem Zischen das Aufsteigen von Gasbläschen zu beobachten. Verschließt man die Flasche wieder, dann werden die Gasbläschen mit der Zeit kleiner und lösen sich auf.
Diese Beobachtungen beruhen auf der unterschiedlichen Löslichkeit von Kohlenstoffdioxid im Wasser. Die Luft oberhalb der Flüssigkeit hat bei einer neuen Wasserflasche mit „Kohlensäure“ einen höheren Druck als die Luft in der Umgebung. Durch das Öffnen der Flasche nimmt der Druck ab. Da die Löslichkeit von Kohlenstoffdioxid bei niedrigerem Druck geringer ist, bilden sich Gasbläschen. Verschließt man die Flasche wieder, steigt der Druck durch die entweichenden Bläschen an und das im Wasser vorhandene Gas löst sich im Wasser.

B3:
Innerhalb der ersten sechs Minuten reagiert das eingeleitete Kohlenstoffdioxid mit dem Kalkwasser zu schwerlöslichem Calciumcarbonat:

$\mathbf{Ca^{2+}}(aq) + \mathbf{2\ OH^-}(aq) + \mathbf{CO_2}(g) \rightleftarrows \mathbf{CaCO_3}(s) + \mathbf{H_2O}(l)$

Durch das Ausfällen des Calciumcarbonats und der Reaktion der Hydroxid-Ionen zu Wasser verringert sich die Anzahl an Ionen in der Lösung und damit der Ladungsträger für den Stromfluss.

Wird weiterhin Kohlenstoffdioxid eingeleitet, löst sich der Niederschlag unter Bildung von Calcium-Ionen und Hydrogencarbonat-Ionen auf:

$\mathbf{CaCO_3}(s) + \mathbf{CO_2}(g) + \mathbf{H_2O}(l) \rightleftarrows \mathbf{Ca^{2+}}(aq) + \mathbf{2\ HCO_3^-}(aq)$

Dadurch erhöht sich die Ionenkonzentration in der Lösung und damit die Anzahl der Ladungsträger für den Stromfluss.

B4:
V1 Lösen von Kohlenstoffdioxid in Regenwasser unter Bildung einer sauren Lösung;
V2 und V3 haben keine Entsprechung in der Animation.
V4 2. Teil des Versuchs: Auflösen von kalkhaltigem Gestein durch eine kohlenstoffdioxid-angereicherte Lösung;
V5 Verdunsten von Wasser unter Ausfällung von Calciumcarbonat und Wachstum der Stalagmiten und Stalaktiten.

Auswertung a):
Die Gelbfärbung der Indikatorlösung zeigt an, dass sich beim Lösevorgang von Kohlenstoffdioxid in Wasser eine saure Lösung bildet.

Auswertung b):
Die Verringerung der Gasphase in V1 macht deutlich, dass sich Kohlenstoffdioxid in Wasser löst. In V2 wird die Abhängigkeit der Löslichkeit des Kohlenstoffdioxid von der Temperatur deutlich: Je kälter das Wasser ist, um so größer ist die Löslichkeit des Kohlenstoffdioxids in Wasser.

Auswertung c):
Nach dem Prinzip von LE CHATELIER lässt sich das Gleichgewicht in Gleichung (1) durch Druckerhöhung auf die Seite des gelösten Kohlenstoffdioxids verschieben. Mit diesem Prozess ist das Gleichgewicht in Gleichung (2) gekoppelt. Bei Erniedrigung des Drucks bildet sich wieder gasförmiges Kohlenstoffdioxid und die Lösung wird weniger stark sauer, da das Gleichgewicht (2) auch auf die Eduktseite verschoben wird.

Auswertung d):
Die Trübung zu Beginn des Versuchs ist auf die Ausfällung von schwerlöslichem Calciumcarbonat zurückzuführen (Kalkwasserprobe).

Auswertung e):

$\mathbf{CaCO_3}(s) + \mathbf{CO_2}(g) + \mathbf{H_2O}(l) \rightleftarrows \mathbf{Ca^{2+}}(aq) + \mathbf{2\ HCO_3^-}(aq)$

A1:

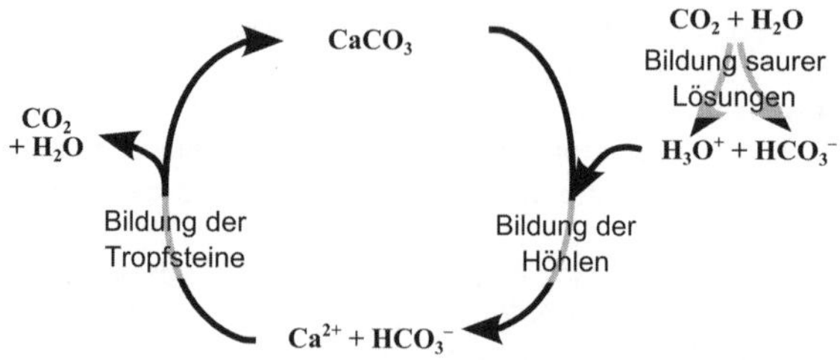

Seite 122

B1:
offene Aufgabe

B2:
An Warmwasserhähnen verdunstet mehr Wasser als an Kaltwasserhähnen. Dadurch wird das Gleichgewicht in Gleichung (4) auf die Seite der Edukte verschoben. Dabei bilden sich vermehrt Kalkablagerungen (Calciumcarbonat).

Auswertung a):
$\mathbf{CaCO_3}(s) + \mathbf{2\ HCl}(aq) \rightarrow \mathbf{Ca^{2+}}(aq) + \mathbf{CO_2}(g) + \mathbf{H_2O}(l) + \mathbf{2\ Cl^-}(aq)$

Auswertung b):
Offene Aufgabe.
Für einen quantitativen Vergleich müssen die Stücke gleiche Oberflächen haben, da ansonsten der Zerteilungsgrad die Heftigkeit der Reaktion bestimmt.

Auswertung c):
In Klarspülern ist Citronensäure enthalten. Beim Klarspülgang ergießt sich also die saure Lösung über das Geschirr, auf dem sich Calciumcarbonat als Kalkränder gebildet hat. Gemäß der Gleichung in Auswertung a) wird das Calciumcarbonat dadurch gelöst.

Seite 123

B2:
Vorgänge in der Atmosphäre

CO_2-Quellen		CO_2-Senken	
Emission aus dem Boden	60 Gt/a	Absorption durch Vegetation	120 Gt/a
Emission der Vegetation	60 Gt/a		
Emission aus Flüssen/Seen/ Oberflächenwasser	90 Gt/a	Aufnahme in Flüssen/Seen/ Oberflächenwasser	92 Gt/a
Emission von Industrie, Verkehr	9 Gt/a		
Summe	219 Gt/a		212 Gt/a

Die Emissionen sind 7 Gt/a größer als die Absorptionen und damit kommt es zu einem erhöhten Kohlenstoffdioxid-Gehalt in der Atmosphäre.

Betrachtet man in der Hydrosphäre die Vorgänge zwischen Meeresorganismen, Flüssen/Seen/Oberflächenwasser und Tiefenwasser, dann nimmt das Wasser 2 Gt/a mehr Kohlenstoffdioxid auf, als in das Oberflächenwasser abgegeben werden (zwei Paare aus rotem und grünem Pfeil in der Hygrosphäre).

A1:
Das Meerwasser ist in den Breitengraden um den Äquator deutlich wärmer als in den anderen Regionen auf der Erde. Aufgrund der geringeren Löslichkeit von Kohlenstoffdioxid bei erhöhter Wassertemperatur, wird dort mehr Kohlenstoffdioxid emittiert als gelöst.
Im kalten Wasser wie in den Polregionen ist Kohlenstoffdioxid viel besser löslich und löst sich daher dort im Meerwasser.
Die physikalische Kohlenstoffpumpe beruht auf den Strömungen von Wassermassen mit unterschiedlicher Temperatur und unterschiedlichem Salzgehalt sowie ihren Strömungsrichtungen. Die kalten Wassermassen, die mit Kohlenstoffdioxid angereichert sind, sinken aufgrund der höheren Dichte in die Tiefe. So sind die großen Massen an gelöstem Kohlenstoffdioxid im Tiefenwasser zu erklären (vgl. B2).

A2:
Neben der Wassertemperatur beeinflusst der *p*H-Wert die Löslichkeit (vgl. Gleichgewichtsreaktionen auf S. 122). In alkalischen Lösungen ist die Löslichkeit des Kohlenstoffdioxids deutlich größer. Da seit der Industrialisierung der *p*H-Wert der Meere im Durchschnitt um 0,1 Einheit gesunken ist, kann das Meer weniger Kohlenstoffdioxid aufnehmen. Auch die Bewegungen von Wassermassen in die Tiefe beeinflusst die Aufnahme an Kohlenstoffdioxid (vgl. A1).

Seite 124 und 125

B2:
Die Spektralbereiche des weißen Lichts werden durch das Chlorophyll der Blätter nicht gleichmäßig absorbiert. Chlorophyll absorbiert Licht im blauen und im roten Bereich besonders stark, während es im gelb-grünen Bereich kaum Absorption zeigt.

Hinweise zu V1 bis V3:
Der Sauerstoff-Nachweis mit Indigocarmin durch Blaufärbung der Lösung (V2) gelingt schneller als der in V1. Die zuvor durch Reduktion hergestellte Leucoform des Indigocarmins wird durch Sauerstoff leicht oxidiert. Um in V1 eine für die Glimmspanprobe ausreichende Stoffportion an Sauerstoff zu erhalten, ist eine Einzelstunde zu kurz.
In V3 sollte man die Natriumhydrogencarbonat-Lösungen aus frisch abgekochtem, demineralisierten Wasser herstellen, um Fehler durch gelöstes Kohlenstoffdioxid-Gas zu vermeiden. Zu hohe Natriumhydrogencarbonat-Konzentrationen sind nicht empfehlenswert, da die Pflanzen wegen des *p*H-Werts der Lösung leiden. Mit steigender

Konzentration an Hydrogencarbonat-Ionen steigt die Geschwindigkeit der Blaufärbung zunächst an, bei den höheren Hydrogencarbonat-Konzentrationen ist kein deutlicher Unterschied in der Zeit bis zur Blaufärbung zu beobachten. Man sollte an dieser Stelle nochmals auf das Gleichgewicht zwischen gelöstem Kohlenstoffdioxid und Hydrogencarbonat-Ionen hinweisen.

Auswertung a):
In V1 bis V3 wird die Abhängigkeit der Photosynthese von Lichtintensität und Kohlenstoffdioxid-Gehalt der Lösung (Umgebung) deutlich. Im Experiment wird die Abhängigkeit von der Lichtqualität, Wellenlänge des Lichts, nicht untersucht. Diese Aspekte werden in den Angaben zu B2 und auf Seite 124 (A4) aufgegriffen. Der Temperatureinfluss auf die Photosynthese (bei Starklicht) bleibt außer Acht.

Auswertung b):
Kohlenstoffdioxidhaltiges Wasser ist schwach sauer (siehe Reaktionsgleichung Seite 120, 121). Betreibt eine Pflanze in diesem Milieu Photosynthese, steigt der *p*H-Wert der Lösung leicht an.

Auswertung c):
In V3 wird die Zeit bis zur Blaufärbung der Lösung durch Indigocarmin als Folge der Oxidationswirkung des durch Photosynthese gebildeten Sauerstoffs gemessen. Bei niedrigen Kohlenstoffdioxid-Konzentrationen steigt die Photosyntheserate und damit die Sauerstoffbildung mit der Kohlenstoffdioxid-Konzentration an. Bei höheren Kohlenstoffdioxid-Konzentrationen ist eine Steigerung der Photosyntheserate nicht mehr zu erkennen, die Zeit bis zur Blaufärbung bleibt in etwa konstant. In B6 wird diese Gesetzmäßigkeit deutlich. Für jede Lichtintensität gibt es eine Sättigungskonzentration an Kohlenstoffdioxid, ab der keine Steigerung der Photosynthese mehr erfolgt. Mit der Lichtintensität wächst die Kohlenstoffdioxid-Sättigungskonzentration und damit die Gesamtphotosyntheseleistung.

A1:
Vergleiche Lösung zu Auswertung c) von Seite 124.

A2:
$$\frac{6 \cdot M(\mathbf{C})}{M(\mathbf{C_6H_{12}O_6})} = \frac{72\,\mathrm{u}}{180\,\mathrm{u}} = 0{,}4$$
Der Massenanteil an Kohlenstoff in einem Glucose-Molekül beträgt 40 %.

A3:
Bei der Atmung wird Kohlenstoffdioxid frei. Da die Anzahl der Menschen wächst (bis 2050 sollen etwa 10 Milliarden Menschen die Erde bevölkern), wird auch immer mehr Kohlenstoffdioxid ausgeatmet. Der Kohlenstoffdioxid-Gehalt der Atmosphäre wird davon aber nicht beeinflusst, da dieses über die Atmung freigesetzte Kohlenstoffdioxid kurze Zeit zuvor von Pflanzen am Anfang der Nahrungskette der Atmosphäre entzogen wurde.

A4:
Da das Chlorophyll der Blätter blaues Licht gut absorbiert, würde die Photosynthese mit Blaulicht gut ablaufen, d. h. die Blaufärbung des Indigocarmins würde rasch erfolgen. Grünes bzw. gelbes Licht werden nur schlecht absorbiert, deren Lichtenergien können nur schlecht für die Photosynthese genutzt werden. Eine Blaufärbung der Lösung wäre daher nur langsam bzw. gar nicht möglich.

Seite 126 und 127

Sicherheitshinweis zu V1:
Bei V1 muss darauf geachtet werden, dass die Waschflaschen so angeordnet werden, dass ein Inhalieren des ätzenden Kalkwassers beim Einatmen vermieden wird. Der Einbau einer Sicherheitswaschflasche (vgl. B1, mittlere Gaswaschflasche) ist daher anzuraten.

B3:
Aus der Reaktionsgleichung ergibt sich das Stoffmengenverhältnis von verbrannter Glucose und entstandenem Kohlenstoffdioxid:

$$n(\mathbf{CO_2}) = 6 \cdot n(\mathbf{C_6H_{12}O_6})$$

$$\frac{m(\mathbf{CO_2})}{M(\mathbf{CO_2})} = 6 \cdot \frac{m(\mathbf{C_6H_{12}O_6})}{M(\mathbf{C_6H_{12}O_6})}$$

$$m(\mathbf{CO_2}) = 6 \cdot \frac{5\,\mathrm{g} \cdot 44\,\mathrm{g \cdot mol^{-1}}}{180\,\mathrm{g \cdot mol^{-1}}} = 7{,}3\,\mathrm{g}$$

Bei der Verbrennung von 5 g Glucose werden ca. 7,3 g Kohlenstoffdioxid-Gas freigesetzt.

B5:
Glucose und Ethanol sind Reinstoffe, deren Brennwerte exakt bestimmt werden können. Die anderen Brennstoffe sind Stoffgemische mit nicht eindeutig festgelegter Zusammensetzung und Summenformel. Somit können nur gemittelte Brennwerte angegeben werden.

B6:
Berechnung der Reaktionswärme Q:
$Q = 650\,\mathrm{g} \cdot 4{,}187\,\mathrm{J} \cdot \mathrm{K^{-1}} \cdot \mathrm{g^{-1}} \cdot 2{,}1\,\mathrm{K} = 5715\,\mathrm{J} = 5{,}715\,\mathrm{kJ}$
Der Brennwert von Kartoffelstärke ergibt sich durch Divison durch die verbrannte Stoffportion von 0,4 g.
Der Brennwert von Kartoffelstärke beträgt:
5,715 kJ : 0,4 g = 14,3 kJ.

B7:	$\mathrm{kJ \cdot g^{-1}}$	Fruchtgummi	15,5
Schokoriegel	22,8	Fruchtschnitte, Fruchtwürfel	18,5
Erfrischungsstäbchen	17,45	Geleefrüchte	14,3
Fanfare Haselnuss	22,0	Geleewürfel	--*
Fondant	17 – 12,7	Gummibärchen	15
Frucht-Müsli-Riegel	15,7	Haselnussschnitte	22,9

*: Es liegt keine exakte Massenangabe vor.

Man erkennt, dass „Leckereien“, die hauptsächlich aus Zucker hergestellt werden, wie z. B. Fruchtgummi oder Fondant, einen niedrigeren Brennwert haben als solche, in denen zusätzlich Schokolade enthalten ist: Haselnussschnitte oder Schokoriegel. Der hohe Anteil an Fett in Schokolade führt hier zu diesem höheren Brennwert.

Auswertung a):
In V1 und V2 wird die Freisetzung von Kohlenstoffdioxid bei Atmung nachgewiesen. Der Mensch veratmet die durch Nahrung aufgenommenen Nährstoffe.
V2 zeigt, dass auch Pflanzen atmen. Die Erbsenkeimlinge können noch keine Photosynthese betreiben und müssen sich daher von den Nähr- bzw. Reservestoffen der Keimblätter des Samens ernähren.

Auswertung b):
Der Parallelversuch ist notwendig, um zu zeigen, dass die Trübung des Kalkwassers durch den Atmungsprozess der Erbsenkeimlinge verursacht wurde und nicht durch den Kohlenstoffdioxid-Gehalt der Luft. Im Parallelversuch sollte die Trübung deutlich später erfolgen.

Auswertung c):
Die Sperrflüssigkeit wird langsam aus dem Kapillarrohr herausgedrückt. Dies lässt sich mit der Volumenzunahme bei der Erwärmung der Luft im Reagenzglas infolge des Atmungsprozesses der Keimlinge erklären.
Hinweis: Es muss erwartet werden, dass Schüler an dieser Stelle annehmen, dass die Volumenausdehnung in der Apparatur durch Bildung von Kohlenstoffdioxid-Gas hervorgerufen wird. Dies kann man aber durch Hinweis auf die Reaktionsgleichung der Atmung (Seite 127: Vergleich des Stoffmengenverhältnisses von Sauerstoff-Verbrauch und Kohlenstoffdioxid-Bildung) oder aber im Experiment durch Abkühlung des Reagenzglases widerlegen.

Auswertung d):
Der Zucker (Glucose) wird beim Erhitzen zunächst gelb (Karamellisierung), dann braunschwarz, die anschließend austretenden Dämpfe des zersetzten Zuckers sind brennbar.
V4 zeigt, dass Zucker als Brennstoff fungieren kann. Allerdings muss man fortwährend Energie zuführen, um den Verbrennungsvorgang aufrecht zu erhalten.
B3 zeigt die Verbrennung des Zuckers mit Asche als Katalysator. Nachdem das Zucker-Asche-Gemisch einmal entzündet wurde (Aktivierungsenergie), läuft die Zuckerverbrennung selbstständig ab.

Seite 128

B2:
Aus B5, S. 127, entnimmt man den Brennwert für Glucose in $kJ \cdot g^{-1}$. Um die molare Verbrennungenthalpie von Glucose zu berechnen, muss dieser Wert mit der molaren Masse von Glucose multipliziert werden: $\Delta H_m = 17\ kJ \cdot g^{-1} \cdot 180\ g \cdot mol^{-1} = 3060\ kJ \cdot mol^{-1}$

Auswertung:
Anhand der Reaktionsgleichung von S. 129 ist zu erkennen, dass das System der Produkt-Teilchen aus einem Gas, einer Flüssigkeit und einem gelösten Salz besteht. Das System der Edukt-Teilchen besteht aus zwei Feststoffen. In Feststoffen ist die Unordnung der Teilchen viel stärker eingeschränkt als in Flüssigkeiten und Gasen.

Seite 130 und 131

Auswertung a):
Diamant ist sehr hart, weil im Atomgitter des Diamanten jedes Kohlenstoff-Atom durch vier einfache Elektronenpaarbindungen an vier andere Kohlenstoff-Atome gebunden ist. Um einen Teil der Kohlenstoff-Atome aus dem Diamantgitter zu entfernen, müssten entsprechend viele Elektronenpaarbindungen aufgebrochen werden.
Graphit ist so weich, dass beim Streichen über Papier Schichten aus Kohlenstoff-Atomen abblättern, weil im Graphit-Gitter jedes Kohlenstoff-Atom nur mit drei Kohlenstoff-Atomen aus der gleichen Schicht durch Elektronenpaarbindungen gebunden ist. Zwischen den Schichten herrschen dagegen nur schwache VAN-DER-WAALS-Bindungen. Diese werden relativ leicht überwunden, so dass beim Streichen auf Papier Schichten aus Kohlenstoff-Atomen aus dem Graphit-Gitter herausbrechen und am Papier haften bleiben.

Auswertung b):
Graphit, Diamant und Fulleren werden beim Erhitzen in einer Sauerstoff-Atmosphäre vollständig zu Kohlenstoffdioxid verbrennen, weil sie ausschließlich aus Kohlenstoff-Atomen bestehen.

Auswertung c):
Im Atomgitter des Diamanten ist jedes Kohlenstoff-Atom durch vier einfache Elektronenpaarbindungen an vier andere Kohlenstoff-Atome gebunden, im Fulleren und Graphit nur jeweils an drei weiteren Kohlenstoff-Atome. Diese drei Elektronenpaarbindungen sind nicht alle Einfachbindungen, sondern alternierend Einfach- und Doppelbindungen. (*Hinweis:* Die Begriffe Mesomerie und delokalisierte Elektronen sind an dieser Stelle noch nicht bekannt.)

Auswertung d):
Graphit leitet den elektrischen Strom, weil vermutlich ein Teil der Elektronen innerhalb einer Schicht frei beweglich ist. So können Elektronen vom Minuspol entlang dieser Schicht zum Pluspol der angelegten Spannungsquelle fließen.
Diamant leitet nicht, weil alle Valenzelektronen der Kohlenstoff-Atome in Einfachbindungen gebunden sind.
Im Fulleren-Molekül gibt es zwar frei bewegliche Elektronen, ähnlich wie in einer Graphit-Schicht, aber eine Stoffportion aus Fulleren leitet den elektrischen Strom dennoch nicht, weil dafür Elektronen von einem Fulleren-Molekül auf ein anderes springen müssten.

A1:
In Graphenen und Nanoröhrchen kann der Strom nur in der Richtung fließen, in der sich die freien Elektronen bewegen können. Beim Nanoröhrchen ist das eine einzige Richtung – die des Röhrchens (eindimensionale Ausrichtung, vgl. B4), bei Graphenen sind es alle Richtungen innerhalb der Ebene, zu der die Graphen-Plättchen parallel sind (zweidimensionale Ausrichtung, vgl. B5).

A2:
Bei der Herstellung dieser Nanomaterialien geht man von Graphit und nicht von Diamant aus, weil im Graphit bereits die wesentlichen Strukturelemente aus Fullerenen, Kohlenstoff-Nanoröhrchen und Graphenen vorhanden sind. Das ist die Art und Weise, wie jedes einzelne Kohlenstoff-Atom an drei (und nicht an vier) weitere Kohlenstoff-Atome gebunden ist.

A3:
offene Aufgabe

Seite 132 und 133

B1:
offene Aufgabe

B6:
Man benötigt zur vollständigen Hydrolyse eines Stärke-Moleküls aus 1000 Glucose-Bausteinen insgesamt 999 Wasser-Moleküle.

B7:
Da die Bindungsstruktur am Kohlenstoff-Atom 1 planar ist (vgl. B4), kann der Ringschluss des Glucose-Moleküls von zwei Seiten erfolgen: von oben bzw. unten. Als Folge dieser beiden Möglichkeiten ergeben sich die beiden Ringstrukturformeln der α- bzw. β-Glucose, mit einer Stellung der Hydroxy-Gruppe unterhalb bzw. oberhalb der Ringebene.
Methodischer Hinweis: Wenn die Schüler gruppenteilig der Ringschluss nachvollziehen, dann werden vermutlich beide Anomere der Glucose gebastelt. Man kann die Schüler dann das eigene Modell mit denen der Nachbargruppen vergleichen lassen.

Auswertung a):
Eine Stoffportion von 5,7 g Saccharose gelöst in 100 mL entspricht einer Stoffportion der Masse m = 57 g Saccharose in 1 kg Wasser.

$$M(\text{Saccharose}) = \frac{1{,}86\,°\text{C}\cdot\text{mol}^{-1}\cdot 57\,\text{g}}{0{,}31\,°\text{C}} = 342\ \text{g}\cdot\text{mol}^{-1}$$

Saccharose hat eine molare Masse von 342 g · mol^{-1}.

Auswertung b):
Bei V5 sollte man eine Erniedrigung der Gefriertemperatur von ca. 1,0 °C messen. Hier wäre es evtl. empfehlenswert, in einem analog durchgeführten Vorversuch zunächst die Gefriertemperatur des Lösemittels Wasser zu bestimmen.
Danach berechnet sich die molare Masse von Glucose:

$$M(C_6H_{12}O_6) = \frac{1{,}86\,°C \cdot mol^{-1} \cdot 100\,g}{1{,}0\,°C} = 186\,g \cdot mol^{-1}$$

Dies entspricht etwa dem theoretischen Wert von $180\ g \cdot mol^{-1}$.

Auswertung c):
Bei V4 kann man eine Blaufärbung des Glucose-Teststreifens und eine Rotfärbung der Resorcin-Salzsäure-Lösung erkennen. Damit werden in der mit Säure erhitzten Lösung die Monosaccharide Glucose und Fructose nachgewiesen. Die Hydrolyse von Saccharose liefert Glucose und Fructose.
Die Berechnung bei Auswertung a) ergibt für Saccharose eine molare Masse von $342\ g \cdot mol^{-1}$. Dies entspricht der molaren Masse eines Disaccharids aus zwei Monosaccharid-Molekülen abzüglich der molaren Masse eines Wasser-Moleküls:
$2 \cdot 180\ g \cdot mol^{-1} - 18\ g \cdot mol^{-1}$.
Saccharose ist ein Disaccharid aus den beiden Monosacchariden Glucose und Fructose.

Seite 134

B2:
Glucose wird durch Methylenblau zu Gluconsäure oxidiert. Dabei verschwindet die Blaufärbung des Methylenblaus, es entsteht die reduzierte, farblose Form von Methylenblau (Leucoform). Durch kräftiges Schütteln des Kolbens wird Sauerstoff in die Lösung eingebracht, der das Leucomethylenblau oxidiert. Die Lösung wird wieder blau. Jetzt steht Methylenblau wieder als Oxidationsmittel für die Glucose zur Verfügung. Der Vorgang läuft so lange ab, bis die Glucose-Konzentration zu niedrig geworden ist.

B3:
Bei der Verbrennung der Glucose wie in B1 wird Glucose vollständig zu Kohlenstoffdioxid und Wasser oxidiert. Die Elektronen des Glucose-Moleküls werden direkt auf je ein Sauerstoff-Atom eines Sauerstoff-Moleküls übertragen. Anders als beim Blue-Bottle-Versuch werden die Elektronen nicht über einen Elektronenvermittler vom Glucose-Molekül zum Sauerstoff-Atom übertragen.
Hinweis: Man könnte darauf hinweisen, dass bei diesem Versuch das Glucose-Molekül durch das Erhitzen in kleinere Bruchstücke zerlegt wird, die dann mit Sauerstoff-Molekülen reagieren.

Auswertung a):
Die Beobachtungen beim Modellversuch sind in Übereinstimmung mit den Angaben zum Reaktionsverlauf in B3 (vgl. auch Lösung zu B2). Im oberen Teil von B3 ist genau zu erkennen, welches Kohlenstoff-Atom im Glucose-Molekül beim Schütteln oxidiert wird.

Dagegen wird in B3 nicht angegeben, welches Atom im Methylenblau-Molekül reduziert wird. Die in der folgenden Formel von Methylenblau mit Oxidationszahlen gekennzeichneten Kohlenstoff-Atome (II) haben im Leukomethylenblau-Molekül jeweils die Oxidationszahl I (vgl Formel in B3). Das entspricht formal der Aufnahme von 2 Elektronen, wie in B3 angegeben.

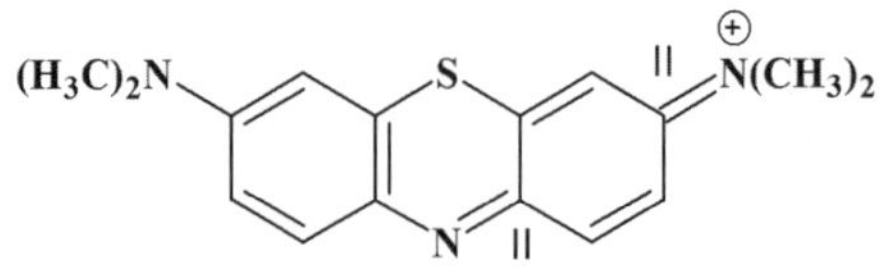

Auswertung b):
Das Redoxpaar Methylenblau/Leukomethylenblau wirkt als Elektronenvermittler zwischen Glucose und Sauerstoff, weil Leukomethylenblau-Moleküle im ersten Schritt Elektronen an Sauerstoff-Moleküle abgeben und dabei zu Methylenblau-Molekülen werden und im zweiten Schritt Methylenblau-Moleküle Elektronen von Glucose-Molekülen aufnehmen und dabei zu Leukomethylenblau-Molekülen werden. Glucose-Moleküle werden dabei zu Gluconsäure-Molekülen oxidiert. In der Summe werden mit Hilfe des Redoxpaares Methylenblau/Leukomethylenblau Elektronen von Glucose-Molekülen an Sauerstoff-Moleküle übertragen.

Seite 135

B1:

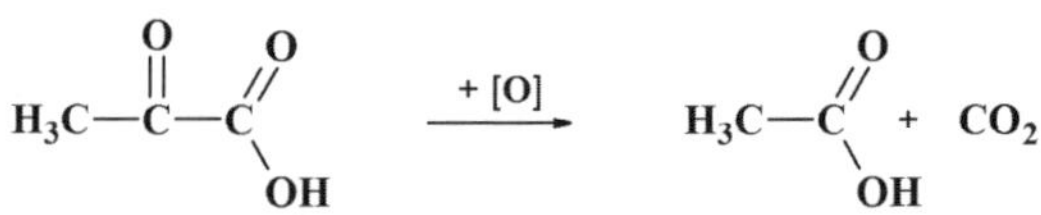

Als Oxidationsmittel (Lieferant der im Schema angegebenen Sauerstoff-Atome) kann im Labor ein Gemisch aus Kaliumdichromat oder Kaliumpermanganat und Schwefelsäure fungieren.
Biochemisch verläuft diese Reaktion enzymatisch unter Beteiligung von Coenzym A und dem Redoxsystem $NADH_2/NAD^+$.

B2:

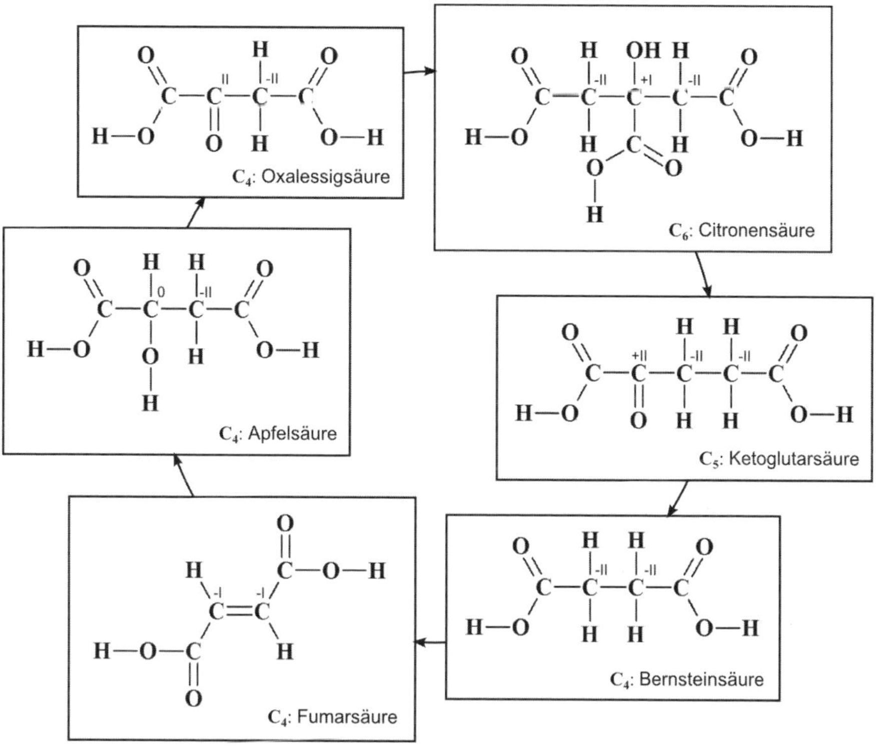

Das Stereoisomer zur Fumarsäure ist die Maleinsäure (*Z*- oder *cis*-Butandisäure):

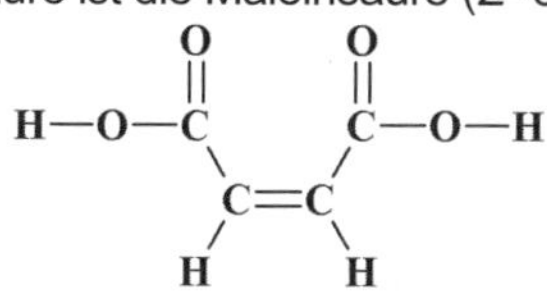

Seite 136 und 137

B4:
Ein Enzym hat keinen Einfluss auf ΔG_R einer Reaktion. Ein Enzym wirkt als Biokatalysator: Die Aktivierungsenergie, die zum Ablauf der Reaktion aufgebracht werden muss, wird gesenkt und die Reaktionsgeschwindigkeit dadurch erhöht.

B5:
Ein Enzym-Molekül bindet an seinem aktiven Zentrum das dazu passende Substrat-Molekül („Schlüssel-Schloss-Prinzip“). Hier erfolgt die Bindung des Produkts, wobei die

Struktur des aktiven Zentrums verändert wird. Nachdem das Produkt-Molekül gebildet wurde, verlässt es das aktive Zentrum des Enzym-Moleküls, es wird freigesetzt. Gleichzeitig nimmt die Struktur des aktiven Zentrums wieder seine ursprüngliche Form an und ist damit zur Aufnahme eines neuen Substrat-Moleküls bereits. Der Kreislauf kann erneut beginnen.

Auswertung a):
In Kartoffeln sind Enzyme, die für die Synthese von Stärke benötigt werden. Sie lassen sich aus Kartoffelknollen extrahieren.
Teilversuch 1 zeigt nach einigen Minuten eine Blaufärbung mit LUGOL'scher Lösung, die Teilversuche 2 und 3 nicht. Da mit LUGOL'scher Lösung Stärke nachgewiesen wird, zeigt die Färbung, dass das in der Kartoffelknolle enthaltene Enzym aus Glucose-1-Phosphat Stärke synthetisiert. Glucose-1-Phosphat und nicht Glucose ist das Substrat für die Stärkesynthese (Teilversuch 3). Durch Phosphorylierung ist das Glucose-Molekül für den Einbau in das Stärke-Molekül für das Enzym kenntlich gemacht. Das Abkochen des Kartoffelextrakts führt zur Denaturierung und damit zur Unwirksamkeit des Enzyms (Teilversuch 2).

Auswertung b):
Man erkennt eine Blaufärbung auf der Agarplatte, nicht aber an den Stellen, auf die der Getreidebrei aufgetragen wurde. Die Blaufärbung resultiert durch die Reaktion des Iods der LUGOL'schen Lösung mit der in dem Agar enthaltenen Stärke. An den Stellen, auf denen der Getreidebrei einwirken konnte, ist keine (oder zumindest weniger) Stärke mehr vorhanden wie im übrigen Agar. Dies zeigt, dass in dem Extrakt der keimenden Getreidekörner ein Enzym (Amylase) vorhanden ist, das Stärke abbauen kann.
In B3 sieht man Stärkekörner in gekeimten Getreidekörpern. Man erkennt deutlich Löcher in den Stärkekörnern: Hier wurde die Stärke durch die Wirkung der Amylase bereits abgebaut. Der Keimling baut Stärke ab, um dadurch frei werdende Glucose als Nährstoff verwenden können.

A1:
Das Enzym-Molekül besitzt in seinem aktiven Zentrum eine räumliche Struktur („Schloss"), in die das zugehörige Substrat-Molekül („Schlüssel") genau passt und gebunden werden kann. Auch Moleküle, die den Substrat-Molekülen ähnliche Strukturen aufweisen, können öft von den Enzym-Molekülen gebunden werden.

A2:
Der *p*H-Wert des Magens ist mit *p*H = 2 sehr sauer. Dieser *p*H-Wert ist für die Aktivität des Enzyms Trypsin zu niedrig, er liegt weit unter dem *p*H-Optimum des Trypsins. Trypsin ist ein eiweißspaltendes Enzym, dessen optimale Reaktionsbedingungen einen *p*H-Wert von 8 erfordern. Es ist daher vor allem im Darm aktiv, der dieses Milieu bietet.

A3:
Biokatalysatoren sind i. d. R. Eiweiß-Moleküle, die nach genetischer Anleitung der Erbinformationen aus Aminosäure-Molekülen synthetisiert werden. Ihre Wirkungsweise

wird durch ein aktives Zentrum bestimmt, das eine genau festgelegte, substratspezifische räumliche Struktur aufweisen muss. Während der Enzymreaktion ändert sich die Form des aktiven Zentrums vorübergehend. Technische Katalysatoren, z. B. für die Ammoniaksynthese, Methanolsynthese etc., sind in der Regel Metalloxide oder Mischungen von Metalloxiden oder Metall-Komplexe mit organischen oder anorganischen Liganden. Auch hier liegen aktive Zentren vor, an denen die Edukt-Moleküle „andocken“. Die räumliche Struktur der aktiven Zentren ist jedoch nicht so genau festgelegt, wie bei den Biokatalysatoren.

Seite 138 und 139

B1:
An den in Auswertung a) beschriebenen wiederholbaren Farbzyklen (gelb – blau – gelb – blau usw.) kann man erkennen, dass mindestens ein Stoff aus der Mischung im Reagenzglas „im Kreis läuft“.
Dieser Stoffkreislauf wird durch Licht angetrieben.

B4:
Das in B4 angegebene „biochemische 1x1“ ist die Grundlage allen Lebens auf der Erde, weil dies der einzige Weg ist, auf dem die Energie des Sonnenlichts, die das Leben auf der Erde antreibt, für die höheren Lebewesen (Tiere und Mensch) nutzbar gemacht wird.

B5:
(Vgl. auch Auswertung e)
Unterschied zwischen dem Modellexperiment Photo-Blue-Bottle und dem natürlichen Kreislauf Photosynthese-Zellatmung:

- Der Kohlenstoff-Kreislauf in der Natur ist an den Sauerstoff-Kreislauf gekoppelt (vgl. B4, Seite 139); beim PBB-Experiment gibt es für das Substrat Methylviologen eine solche Kopplung nicht.
- Für die Regeneration des Photokatalysators muss im PBB-Experiment ein EDTA-Molekül als Opfer-Donor verwendet werden; in der Natur ist der im Wasser gebundene Sauerstoff mit der Oxidationszahl – II der Donor (er wird dabei zu elementarem Sauerstoff mit der Oxidationszahl 0 oxidiert).
- Der Photosyntheseapparat in der Natur beinhaltet viele Stoffe (Chlorophylle, Carotinoide, Chinone u. a.); der Photokatalysator beim PBB-Experiment ist ein Stoff (Proflavin).
- Die energiereichen Produkte der Photosynthese (Kohlenhydrate u. a.) können auch bei Luft und über sehr lange Zeit gelagert werden; das energiereiche Produkt beim PBB-Experiment ($MV^{+\cdot}$) kann nur in Abwesenheit von Luft, in Lösung und kürzere Zeit gelagert werden.
- Beim PBB-Experiment findet die Modell-Photosynthese und die Modell-Atmung im gleichen Reaktionsgefäß statt, in der Natur laufen Photosynthese und die Atmung an ganz verschiedenen Orten in ganz verschiedenen Organen ab (Photosynthese in der

Thylakoid-Membran in grünen Pflanzenteilen; Atmung in den Mythochondrien tierischer Zellen).

- Beim PBB-Experiment erfolgt die Elektronenübertragung nach der Lichtabsorption unmittelbar auf das zu reduzierende Substrat; bei der Photosynthese sind viele andere Prozesse zwischengeschaltet.
- Die natürlichen Prozesse Photosynthese und Atmung laufen in offenen Systemen ab, die Vorgänge im PBB-Experiment laufen größtenteils in einem geschlossenen System ab.

(*Hinweis*: Diese Unterschiede sind sicherlich nur teilweise von den Schülern zu erwarten. Auf einige kommen die Lernenden – je nach Zusammensetzung des Kurses – durch gezielte Fragen der Lehrperson.)

Auswertung a):
Im Strahlengang des Diaprojektors (oder bei starkem Sonnenlicht) färbt sich die Lösung im Reagenzglas blau und bleibt auch im Dunklen blau. Beim kräftigen Schütteln wird die Lösung wieder gelb. Diese Zyklen (Blaufärbung bei Licht, Gelbfärbung beim Schütteln) können mindestens fünfmal wiederholt werden.

Auswertung b):
Wenn man farbige Glasscheiben als Lichtfilter in den Diaprojektor einbaut, kann man feststellen, dass Blaulicht wirksam ist, Rotlicht dagegen nicht.

Auswertung c):
Bei V3 und V4 ist über der Lösung im Reaktionsgefäß noch relativ viel Luft. Beim Schütteln wir der Sauerstoff aus der Luft der Lösung zugeführt und kann als Oxidationsmittel für die blaue Form des Methylviologens $MV^{+\cdot}$ wirksam werden.
Bei V5 ist viel Lösung und nur ganz wenig Luft über der Lösung im bestrahlten Teil der Apparatur (im Erlenmeyerkolben). Der in diesem kleinen Luftvolumen enthaltene Sauerstoff reicht nicht mehr aus, um das beim Bestrahlen gebildete $MV^{+\cdot}$ zu oxidieren.

Auswertung d):
EDTA wird geopfert, um den Photokatalysator aus der oxidierten Form PF^{++} wieder in die ursprüngliche Form PF^{+} zurück zu reduzieren, der Licht absorbiert. Das ist notwendig, damit ein neuer elementarer Reaktionszyklus durch das Licht angetrieben werden kann.

Auswertung e):
In V5 steigt die Spannung *U* beim Bestrahlen und Blaufärben der Lösung von null auf ca. 300 mV an. Beim Belüften und Gelbfärben fällt sie wieder fast bis auf null zurück. Diese Zyklen können mehrfach wiederholt werden.
Insofern verhält sich das System aus V5 wie ein Akkumulator beim Laden und Entladen, nur mit dem Unterschied, dass hier nicht durch Zufuhr von elektrischer Energie geladen wird, sondern durch Bestrahlung mit Licht.
Ähnlich wie die Photosynthese treibende Pflanze wandelt das System aus V5 Licht in eine andere Energieform um und speichert sie für eine gewisse Zeit (die blaue Farbe und die aufgebaute Spannung bleiben zunächst erhalten). Ähnlich wie bei atmenden Tieren oder

Menschen (oder auch Pflanzen) wird im System aus V5 die gespeicherte Energie wieder verfügbar, wenn dem System Sauerstoff zugeführt wird. Die an der Photosynthese und an der Atmung beteiligten Stoffe sind ganz andere als die aus dem PBB-Experiment (vgl. weitere Unterschiede bei der Lösung zu B5).

A1

Das Blue-Bottle-Experiment und das Photo-Blue-Bottle-Experiment haben folgende Gemeinsamkeiten:

- In beiden Fällen laufen farbige Reaktionszyklen ab (und in beiden Fällen ist die Farbe Blau beteiligt).
- In beiden Fällen laufen Redoxreaktionen ab.
- Beides sind Modellexperimente für biochemische Vorgänge.

Das Blue-Bottle-Experiment und das Photo-Blue-Bottle-Experiment haben folgende Unterschiede:

- Beim BB-Experiment muss keine Energie zugeführt werden (das Schütteln dient nur der Durchmischung!), beim PBB-Experiment muss Energie in Form von Licht zugeführt werden.
- Beim BB-Experiment wird das Blau „herbeigeschüttelt", beim PBB-Experiment wird das Blau „weggeschüttelt".
- Beim BB-Experiment beschränken sich die Beobachtungen auf den Farbwechsel, beim PBB-Experiment können auch die energetischen Änderungen gemessen werden.

A2:

Erstes Beispiel: Die MTBE-Synthese von Seite 96 im Schülerband ist ein Modellexperiment für die technische Synthese von MTBE. In der Industrie wird wie in V1 von Seite 96 in einem Durchflussreaktor mit den gleichen Edukten, dem gleichen Katalysator und bei ähnlicher Temperatur, allerdings bei höherem Druck gearbeitet.
Zweites Beispiel: Die Ammoniaksynthese von Seite 152 im Schülerband ist ebenfalls ein Modellexperiment für einen industriellen Prozess. In LV2 von Seite 152 sind die Edukte die gleichen wie in der Industrie, der Katalysator ist ähnlich. Die Temperatur und der Druck im Modellexperiment unterscheiden sich stark von den industriellen Reaktionsbedingungen.

A3:

Modellexperimente dienen der Veranschaulichung von Vorgängen aus der Natur oder aus der Technik; Atommodelle dienen der Veranschaulichung von Teilchenstrukturen.
(*Didaktische Hinweise*: Modellexperimente sind ebenso wie Atommodelle für die Lehre wertvoll, weil sie für die Lernenden Primärerfahrungen über Vorgänge und Strukturen ermöglichen, zu denen sie sonst keinen direkten Zugang haben. Am Modellexperiment und am Atommodell kann mit den Schülern sogar „geforscht" werden, die neuen Erkenntnisse können gegebenenfalls auf das Original übertragen werden. Dabei ist aber große Vorsicht geboten. Der Modellcharakter von Modellexperimenten und Atommodellen muss bei der Deutung unbedingt hervorgehoben und ausführlich erläutert werden. Wenn man zusammen mit den Schülern die Gemeinsamkeiten und Unterschiede zwischen Modell und Original formuliert und präzisiert, dann erhalten Modelle einen allgemeinen

Bildungswert, weil sie die Kritikfähigkeit schärfen und Kompetenz in naturwissenschaftlichen Denk- und Arbeitsweisen steigern.)

Seite 140 und 141

B2:
In der linken Spalte gibt die Hochzahl jeweils die Anzahl der Nukleonen (Protonen und Neutronen) an, der Index die Zahl der Protonen.

Isotope des Wasserstoffs:

Symbol	Anzahl		abgekürzt
	p^+	n	
$[^{1}_{1}\mathbf{H}]$	1	0	$[^{1}\mathbf{H}]$
$[^{2}_{1}\mathbf{H}]$	1	1	$[^{2}\mathbf{H}]$
$[^{3}_{1}\mathbf{H}]$	1	2	$[^{3}\mathbf{H}]$

B4:
Phänomenologische Bedeutung der Kurve:
Die Kurve zeigt die Zahl der Zerfälle pro Gramm Kohlenstoff und pro Minute an, gemessen von dem Zeitpunkt an, in dem der Organismus abgestorben ist, aus dem dieser Kohlenstoff stammt. Die Zahl dieser Zerfälle halbiert sich alle 5730 Jahre.
Mathematische Kurvenbeschreibung:
Die Kurve ist streng monoton fallend. Die „Geschwindigkeit" mit der sie fällt (mathematisch genauer: der Betrag der Tangentensteigung oder der Betrag des Werts der ersten Ableitung) nimmt stetig ab. Die Zeitachse ist eine horizontale Asymptote für die Kurve.

A1:
Da die Anzahl der Protonen und der Neutronen in einem Atomkern nicht gleich sein muss, kann es ungerade Massenzahlen für die Elemente geben.
Hinweis: Die Massenzahlen im Periodensystem sind aber nicht nur gerade oder ungerade Zahlen; in der Regel ist die im PSE angegebene Atommasse eine nicht ganze Zahl, also Dezimalzahl. Das ist durch die unterschiedlichen Häufigkeiten zu erklären, mit denen Isotope eines Elements in der Natur vertreten sind.

A2:
Um zu ermitteln, von welchem Isotop man nach vier α-Zerfällen und zwei β-Zerfällen zum Isotop Radon $[^{222}_{86}\mathbf{Rn}]$ gelangt, muss man bei der Massenzahl $4 \cdot 4 = 16$ Einheiten dazu zählen, bei der Ordnungszahl (Protonenzahl) $4 \cdot 2 = 8$ Einheiten dazu zählen und $2 \cdot 1 = 2$ Einheiten abziehen. Das gesuchte Isotop hat also die Massenzahl $222 + 16 = 238$ und steht im PSE 6 Plätze hinter dem Edelgas Radon. Es handelt sich also um Uran $[^{238}_{92}\mathbf{U}]$.

A3:
In der Atmosphäre und in den Lebewesen besteht ein konstantes Verhältnis $[^{12}\mathbf{C}] : [^{14}\mathbf{C}]$. Seit mehr Kohlenstoff aus fossilem Material durch Verfeuerung in die Atmosphäre gelangt

als umgekehrt, aus abgestorbenen Organismen in den Boden, nimmt der [^{14}C]-Kohlenstoff-Gehalt in der Atmosphäre leicht zu.

A4:
Die Umgebungsstrahlung besteht aus:

- kosmischer Strahlung, die (in sehr geringem Umfang) an die Erdoberfläche gelangt;
- Strahlung, die aus dem Inneren der Erde und aus natürlichem Gestein kommt (radioaktive Isotope);
- natürlichen radioaktiven Isotopen, beispielsweise das am Knochenbau beteiligte Isotop Kalium [^{40}K];
- radioaktivem „Fallout“ aus Atomwaffentests und Unfällen bei Kernreaktoren, Strahlung aus Röntgengeräten und anderen medizinischen Geräten.

Hinweis: Die Anteile der Strahlenbelastung für die Bevölkerung Deutschlands verteilen sich in etwa folgendermaßen: medizinische (42 %), Steine, aus denen die Häuser gebaut sind (29 %), körpereigene Strahlung + kosmische Strahlung + terrestrische Strahlung (29 %).

A5:
Wenn die [^{14}C]-Konzentration im Bärenknochen auf 6,25 % abgesunken ist, dann hat sie sich seit dem Absterben des Bären 4-mal halbiert (100 % → 50 % → 25 % → 12,5 % → 6,25 %). Dieser Fund ist also etwa 4 · 5730 = 22920 Jahre alt.

A6:
Wenn das Alter eines Fundes nicht einem genauen Vielfachen der Halbwertszeit entspricht, kann man das Alter entweder schätzen oder mit der Formel der entsprechenden Exponentialgleichung rechnen.
Die allgemeine Formel lautet:
$N(t) = N_0 \cdot e^{-\lambda t}$ mit $\lambda = \ln 2 / t_{1/2}$.
Hier ist $N(t)$ die Anzahl der zum Zeitpunkt t noch nicht zerfallenen Kerne; N_0 die Anzahl der radioaktiven Kerne zu Beginn; e die Basis des natürlichen Logarithmus e = 2,718 ...; λ die Zerfallskonstante des gegebenen Radionuklids; $t_{1/2}$ die Halbwertszeit des Radionuklids.

A7:
Bei der Halbwertszeit von ca. 5730 Jahren für [^{14}C]-Kohlenstoff entspricht die Abweichung um 40 Jahre nach oben der nach unten einer Ungenauigkeit von etwa 0,7 %. Da die Messung der schwachen Aktivität von [^{14}C]-Kohlenstoff mit nur 16 Zerfällen pro Minute äußerst schwierig ist (die Strahlung anderer radioaktiver Stoffe und die kosmische Strahlung müssen völlig ausgeschaltet werden), ist eine genauere Angabe nicht möglich und wäre auch nicht sinnvoll.

Seite 142 und 143

B2:
Als weitere Parameter, die für den dargestellten Vergleich relevant sind, können z. B. genannt werden:

Herkunft des Altpapiers, geografische Lage des Waldes, Wasserverbrauch, Abwasserbelastung, Energiebedarf der einzelnen Herstellungsprozesse, Herstellung und Entsorgung der für den Cellulose-Aufschluss bzw. für das Deinking benötigten Chemikalien, Herstellungsverfahren der Bleichstoffe bzw. Entsorgung der beim Bleichen umgesetzten Produkte, Art, Menge und Umweltrelevanz der verwendeten Additive, Orte der einzelnen Verarbeitungsprozesse, Emission von klimarelevanten Gasen etc.

B3:
Sowohl das Verbrennen als auch das Kompostieren gebrauchter Papierhandtücher haben Vor- und Nachteile:
Beim Verbrennen werden im Wesentlichen Kohlenstoffdioxid und Wassergas gebildet, die treibhauswirksame Gase sind. Allerdings kann die dabei freiwerdende Wärmeenergie aufgefangen und genutzt werden. Jedwede Art von Papier (Schreibpapiere, Zeitungs- und Zeitschriftenpapiere sowie Kartonagen) kann der Müllverbrennung zugefügt werden.
Beim Kompostieren wird Cellulose zwar nicht von Bakterien, wohl aber durch andere Mikroorganismen innerhalb weniger Wochen abgebaut. Dazu muss es feucht, möglichst klein gerissen und gut mit anderen stickstoffhaltigen Kompostgütern vermischt sein.
Hochglanzpapiere verrotten nur sehr schlecht.
Grundsätzlich gilt jedoch, dass Papier vorrangig ins Recycling gehört.

B4:
Im Diagramm ist die Entwicklung des durchschnittlichen weltweiten ökologischen Fußabdrucks seit den 1960er Jahren bis zum Jahr 2005 dargestellt (pinke Kurve). Zwei weitere Entwicklungsszenarien bis zum Jahr 2050 skizzieren den möglichen zeitlichen Verlauf unter der Annahme unveränderten Wirtschaftslebens (rote Gerade) bzw. bei rapider Abnahme der Überbeanspruchung der Biokapazität der Erde (gelbe Kurve).
Es lässt sich ablesen, dass der globale Fußabdruck insgesamt fortwährend ansteigt und Ende der 1980er Jahre den Grenzwert der Biokapazität unserer Erde überschritten hat. Aus dem Graphen lässt sich auch erkennen, dass der Anstieg insbesondere im Zeitraum zwischen Ende der 1960er Jahre bis Mitte der 1970er Jahre stärker war als in den folgenden Jahren.

B5:
In einem analogen Diagramm für das Jahr 2030 sollten die Balken für die Länder China und Indien angesichts des derzeitigen Wirtschaftswachstums von Schwellenländern und des sich daraus ergebenden „Energiehungers“ der Industrie und der Bevölkerung mindestens gleich groß wie die von Deutschland und Japan sein.

Auswertung a):
Beim technischen Recycling handelt es sich um einen Stoffkreislauf, wenn aus den recycelten Produkten wieder die Ausgangsstoffe zurückgewonnen werden. Zum Beispiel wenn aus Altpapier Recyclingpapier oder wenn aus Aluminiumabfällen wieder Rohaluminium gewonnen wird.

Auswertung b):
Sowohl beim Kalkkreislauf in der Bauindustrie als auch beim Papierrecycling laufen chemische Reaktionen ab, d. h. der im Kreislauf geführte Stoff wird zwischendurch in andere Stoffe umgewandelt. Das Produkt aus dem technischen Kalkkreislauf, der gehärtete Kalkmörtel wird nicht noch einmal recycelt, sondern landet als Bauschutt in einer Deponie. Dagegen wird Papier mehrfach recycelt.

A1:
Bioprodukte können eine schlechtere Ökobilanz als konventionell angebaute Ware haben, da sie häufig über weite Transportwege nach Deutschland importiert werden. So haben regional angebaute Äpfel (zumindest zur Erntezeit) oder beim örtlichen Bauer erworbenes Rindfleisch eine bessere Ökobilanz als Bio-Äpfel aus Neuseeland oder Bio-Rind aus Argentinien.

A2:
Programme im Internet geben eine ungefähre Auskunft über den persönlichen ökologischen Fußabdruck. Je nach Entwicklungsgrad werden Benutzer mehr oder weniger differenziert nach ihren persönlichen Lebensgewohnheiten (Wohnraum, Ernährung, Mobilität, Kleidung, Konsumverhalten, etc.) befragt, was wiederum zu verschiedenen Werten für den jeweils ermittelten Fußabdruck führt, die also nicht absolut zu sehen sind. Grundsätzlich haben diese Programme aber oft zur Folge, dass die Benutzer sich Gedanken zu ihrer Lebensführung machen, angestoßen werden, diese kritisch zu überdenken und optimalerweise in Hinblick auf eine ökologischere Lebensweise zu ändern.

A3:
Faktoren, die dazu beitragen, dass der ökologische Fußabdruck weltweit gestiegen ist, sind u. a.
- wachsende Weltbevölkerung
- wachsender Wohlstand (der wiederum in den Wohlstandsländern zu einem Sinken der Bevölkerung führt)
- wachsende Technisierung des Alltags
- wachsende Mobilität

A4:
„Ökologische Schuldner“ sind die Länder, deren ökologischer Fußabdruck über dem Wert 1 liegt, also die USA, Deutschland, Japan und China. Indien ist ein „ökologischer Gläubiger“ mit einem Wert < 1 für den ökologischen Fußabdruck, Senegal mit dem Grenzwert 1 ist weder Gläubiger noch Schuldner.
Zusatzinfo:
Die Begriffe ökologischer Schuldner und ökologischer Gläubiger finden sich auch in Zusammenhang mit dem sog. „Overshoot-Day“ („Raubbau-Tag“) wieder. Dabei handelt es sich um den Tag im Jahr, an dem alle Ressourcen, sozusagen das ökologische Budget, für das jeweilige Jahr verbraucht sind. Nach diesem Tag lebt die Menschheit als ökologischer

Schuldner. Im Jahr 2010 war dieser Tag der 21. August, im Jahr 2008 der 23. September, 1995 der 25. Oktober und im Jahr 1985 der 7. Dezember.

Anmerkung:

Weitere Informationen zum ökologischen Fußabdruck liefert z. B. die Handreichung „Der ökologische Fußabdruck – Ein Beitrag zum Thema „Nachhaltigkeit" von Matthias Schnauss (Verbraucherzentrale 2009), die als pdf-Datei unter *Chemie 2000+ Online* abrufbar ist.

Seite 146 und 147

B1:

Die Hauptbestandteile der Luft sind Stickstoff N_2 (78,08 %), Sauerstoff O_2 (20,95 %) und Argon Ar (0,93 %). Kohlenstoffdioxid ist mit 0,034 % nur einer der Hauptspurenstoffe.

B2:

Sowohl durch die hohen Temperaturen im Verbrennungsmotor als auch durch die Energie der Blitzentladung reagiert Luftstickstoff mit Sauerstoff zu Stickstoffmonooxid, welches (in Gegenwart von Sauerstoff) sofort zu Stickstoffdioxid weiterreagiert.

Reaktionsgleichungen:

$$\mathbf{N_2 + O_2 \rightarrow 2\ NO}$$

$$\mathbf{2\ NO + O_2 \rightarrow 2\ NO_2}$$

Hinweis zu den Versuchen:

In diesem Buch konnten nur einige wenige ausgewählte Experimente zu Stickstoffverbindungen exemplarisch aufgeführt werden. An dieser Stelle bietet sich ein kleines Praktikum zum Reaktionsverhalten von Stickstoff und Stickstoffverbindungen an.

Hinweis zu B4 und B5:

Der Stickstoff-Kreislauf spielt unter den Stoff-Kreisläufen eine bedeutende Rolle. Für ein grundlegendes Verständnis von Chemie in diversen Disziplinen (z. B. Bodenkunde, Agrarchemie, Limnologie, Geochemie, Ökologie, Umweltchemie) sind an dieser Stelle weitere Darstellungen des Stickstoff-Kreislaufs aufgeführt. Anhand dieser Darstellungen können Schüler an komplexe Systeme in der Natur herangeführt werden, Zusammenhänge und Gemeinsamkeiten erkennen und in ihrer Fähigkeit gefördert werden, vernetzt zu denken.

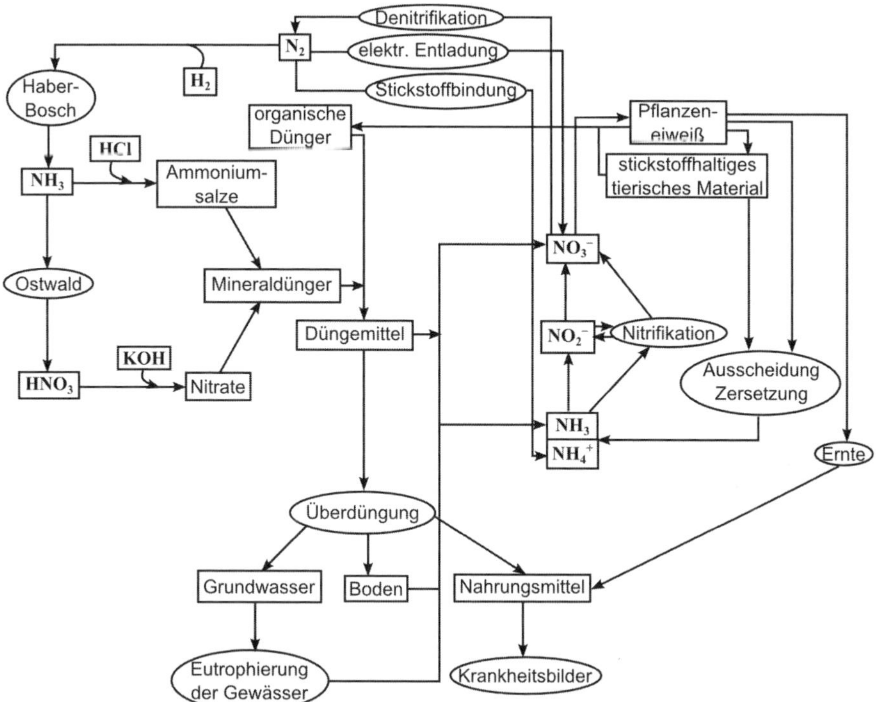

Nach dem Original aus:
Behörde für Schule, Jugend und Berufsbildung: Netzwerke und Kreisprozesse. Handreichung für den Chemieunterricht, Hamburg 1996

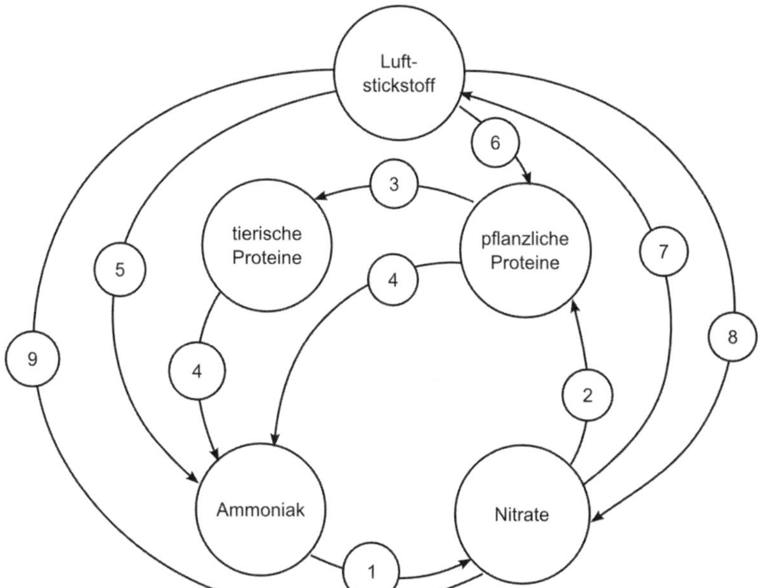

Nach dem Original aus:
CAPREZ, Walter (Hrsg.): Stickstoffkreislauf; ein Leitprogramm in Chemie. ETH Zürich, Institut für Verhaltenswissenschaft, Polyskript.

Erläuterungen zur 2. Abbildung:

Prozess-Nummer	Prozess
1	Nitrifikation (durch Bakterien)
2	Aufbau (Pflanzenstoffwechsel)
3	Umwandlung (tierischer Stoffwechsel)
4	Abbau/Mineralisation (durch Bakterien)
5	Stickstoff-Fixierung (freilebende Bodenbakterien)
6	Stickstoff-Fixierung (Knöllchenbakterien)
7	Denitrifikation (durch Bakterien)
8	Elektrische Entladungen in der Atmosphäre (Gewitter-Blitze)
9	Ammoniaksynthese (Haber-Bosch-Verfahren)

Auswertung a):

Oxidationszahlen des Stickstoff-Atoms in den ausgewählten Molekülen und Ionen:

- III	- II	- I	0	+ I	+ II	+ III	+ IV	+ V
NH_3 NH_4^+ $CO(NH_2)_2$			N_2		NO	NO_2^-	NO_2 N_2O_4	NO_3^-

N_2O: 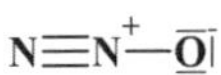

N_2O_3: 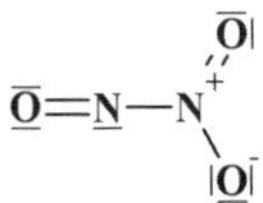

Die formalen Oxidationsstufen der Stickstoffverbindungen werden analog den Regeln zur Ermittlung der Oxidationszahlen bei organischen Verbindungen ermittelt.

Auswertung b):

Reaktionsgleichungen zu LV1:

$$\overset{0}{N_2} + O_2 \rightarrow 2\,\overset{II}{N}O$$

$$2\,\overset{II}{N}O + O_2 \rightarrow 2\,\overset{IV}{N}O_2$$

$$2\,\overset{IV}{N}O_2 + H_2O \rightarrow H\overset{III}{N}O_2 + H\overset{V}{N}O_3$$

Reaktionstyp: Disproportionierung von NO_2 zu HNO_2 und HNO_3.

Auswertung c):

Reaktionsgleichung zu V2:

NH_4^+(aq) + OH^-(aq) → NH_3(g) + H_2O(l)

(Nachweis mit Universalindikatorpapier: NH_3(g) + H_2O(l) → NH_4^+(aq) + OH^-(aq))

Reaktionsgleichungen zu V3:

NH_4^+(aq) + NO_2^-(aq) → N_2(g) + H_2O(l)

Wird anstelle einer Natriumnitrit- eine Natriumnitrat-Lösung verwendet, so verläuft die Reaktion analog:

$NH_4^+(aq) + NO_3^-(aq) \rightarrow N_2O(g) + H_2O(l)$

Auswertung d):

Redoxgleichung zu V4:

	$\overset{VII}{Mn}O_4^- + 8\,H^+ + 5\,e^- \rightarrow \overset{II}{Mn}{}^{2+} + 4\,H_2O$	$\vert \cdot 2$
Reduktion:	$MnO_4^- + 8\,H^+ + 5\,e^- \rightarrow Mn^{2+} + 4\,H_2O$	$\vert \cdot 2$
Oxidation:	$\overset{III}{N}O_2^- + H_2O \rightarrow \overset{V}{N}O_3^- + 2\,H^+ + 2\,e^-$	$\vert \cdot 5$
	$2\,MnO_4^- + 6\,H^+ + 5\,NO_2^- \rightarrow 2\,Mn^{2+} + 5\,NO_3^- + 3\,H_2O$	

Auswertung e):

V5 veranschaulicht in einfacher Weise die „Mineralisation“ von organischen Substanzen oder eines Harnstoff-Düngers (vgl. Seite 148 im Schülerbuch) im Boden. In der Bodenlösung wird Harnstoff mikrobiell gemäß der folgenden Reaktionsgleichung abgebaut. Dabei entstehen Ammonium-Ionen und Ammoniak (*p*H-Abhängigkeit der Bodenlösung).

$CO(NH_2)_2 + 2\,H_2O \rightarrow HCO_3^- + NH_3 + NH_4^+$

A1:

Bei der Denitrifizierung entstehen die Gase Stickstoff, Distickstoffmonooxid und Stickstoffmonooxid. Stickstoff ist ungiftig, Distickstoffmonooxid (Lachgas) wirkt als leichtes Narkotikum und Stickstoffmonooxid gilt als toxisch.

A2:

Sowohl B4 als auch B5 enthalten Informationen zum Stickstoff-Kreislauf in der Natur. In B4 sind die verschiedenen Teile des Kreislaufs graphisch durch die Form der Pfeile und in B5 durch die Farben der Pfeile dargestellt. In B4 sind nur der elementare Stickstoff und der Stickstoff aus Nitrat-Ionen als Formeln dargestellt, in B5 auch andere Verbindungen des Stickstoffs. Die Aussagekraft der beiden Bilder ist etwa gleich. Während B4 den Kreislauf auf den ersten Blick anschaulich darstellt, enthält B5 mehr Details.

Seite 148 und 149

B3:

Die Pflanzen brauchen Stickstoff (N) in verhältnismäßig großen Mengen zum Aufbau einer Reihe von wichtigen Verbindungen, die direkt oder indirekt das Wachstum und den Ertrag beeinflussen. Hierzu gehören z. B. Aminosäuren, Proteine, Enzyme, Nucleinsäuren, Chlorophyll und Phytohormone. Eine fehlerhafte Stickstoff-Düngung, die zu Mangel oder Überschuss führt, vermindert, wie die Grafik schematisch zeigt, auf Kulturböden die Erträge stärker als dies bei anderen Nährstoffen der Fall ist. Da der Optimalbereich der Stickstoff-Versorgung besonders eng ist, führen schon geringe Fehler bei der Stickstoff-Düngung zu Ertragseinbußen.

B4:
Die „anspruchsvollste“ Pflanze ist die Zuckerrübe, weil sie pro Hektar bei durchschnittlicher Ernte die größte Nährstoffaufnahme hat (besonders Kaliumoxid und Stickstoff). Raps benötigt besonders viel Calciumoxid. Die „bescheidensten“ Pflanzen sind Getreide, weil sie im Vergleich mit anderen Pflanzen mit wenig Nährstoffen auskommen.

B5:
Ammonsalpeter bezeichnet man als Einzeldünger, weil er der Pflanze nur einen benötigten Nährstoff liefert (Stickstoff). Nitrophoska ist ein Volldünger, weil er die für Pflanzen wichtigsten Nährstoffe enthält.

Auswertung a):
Zunächst werden die Nitrat-Ionen mit dest. Wasser aus der Erde ausgewaschen. Dies ist relativ einfach, da die Nitrat-Ionen nicht wie die Ammonium-Ionen an die elektrisch negativ aufgeladenen Bodenkolloide gebunden werden. Ammonium-Ionen lassen sich daher schwieriger auswaschen. Ist die Bodenprobe nitratfrei, werden Ammonium-Ionen zugesetzt. Nach drei Tagen ist wieder Nitrat nachweisbar, da die Ammonium-Ionen in der Bodenprobe der bakteriellen Nitrifikation unterliegen und zu Nitrat-Ionen oxidiert werden.

Auswertung b):
LV1 stellt die Nitrifikation dar (vgl. Auswertung a). V2 hingegen zeigt, dass die Nitrat-Ionen in der Bodenprobe der bakteriellen Denitrifikation unterliegen und zu elementarem Stickstoff oder zu Distickstoffmonooxid reduziert werden. Diese Gase entweichen aus dem Reaktionssystem. Dieses Experiment simuliert somit die Stickstoff-Verluste des Bodens an die Atmosphäre, die mitunter beträchtlich sein können. Die Schüler sollen sich anhand dieses Experiments intensiv mit der Problematik der sachgerechten Düngung in der Agrarwirtschaft auseinandersetzen.

Auswertung c):
Zunächst hängt es davon ab, in welcher Form der Stickstoffdünger den gebundenen Stickstoff enthält. Nitrat-Ionen werden leichter ausgewaschen als Ammonium-Ionen. Weiterhin beeinflusst die Menge des Regenwassers nach der Düngung die Menge des ausgewaschenen und ins Grundwasser gespülten Stickstoffs.

Auswertung d):
Anhand dieses Experiments wird das „Liebigsche Minimumfass“ simuliert. Das Wuchsverhalten der Kresse wird durch die unterschiedlichen Stickstoff-Konzentrationen beeinflusst. (Nitratgehalt des Leitungswassers beachten!)

A1:
Kalkdünger enthalten Calciumcarbonat (z. B. Kalkammonsalpeter) bzw. Calciumoxid (z. B. Kalkstickstoff). Ammonium-Ionen reagieren in Gegenwart von Calciumcarbonat und insbesondere von Calciumoxid in einer Säure-Base-Reaktion zu gasförmigem Ammoniak. Das Auftreten des reizenden Ammoniaks würde noch in der Handelskette zu einer

unnötigen Belastung durch Ammoniak führen (neben dem Stickstoff-Verlust). Im Boden käme es zu Stickstoff-Verlusten durch die Ammoniak-Entwicklung.

A2:

M(Ammoniumsulfat) = 132 g · mol^{-1}

$w(\mathbf{N}$ aus Ammoniumsulfat$) = \frac{2 \cdot 14\,g \cdot mol^{-1}}{132\,g \cdot mol^{-1}} \cdot 100\,\% = 21{,}2\,\%$

M(Calciumdihydrogenphosphat) = 234 g · mol^{-1}

Darin enthalten sind 2 mol Phosphor. Da dieser aber als $\mathbf{P_4O_{10}}$ berechnet wird, entspricht dies 0,5 mol $\mathbf{P_4O_{10}}$ mit $M(\mathbf{P_4O_{10}})$ = 284 g · mol^{-1}, d. h.

0,5 mol · 284 g · mol^{-1} = 142 g $\mathbf{P_4O_{10}}$.

Theoretisch ergibt dies einen Massenanteil bezogen auf Calciumhydrogenphosphat von

$w(\mathbf{P_4O_{10}}$ aus Calciumhydrogenphosphat$) = \frac{142\,g}{234\,g} \cdot 100\,\% = 60{,}68\,\%$.

M(Kaliumchlorid) = 74,6 g · mol^{-1}

Darin enthalten sind 1 mol Kalium. Da dieses aber als $\mathbf{K_2O}$ berechnet wird, entspricht dies 0,5 mol $\mathbf{K_2O}$ mit $M(\mathbf{K_2O})$ = 94,2 g · mol–1, d. h.

0,5 mol · 94,2 g · mol–1 = 47,1 g $\mathbf{K_2O}$.

Theoretisch ergibt dies einen Massenanteil bezogen auf Kaliumchlorid von:

$w(\mathbf{K_2O}$ aus Kaliumchlorid$) = \frac{47{,}1\,g}{74{,}6\,g} \cdot 100\,\% = 63{,}1\,\%$.

Berücksichtigt man nun die Zusammensetzung des Düngemittels mit den Füllstoffen (20 g Ammoniumsulfat + 10 g Calciumhydrogenphosphat + 10 g Kaliumchlorid + 100 g Füllstoffe, ergibt zusammen 140 g) so folgt:

$\frac{20\,g}{140\,g} \cdot 21{,}2\,\% = 3{,}03\,\%\ (\mathbf{N})$

$\frac{10\,g}{140\,g} \cdot 60{,}68\,\% = 4{,}33\,\%\ (\mathbf{P_4O_{10}})$

$\frac{10\,g}{140\,g} \cdot 63{,}1\,\% = 4{,}51\,\%\ (\mathbf{K_2O})$

Eine solche Düngemischung würde also die Aufschrift **3 – 4 – 5** erhalten.

A3:

Die positiv geladenen Ammonium-Ionen können im Boden an die elektrisch negativ aufgeladenen Bodenkolloide angelagert werden. Dadurch unterliegen sie nicht in dem Maße der Chemodynamik im Boden (Lösung, Mobilisation) wie die Nitrat-Ionen, die zwar über die Bodenlösung leicht ausgewaschen werden können, aber der Pflanze sofort zur Verfügung stehen. Die Ammonium-Ionen unterliegen im Boden der Nitrifikation: Sie müssen erst mikrobiell innerhalb einiger Tage zu direkt pflanzenverfügbaren Nitrat-Ionen oxidiert werden. Daher wirken Nitrat-Dünger schnell und Ammonium-Dünger langsam.

Anmerkung: Kalkstickstoff (Calciumcyanamid) wird im Boden (Bodenlösung) über die Stufen Cyanamid ($\mathbf{H_2NCN}$), Harnstoff, Ammonium-Ionen (mikrobiell) und anschließender mikrobieller Nitrifikation zu Nitrat-Ionen abgebaut. Diese Dünger sind langsam wirkend. Es lässt sich eine Wirkungs-Verzögerung von 15 bis 30 Tagen erzielen.

Seite 150

Hinweise zur Auswertung von V1:
Die Messergebnisse können tabellarisch erfasst werden:

	Bodenprobe 1				Bodenprobe 2			
Bodentiefe	c_{Nitrat}	c_{Nitrit}	c_{Ammo}	$c_{N\text{-}ges.}$	c_{Nitrat}	c_{Nitrit}	c_{Ammo}	$c_{N\text{-}ges.}$
20 cm								
60 cm								
100 cm								

Bei der Probennahme (ggf. mithilfe eines Bohrstocks) ist die Bodenart (Sand-, Schluff-, Lehm-, Ton-Boden) zu bestimmen. Daneben ist die Probenentnahmestelle z. B. gemäß der auf S. 150 genannten „Entscheidungshilfen für eine Düngung" zu charakterisieren. Die Bestimmung der diversen Parameter erfolgt nach den Anleitungen der entsprechenden Testsatz-Hersteller.
Die ermittelten Werte werden diskutiert. Eine Zunahme der Nitrat-Ionenkonzentration mit der Bodentiefe weist auf Nitrat-Verlagerungen hin (Einflussfaktoren sind z. B.: Niederschläge, Bodenart, Bewässerung). Die Reaktionen des Stickstoff-Kreislaufs im Boden (B5, S. 147 im Schülerbuch) können ggf. anhand der anderen Messparameter in Abhängigkeit der verschiedenen Geofaktoren diskutiert werden.

A1:
Organische Düngemittel gelangen über Mineralisation als Ammonium-Ionen bzw. nach Nitrifikation als Nitrat-Ionen in den Boden. In den Anbauphasen ist die Vegetationsdecke noch gering, die Pflanzen können dann nur einen Bruchteil der verfügbaren Ammonium- bzw. Nitrat-Ionen aufnehmen. Daher führen Niederschläge oder Bewässerung zu Auswaschung und somit auch zu Nitratsickerungen in das Grundwasser.

A2:
Die organischen Substanzen der Gülle werden im Winter über die Reaktionen der Mineralisation bzw. der Nitrifikation mikrobiell letztendlich zu Nitrat-Ionen oxidiert. Dieser Prozess ist temperaturabhängig und läuft umso schneller, je milder der Winter ist. Bei geringer Vegetationsdecke und damit geringem Pflanzenwuchs, verbunden mit einem geringen Nährstoffbedarf, nimmt folglich die Nitrat-Ionenkonzentration im Boden zu. In milden regenreichen Wintern (oder auch nach der Schneeschmelze) besteht ebenfalls die Gefahr, dass durch Auswaschung Nitrat ins Grundwasser gelangt.

A3:
Die Schüler sollen bei der Lösung dieser Aufgabe zeigen, dass sie in der Lage sind, vernetzt zu denken. Dabei sollen die Interdependenzen der Geofaktoren Klima (Temperatur, Niederschlag, Sonneneinstrahlung), Boden (Bodenart, Bodentyp), chemischer Stoffhaushalt des Bodens, Relief, Höhenlage, anthropogene Faktoren (Düngung, Bewässerung, intensive/extensive Landwirtschaft), Vegetation (Nährstoffbedarf) aufgezeigt und durchdacht werden. Hilfreich ist hier auch B5, S. 147 im Schülerband.

Zur Erläuterung sind zu berücksichtigen

1. der temperaturabhängige Prozess der Mineralisation,
2. der vom Niederschlag bzw. von der künstlichen Bewässerung abhängige Vorgang der Nitratauswaschung (auch von Bodenart und Bodentyp abhängig) und
3. der pflanzliche Entzug von Nährstoffen (Nitrat) in Abhängigkeit von Humidität, Temperatur und Sonneneinstrahlung.

Anmerkung zu B1, S. 151:
CARIX-Verfahren: **Car**bonate – **I**on – E**x**change

Seite 152 und 153

B3:
In der ersten Hälfte des zwanzigsten Jahrhunderts ermöglichte die technische Ammoniaksynthese einerseits die Herstellung von Mineraldüngern, die nötig waren, um die Erntebeträge zu erhalten bzw. steigern. Das ist die positive Auswirkung dieses technischen Fortschritts, denn es konnten Nahrungsmittel produziert werden, die für die Ernährung der wachsenden Bevölkerung nötig waren. Andererseits wurden jedoch auch Spreng- und Giftstoffe industriell zugänglich, die im ersten und zweiten Weltkrieg massiv eingesetzt wurden. Dies sind die negativen Folgen der Entwicklung der technischen Ammoniaksynthese.

Auswertung a):
LV2:
Die Indikator-Lösung (Phenophthalein) färbt sich rot. Als Reaktionsprodukt wird Ammoniak nachgewiesen.
Hinweis: Die Stellung des Dreiwegehahns ist zu beachten! Das Reaktionsrohr darf erst nach vollständigem Erkalten belüftet werden.

Auswertung b):
$N_2 + 3\ H_2 \rightarrow 2\ NH_3$

Auswertung c):
Der Katalysator setzt die Aktivierungsenergie der Reaktion (im Vergleich zur nicht katalysierten Reaktion) herab.

Seite 154 und 155

B1:
Ammoniak „spielt in der Champions League der Industriechemikalien mit", weil daraus – wie in B1 zu sehen ist – viele verschiedene Produkte für den Alltag, die Industrie, die Landwirtschaft und den Verkehr in großen Mengen hergestellt werden.

B2:

Ammoniumnitrat: $NH_3 + HNO_3 \rightarrow NH_4NO_3$

Ammoniumsulfat: $2\ NH_3 + H_2SO_4 \rightarrow (NH_4)_2SO_4$

Ammoniumphosphat: $2\ NH_3 + H_3PO_4 \rightarrow (NH_4)_2HPO_4$

Auswertung a):

Mögliche Begründung: Die beiden Atome im Wasserstoff-Molekül sind durch eine Elektronenpaarbindung (Einfachbindung) gebunden. Bei der Adsorption an den Katalysator geht diese Bindung auf und die Atome liegen getrennt vor. Die beiden Atome im Stickstoff-Molekül sind durch drei Elektronenpaarbindungen (Dreifachbindung) gebunden. Bei der Adsorption an den Katalysator geht eine dieser Bindungen auf; die Stickstoff-Atome bleiben zunächst noch durch zwei Elektronenpaarbindungen gebunden.

A1:

Nachdem in den Reaktoren, die in B6 mit „Wassergasprozess“ und „Generatorprozess“ bezeichnet sind, Methan mit Wasserdampf bzw. Methan mit Luft nach den Reaktionsgleichungen von S. 155 im Buch reagiert haben, wird das Gemisch zusammengeführt. Im Reaktor, der mit „Konvertierung“ bezeichnet ist, wird Kohlenstoffmonooxid nach der entsprechenden Reaktionsgleichung von S. 155 in Kohlenstoffdioxid umgewandelt. Der Druck des verbleibenden Gasgemisches wird anschließend im Kompressor erhöht und mit Wasser gewaschen. Dabei löst sich das Kohlenstoffdioxid in Wasser. Bei entsprechender Dosierung am linken Teil der gesamten Anlage liegt nun ein stöchiometrisches Gemisch aus drei Volumenteilen Wasserstoff und einem Volumenteil Stickstoff vor. In Kompressoren wird der Druck dieses Gemisches noch weiter bis auf 250 bis 350 bar erhöht und dann in den Synthesereaktor eingeführt, in dem eine Temperatur von ca. 550 °C herrscht. Im Synthesereaktor findet die Hinreaktion des Ammoniakgleichgewichts von S. 153 im Buch statt. Aus dem Synthesereaktor tritt ein Gemisch aus, das 20 % bis 30 % Ammoniak enthält, der Rest ist Wasserstoff und Stickstoff. In einem ersten Schritt wird dieses Gemisch im Dampferzeuger gekühlt, wobei aus dem Kühlmittel Wasser Wasserdampf erzeugt wird, der teilweise in dem Wassergasprozess und teilweise zur Stromerzeugung eingesetzt wird. In einem zweiten Kühlschritt wird mit flüssigem Ammoniak gekühlt, das dabei verdunstet und als Ammoniakgas aufgefangen oder zur weiteren chemischen Verarbeitung in eine benachbarten Industrieanlage geführt wird. Bei diesem zweiten Kühlschritt kondensiert aus dem Gasgemisch, das aus dem Synthesereaktor kommt, flüssiges Ammoniak, das in einem Tank aufgefangen wird. Das verbleibende Gemisch aus Wasserstoff und Stickstoff (immer noch im richtigen stöchiometrischen Verhältnis) wird mit frischem Gemisch vereinigt und in den Synthesereaktor zurückgeführt.

A2:

Bei normalem Betrieb entweichen aus einer Ammoniakanlage keine giftigen Stoffe (Kohlenstoffmonooxid wird vollständig zu Kohlenstoffdioxid konvertiert, Ammoniak wird verflüssigt und aufgefangen). Kohlenstoffdioxid, das aus dem bei der Druckwäsche verwendeten Wasser herausgetrieben wird und zum Teil in die Luft entweicht, ist nicht giftig. Seine Anreicherung in der Atmosphäre kann aber langfristig zu Klimaveränderungen beitragen (Treibhauseffekt). Im Vergleich mit Großfeuerungsanlagen in Kraftwerken und

vielen Prozessen, bei denen Kohlenstoffdioxid als Emission erzeugt wird, fallen Ammoniakanlagen kaum ins Gewicht. Trotz der teilweisen Nutzung der bei den exothermen Prozessen freiwerdenden Wärme ist die Abwärme-Abgabe einer Ammoniakanlage beträchtlich. Hier kann an einer besseren Nutzung gearbeitet werden. Dabei könnten Heizkosten gespart und die Umwelt geschont werden.
Insgesamt ist eine Ammoniakanlage kein stark umweltbelastender Faktor. Angesichts der Schlüsselfunktion, die Ammoniak bei der Produktion vieler Güter hat, sind Ammoniakanlagen heute notwendig und vertretbar.

A3:
Der Preis von Agrarprodukten hängt stark von den Öl- und Gaspreisen ab, weil nicht nur die Treibstoffe für die landwirtschaftlichen Fahrzeuge und Maschinen, sondern auch die Rohstoffe für die Herstellung von Düngemitteln und Pflanzenschutzmitteln aus Erdöl und Erdgas gewonnen werden.

Seite 156 bis 157
(KOMPETENZEN TRAINIEREN)

A1:
Um Kalk zu brennen, muss er stark erhitzt werden. Dafür wird entweder direkt die Wärme aus der Verbrennung von fossilen Brennstoffen verwendet oder elektrische Energie. In beiden Fällen handelt es sich um „wertvolle“ Energie. Beim Abbinden wird Wärme bei relativ niedriger Temperatur verfügbar, die nicht nutzbar ist. Hierbei handelt es sich um „wertlose“ Energie.

A2:
Aus B1 auf S. 115 lässt sich entnehmen, dass die Masse an Kohlenstoff in der Atmosphäre – gebunden als Kohlenstoffdioxid – auf etwa 750 Gt geschätzt wird. Durch Photosynthese entziehen die Pflanzen der Atmosphäre jährlich ca. 100 Gt Kohlenstoffdioxid. Dies bedeutet, dass die Pflanzen den atmosphärisch gebundenen Kohlenstoff in ca. 7,5 Jahren einmal umgesetzt haben. Dieser relativ kurze Zeitraum verdeutlicht die enge Beziehung zwischen Vegetation und Atmosphäre.

A3:

a) Zunächst muss die Stoffportion der in 200 mL Wasser gelösten Maltose auf 1 kg Lösemittel umgerechnet werden:

$$M(\text{Maltose}) = \frac{1{,}86\,°\text{C} \cdot \text{mol}^{-1} \cdot 183{,}5\,\text{g}}{1{,}0\,°\text{C}} = 341\,\text{g} \cdot \text{mol}^{-1}$$

Die molare Masse von Maltose wurde mit 341 g · mol^{-1} berechnet. Die ermittelte molare Masse von Maltose entspricht der eines Disaccharids (342 g · mol^{-1}). Die Summenformel lautet: $\mathbf{C_{12}H_{22}O_{11}}$.
Da Stärke ein Polysaccharid bestehend aus Glucose-Bausteinen ist, muss Maltose ein Disaccharid aus zwei Glucose-Bausteinen sein.

b) 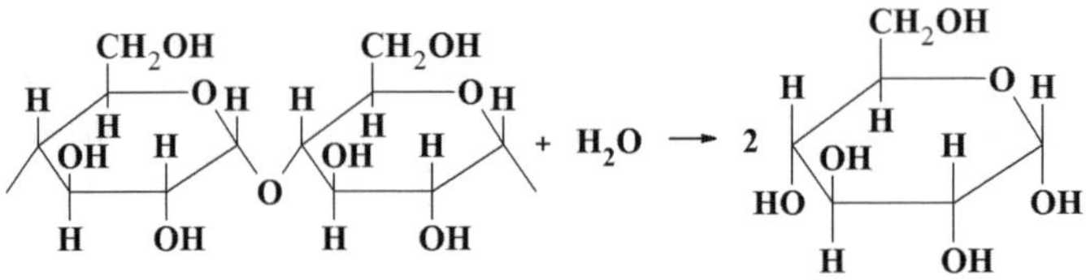

A4:

a) 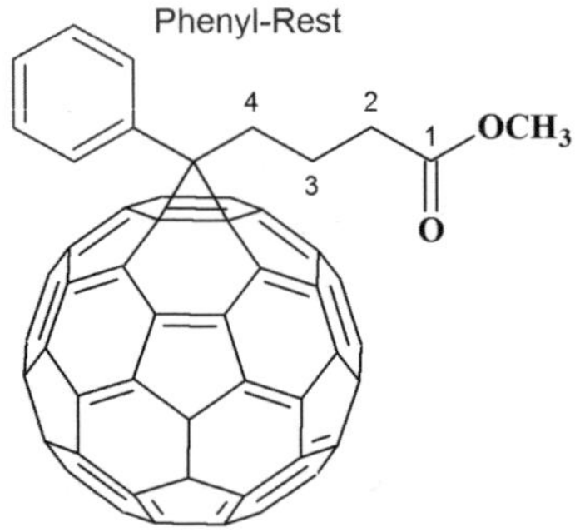

In der chemischen Bezeichnung von PCBM Phenyl-C_{61}-buttersäuremethylester kommt C_{61} und nicht C_{60} vor, weil die beiden Reste, die an ein Buttersäureester-Molekül (Butansäureester) gebunden sind, in der Tat ein Phenyl-Rest und ein C_{61}-Rest (nicht C_{60} = Fulleren-Rest) sind.

b) PCBM sollte lipophil sein, weil alle Molekülteile, der Phenyl-Rest, der C_{61}-Rest und der Ester-Rest unpolar und damit lipophil (hydrophob) sind.

c) Offene Aufgabe. Vergleiche unter *Chemie 2000+ Online* folgende Animation:

Organische Photovoltazelle OPV

A5:

Die im Oberflächenwasser ablaufende Photosynthese von Wasserpflanzen ist eine CO_2-Senke, weil bei der Photosynthese Kohlenstoffdioxid verbraucht und nicht produziert wird.

A6:

a) Oxidationszahlen:

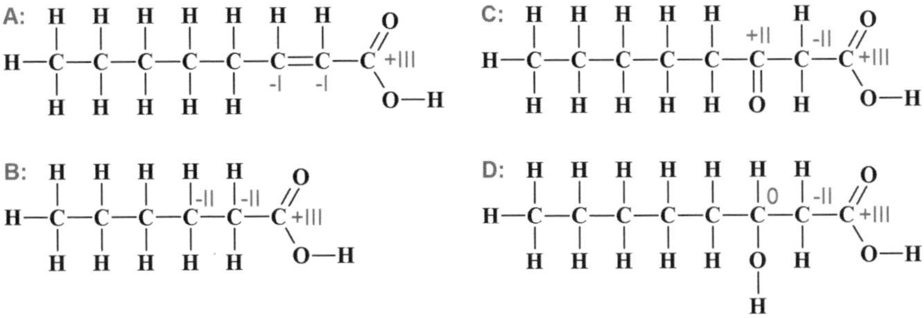

b) Die Reihenfolge der Verbindungen A bis D für einen sinnvollen oxidativen Abbauweg lautet:

A – D – C – B

c) Die Verbindung B ist wie die Octansäure eine Fettsäure (Hexansäure), ihre Moleküle enthalten lediglich zwei Kohlenstoff-Atome weniger. Sie kann analog der Octansäure unter Freisetzung der Essigsäure (**C2**-Körper) abgebaut werden. Als Abbauprodukt würde dann Butansäure entstehen. Der Abbau-Kreislauf („Spirale" der sog. *β*-Oxidation) kann erneut ablaufen.

Abbauschritte:

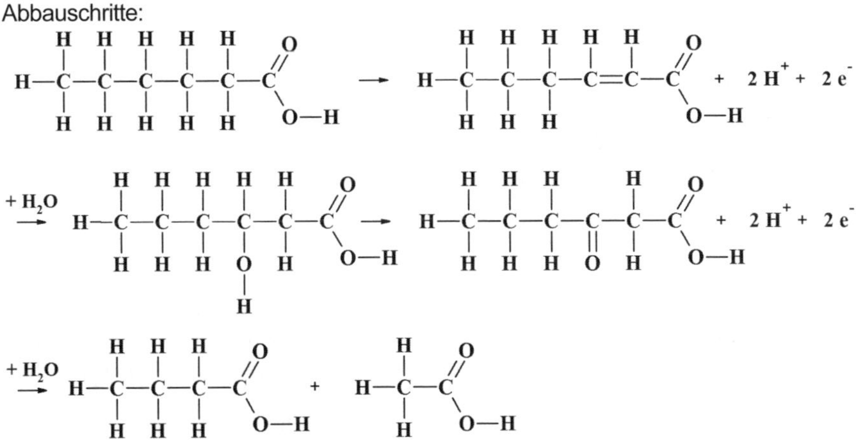

A7:

An allen in diesem Kapitel diskutierten Kohlenstoff-Kreisläufen ist Kohlenstoffdioxid beteiligt. Kohlenstoffdioxid ist am technischen und am natürlichen Kalk-Kreislauf (vgl. Schülerband Seite 116 und 117) und am Kreislauf Photosynthese – Atmung (vgl. Schülerband, Seite 138 und 139) beteiligt.

A8:

In beiden Bildern sind Kreisläufe dargestellt. In B5, S. 137, handelt es sich tatsächlich um den Kreislauf eines Enzyms, das am Ende des Zyklus in der gleichen Form vorliegt, wie zu Beginn. In B5, S. 155, ist jedoch nicht der Kreislauf eines Katalysators dargestellt, sondern der Kreislauf des Eduktgemisches ($3\ H_2 + N_2$). Am Ende des Kreislaufs liegt von diesem Gemisch weniger vor als zu Beginn, weil ein Teil zu Ammoniak reagiert hat, das aus dem Reaktionsgemisch entfernt wurde. Folglich muss neues Gemisch ($3\ H_2 + N_2$) am Ende eines Kreislaufs und Beginn eines nächsten Kreislaufs hinzugefügt werden.

A9:

Im Modellexperiment von S. 138, 139 zum Kreislauf Photosynthese-Zellatmung werden die wesentlichen Merkmale der natürlichen Prozesse unter den drei Aspekten „Stoffkreisläufe“, „Energieumwandlung“ und „Reaktionstypen“ simuliert. Diese werden in der Tabelle von S. 139, B5, ausführlich dargestellt und lauten:

Modellexperiment Photo-Blue-Bottle	Natürliche Prozesse: Photosynthese - Zellatmung
Stoffkreisläufe • Methylviologen-Kreislauf ($MV^{2+} \rightarrow MV^{+} \rightarrow MV^{2+}$) • Kreislauf des zyklisch arbeitenden Photokatalysators Proflavin (PF^{+})	**Stoffkreisläufe** • Kreislauf der Kohlenstoff-Atome ($CO_2 \rightarrow C_m(H_2O)_n \rightarrow CO_2$) • Kreislauf der zyklisch arbeitenden Photokatalysatoren (Chlorophylle u. a.)
Energieumwandlung • Lichtenergie wird chemisch umgewandelt, gespeichert und als andere Energieform verfügbar. • Für die Lichtreaktion ist ein farbiger Photokatalysator (Proflavin) notwendig. • Die Reaktionen laufen in wässriger Lösung und an der Phasengrenze flüssig-gasförmig ab.	**Energieumwandlung** • Lichtenergie wird chemisch umgewandelt, gespeichert und in anderer Energieform verfügbar. • Für die Photosynthese sind farbige Photokatalysatoren (Chlorophylle u. a.) notwendig. • Die Reaktionen laufen in wässriger Lösung und an Membranoberflächen ab.
Reaktionstypen • Der Kreislauf des Methylviologens setzt sich aus einer energie-benötigenden Reduktion ($\Delta G > 0$) und einer energieliefernden Oxidation ($\Delta G < 0$) mit Sauerstoff zusammen. • Der Kreislauf beginnt mit der Absorption von (blauem) Licht • Der Lichtabsorption folgt eine Elektronenübertragung.	**Reaktionstypen** • Der Kreislauf der Kohlenstoff-Atome setzt sich aus einer energie-benötigenden Reduktion ($\Delta G > 0$) und einer energieliefernden Oxidation ($\Delta G < 0$) mit Sauerstoff zusammen. • Der Kreislauf beginnt mit der Absorption von (blauem und rotem) Licht. • Nach der Lichtabsorption folgen (in mehreren Schritten) Elektronenübertragungen.

Im Modellexperiment sind allerdings ganz andere Stoffe beteiligt als in den natürlichen Prozessen. Auch die Reaktionsorte, an denen die jeweiligen Reaktionen (Photosynthese und Zellatmung) ablaufen, sind völlig verschieden.
Dennoch oder gerade deshalb kann das Modellexperiment als tauglich für die Simulation des Kreislaufs Photosynthese-Zellatmung beurteilt werden, denn es reduziert die vielen Substanzen und die sehr komplexen Teilvorgänge aus der Natur auf wenige Stoffe und relativ einfache Reaktionen unter Beibehaltung der genannten wesentlichen Merkmale des Kohlenstoff-Kreislaufs in der Biosphäre.

Der Modellversuch zur technischen Ammoniaksynthese von S. 152 zeigt, dass an einem geeigneten Katalysator ein Gemisch aus elementarem Stickstoff und Wasserstoff zu einem Gas umgesetzt werden kann, das in wässriger Lösung alkalisch reagiert. Wie in der technischen Anlage wird mit einem stöchiometrischen Gemisch $V(\mathbf{H_2}):V(\mathbf{N_2}) = 3:1$ gearbeitet.
Dass es sich bei dem Produkt um Ammoniak handelt, liegt nahe, geht aber nicht eindeutig aus dem Experiment hervor. Anders als bei der technischen Ammoniaksynthese wird im Experiment nicht bei hohem Druck gearbeitet und anders als in der Technik wird das Synthesegasgemisch ($\mathbf{3\,H_2 + N_2}$) nicht im Kreislauf geführt. In der Versuchsvorrichtung des Modellexperiments werden die beiden Edukte aus Gasflaschen entnommen, in der Industrieanlage aus den Rohstoffen Methan, Wasser und Luft hergestellt. Das Produkt Ammoniak wird in der Industrieanlage rein in flüssiger Form abgetrennt, im Modellexperiment nur indirekt nachgewiesen, an keiner Stelle jedoch als reiner Stoff abgetrennt.
Aufgrund dieser Betrachtungen kann das Modellexperiment zur Ammoniaksynthese von S. 152 als begrenzt tauglich beurteilt werden. Es bietet die Möglichkeit, über den Vergleich mit der Industrieanlage von S. 155 die Gemeinsamkeiten und Unterschiede zu diskutieren.

A10:
Die Aussage aus der Aufgabenstellung trifft in den allermeisten Fällen zu. 1. Beispiel: Vgl. Lösung zu B3, S. 153; 2. Beispiel: Entdeckung der Radioaktivität führte zu Anwendungen, die Chancen zur Entdeckung und Heilung von Krankheiten erhöhen, aber auch zu Risiken für die Menschheit (Atombomben, radioaktive Abfälle aus Kernkraftwerken).

A11, A12:
Beim Gleichgewicht aus B3 ist die Anzahl der Gasteilchen in den Edukten doppelt so hoch wie in den Produkten. Nach der Hypothese von AVOGADRO nehmen die Edukte entsprechend ein doppelt so großes Volumen ein wie die Produkte.
Wird auf das System im Gleichgewicht I ein äußerer Druck ausgeübt, verringert sich das Volumen, wobei die Zusammensetzung des Gemisches zunächst gleich bleibt. Diese Situation ist im mittleren Teil aus B3 dargestellt.
Im System aus Edukt- und Produkt-Teilchen stellt sich nun ein neues Gleichgewicht II ein (rechter Teil in B3), das weniger Edukt- und mehr Produkt-Teilchen enthält als das Gleichgewichtssystem I. Dadurch hat sich das Gesamtvolumen verringert und das System aus Edukte und Produkten hat die Wirkung des äußeren Zwangs (Druckerhöhung)

minimiert. Das ist im Einklang mit dem Prinzip von LE CHATELIER (Prinzip vom kleinsten Zwang).

A13:
Die Angaben von S. 147 zeigen, dass der natürliche Stickstoff-Kreislauf bei intensiver Nutzung von Agrarflächen ohne Düngung nicht „nachkommt", d. h. dem Boden werden mehr Stickstoff-Verbindungen entzogen als zurückgegeben. Durch steigende Ernteerträge wird insbesondere viel „Mineralstickstoff" (vgl. B5) entzogen, während der Eintrag von Stickstoffverbindungen ohne Düngung auf die Mineralisierung durch Bakterien aus Leguminosen und Stickstoffoxide und deren Folgeprodukte (Nitrate und Nitrite) aus Gewittern reduziert bleibt.
Die Verarmung des Bodens an nutzbaren Stickstoffverbindungen muss durch Düngung kompensiert werden. Wegen der Zunahme der Erdbevölkerung ist dabei neben der Düngung aus Ernteresten, Stallmist und Jauche auch Düngung mit synthetischen Düngern notwendig.

A14:
Mögliche Reaktionsgleichungen für die Herstellung von
- Ammoniumnitrat: $NH_3 + HNO_3 \rightarrow NH_4NO_3$
- Ammoniumsulfat: $2\ NH_3 + H_2SO_4 \rightarrow (NH_4)_2SO_4$
- Ammoniumhydrogenphosphat: $2\ NH_3 + H_3PO_4 \rightarrow (NH_4)_2HPO_4$
- Ammoniumchlorid: $NH_3 + HCl \rightarrow NH_4Cl$

A15:
Da für die Ammoniaksynthese aus den Elementen die Ausbeute an Produkten bei gleichem Druck bei relativ niedrigeren Temperaturen höher ist, muss die Reaktion exotherm sein.

A16:
Der Ammoniakanteil bei 500 °C und 500 bar beträgt im Gleichgewicht ca. 39 %.

A17:
Diese Aufgabe dient der Wiederholung von Inhalten vor allem der Seite 153 zur technischen Ammoniaksynthese. Ein Schüler sollte in dieser Phase etwa folgende Überlegungen darstellen können:
Die Synthese wird durch die Reaktionsgleichung
$N_2(g) + 3\ H_2(g) \rightarrow 2\ NH_3(g)$
beschrieben. Es handelt sich um eine Gleichgewichtsreaktion, in der alle Reaktionspartner gasförmig vorliegen. Der Syntheseweg verläuft exotherm, wobei eine hohe Aktivierungsenergie erforderlich ist.
Für die Gleichgewichtsreaktion zwischen Gasen ist die Volumenänderung, hier eine Volumenabnahme bei der Synthese auf die Hälfte, entscheidend. Nach dem Prinzip von LE CHATELIER (Prinzip vom kleinsten Zwang) wirkt sich Druckerhöhung produktsteigernd aus. Wegen der leichten Diffundierbarkeit von Wasserstoff werden hohe Materialanforderungen gestellt.

Da die Synthese exotherm verläuft, begünstigen tiefe Temperaturen die Lage des Gleichgewichts nach rechts und somit eine Produktsteigerung. Dem steht aber die hohe Aktivierungsenergie entgegen. So ist z. B. bei Raumtemperatur die Reaktionsgeschwindigkeit gering und die Gleichgewichtseinstellung sehr verzögert. Mit Katalysatoren kann die hohe Aktivierungsenergie herabgesetzt werden. HABER und BOSCH haben spezielle Eisen-Gemische als Katalysatoren entwickelt, an deren Oberfläche Wasserstoff- und Stickstoff-Moleküle adsorbiert werden, die dann unter viel geringerem Energieaufwand dissoziieren und reagieren.
Industriell verläuft die Synthese bei Temperaturen von 400 °C bis 500 °C und bei Drücken von 200 bar bis 300 bar. Durchströmt das Eduktgemisch unter diesen Bedingungen den Reaktor, enthält es beim Austritt einen Anteil von ca. einem Fünftel Ammoniak. Dieser geringen Ausbeute wird durch eine kontinuierliche Reaktionsführung gegengesteuert. Man entfernt das jeweils vorliegende Produkt Ammoniak aus dem Gemisch und führt die restlichen Edukte wieder in die Reaktion zurück.

A18:
Wassergasprozess
$\mathbf{2\,CH_4 + 2\,H_2O \rightarrow 2\,CO + 6\,H_2}$
Generatorgasprozess
$\mathbf{2\,CH_4 + O_2 + 4\,N_2 \rightarrow 2\,CO + 4\,H_2 + 4\,N_2}$
Konvertierung
$\mathbf{2\,CO + 2\,H_2O \rightarrow 2\,CO_2 + 2\,H_2}$
Im Produktgemisch liegen Wasserstoff und Stickstoff mit $\mathbf{12\,H_2 + 4\,N_2}$ im Volumenverhältnis wie 3:1 vor.

A19:
Aus $\mathbf{CH_4}(g) + \mathbf{H_2O}(g) \rightleftarrows \mathbf{CO}(g) + \mathbf{3\,H_2}(g)$ folgt

$$K_c = \frac{c(\mathbf{CO})\cdot c^3(\mathbf{H_2})}{c(\mathbf{CH_4})\cdot c(\mathbf{H_2O})}.$$

Da die Reaktion endotherm verläuft, sollte eine hohe Temperatur die Hinreaktion begünstigen, also zu einer hohen Ausbeute an Wasserstoff führen. Da alle Reaktionsteilnehmer Gase sind, auf der Eduktseite 2 mol und auf der Produktseite 4 mol Gas stehen, begünstigt eine Druckerhöhung die Rückreaktion. Die Bildung von Wasserstoff, d. h. die Hinreaktion wird durch eine Druckerniedrigung begünstigt.

A20:
Die Spezialstähle für Hochdruckreaktoren, in denen mit Wasserstoff gearbeitet wird, dürfen nicht das Element Kohlenstoff enthalten. Die Begründung steht im Schülerband unter B4 auf Seite 153.

A21:
Das Gasgemisch bei der Ammoniaksynthese muss vor der Druckwäsche „konvertiert" werden, d. h. Kohlenstoffmonooxid aus dem Gasgemisch muss in Kohlenstoffdioxid umgewandelt werden. Das ist erforderlich, weil Kohlenstoffmonooxid nicht so einfach und

kostengünstig durch Druckwäsche mit Wasser ausgewaschen werden (vgl. S. 155, B6). Darüber hinaus ist Kohlenstoffmonooxid im Gegensatz zu Kohlenstoffdioxid ein starkes Gift.

A22:
In B6, S. 155, wird deutlich, dass in einer Industrieanlage für die Ammoniaksynthese der im Synthesereaktor nicht zu Ammoniak umgesetzte Anteil an Synthesegasgemisch ($3\ H_2 + N_2$) nach Zumischung einer weiteren Portion solchen Gemisches erneut in den Synthesereaktor zurückgeführt wird.

A23:
Zwischen B6 und den in B4 von S. 154 skizzierten Teilschritten gibt es folgenden Zusammenhang: Die in B4, S. 154, skizzierten Teilschritte 1 bis 3 entsprechen dem ersten Teil der blauen Kurve in B6. Bei der Adsorption und Dissoziation der Wasserstoff- und Stickstoff-Moleküle am Katalysator ist eine wesentlich geringere Aktivierungsenergie notwendig (10 kJ) als bei der Reaktion ohne Katalysator (230 kJ). Dies ist darauf zurückzuführen, dass die Bindungen innerhalb der Moleküle durch die Wechselwirkung der Atome mit der Katalysatoroberfläche gelockert werden und die Moleküle so leichter in Atome dissoziieren.

A24:
offene Aufgabe

A25:
offene Aufgabe

Anhang:
Lösungen zu Aufgaben der 1. Auflage von BN 3367

Seite 118 und 119

Auswertung c):

V6: Aus den Reaktionsgleichungen auf Seite 119 erkennt man folgende Stoffmengenverhältnisse von Na_2CO_3 bzw. $NaHCO_3$ und CO_2 (HCl im Überschuss):

- Bei der Reaktion mit Na_2CO_3

$$\frac{n(Na_2CO_3)}{n(CO_2)} = \frac{1}{1}$$

$$n(Na_2CO_3) = \frac{1\,g}{106\,g \cdot mol^{-1}} \approx 0{,}0094\,mol$$

$n(CO_2) = 0{,}0094$ mol

$m(CO_2) = 44\ g \cdot mol^{-1} \cdot 0{,}0094\ mol = 0{,}414\ g$

- Bei der Reaktion mit $NaHCO_3$

$$\frac{n(NaHCO_3)}{n(CO_2)} = \frac{1}{1}$$

$$n(Na_2CO_3) = \frac{1\,g}{84\,g \cdot mol^{-1}} \approx 0{,}012\,mol$$

$n(CO_2) = 0{,}012$ mol

$m(CO_2) = 44\ g \cdot mol^{-1} \cdot 0{,}012\ mol = 0{,}528\ g$

Auswertung e):

Hier besteht die Möglichkeit, das Gas in eine Gasmessglocke einzuleiten oder in einem großen, mit Wasser gefüllten Becherglas in einer pneumatischen Wanne aufzufangen. Ein Teil des Kohlenstoffdioxids löst sich zwar in Wasser, wenn man den Weg durch das Wasser aber kurz hält, lässt sich dieser Effekt vernachlässigbar klein halten.

Analog zur Rechnung bei Versuch 6 ergeben 2 g Natriumhydrogencarbonat dann etwa 1,06 g, also etwa 1 g, also 22,7 mmol CO_2. Bei Raumtemperatur entspricht dies bei 24 mL/mmol einem Volumen von etwa 0,55 L.

Seite 120 und 121

B5:

Reaktionsschritt (1) – lilafarbene Reaktionswege

Reaktionsschritt (2) – grüne Reaktionswege

Reaktionsschritt (3) – blaue Reaktionswege

Reaktionsschritt (4) – gelbe Reaktionswege

Reaktionsschritt (5) – pinkfarbene Reaktionswege

Auswertung a):

Nach Gleichung (2) bilden sich bei Einleiten des Kohlenstoffdioxids Hydrogencarbonat-Ionen. Diese Zugabe von Hydrogencarbonat-Ionen führt zu einer Verschiebung der Gleichgewichtslage auf die Seite der Produkte, wobei schwerlösliches Natriumhydrogen-

carbonat ausfällt, d. h. die Hydrogencarbonat-Ionen werden aus dem Gleichgewicht entfernt.
Hinweis: Eleganter lässt sich dies mit dem Begriff des Löslichkeitsprodukts zeigen, da dieser in der Regel zu diesem Zeitpunkt nicht einfach zugänglich ist, soll hier diese Plausibilitätsbetrachtung reichen.
Möchte man quantitative Aussagen machen, kann man die Definition vorgeben und unter Angabe der Löslichkeitsprodukte a) quantitativ formulieren:

Bei Salzen vom Typ AB wird das Produkt der beiden Ionenkonzentrationen als Löslichkeitsprodukt K_L bezeichnet.
$K_L = c(\mathbf{A}^+(aq)) \cdot c(\mathbf{B}^-(aq))$
Sobald das Löslichkeitsprodukt erreicht wird, beginnt die Bildung eines festen Salzes, die dazu benötigten Konzentrationen lassen sich nun berechnen.
a) Erklären Sie mithilfe des Löslichkeitsprodukts, warum Natriumhydrogencarbonat aus der Lösung ausfällt und berechnen Sie die Konzentration an Hydrogencarbonat-Ionen, bei der dies geschieht. Die Anfangskonzentrationen betragen bei V1 etwa $c_0(\mathrm{Na^+}) \approx 4{,}5\,\mathrm{mol/L}$ und $c_0(\mathrm{NH_4^+}) \approx 3{,}9\,\mathrm{mol/L}$.

Auswertung b):
Beim Erwärmen im Trockenschrank reagiert Natriumhydrogencarbonat zu Soda nach folgender Reaktionsgleichung:
$\mathbf{2\,NaHCO_3 \rightarrow Na_2CO_3 + CO_2 + H_2O}$ (Calcinieren)
Der Nachweis erfolgt über die stark basische Reaktion der wässrigen Sodalösung im Gegensatz zur schwach alkalischen Lösung des Natriumhydrogencarbonats.

Auswertung c):
Nach einiger Zeit bildet sich ein schwerlöslicher Niederschlag von Natriumhydrogencarbonat. Die Reaktion stellt die „Umkehrung" der Reaktion bei Auswertung b) dar, wobei hier in wässriger Lösung folgende Reaktion abläuft:
$\mathbf{Na_2CO_3}(aq) + \mathbf{CO_2}(g) + \mathbf{H_2O}(l) \rightarrow \mathbf{2\,NaHCO_3}(s)$

A1:

Chlornatrium	– Natriumchlorid, Kochsalz
kohlensaures Natrium	– Natriumcarbonat, Soda
schwefelsaures Natrium	– Natriumsulfat
Ammoniaksoda	– Soda, die nach diesem Verfahren hergestellt wurde

A2:
Gesamtreaktionsgleichung für das Leblanc-Verfahren:
$\mathbf{2\,NaCl + H_2SO_4 + 2\,C + CaCO_3 \rightarrow Na_2CO_3 + 2\,HCl + 2\,CO_2 + CaS}$
Gesamtreaktionsgleichung für das Solvay-Verfahren:
$\mathbf{2\,NaCl + CaCO_3 \rightarrow Na_2CO_3 + CaCl_2}$
Man erkennt, dass beim Solvay-Verfahren als Nebenprodukt nur Calciumchlorid entsteht.

A3:
Die Zwischenprodukte beim Leblanc-Verfahren konnten zwar noch weiter verarbeitet werden: ($\mathbf{CaS + CO_2 + H_2O \rightarrow CaCO_3 + H_2S}$ bzw. $\mathbf{H_2S + 2\,O_2 \rightarrow H_2SO_4}$), doch hat das Verfahren erhebliche Nachteile. Neben dem Zwischenprodukt Salzsäure und

umweltschädlichen Calciumsulfid-Rückständen ist besonders die Tatsache, dass die Umsetzungen in fester Phase einen erheblichen Energieaufwand benötigen, von Bedeutung gewesen.

A4:
Zur Gewinnung von 1 t Soda benötigt man etwa 500 kg Ammoniak im Umlauf. Die unvermeidlichen Verluste liegen immerhin in der Größenordnung von 4 – 6 kg Ammoniak pro Umlauf. Dies verdeutlicht, wie wichtig die kostengünstige Herstellung von Ammoniak für die Sodaherstellung nach Solvay war.

Seite 122 und 123

B1:
offene Aufgabe

B4:
Kalkwasser $\mathbf{Ca(OH)_2}$ enthält gelöste Calcium-Ionen $\mathbf{Ca^{2+}}$ sowie Hydroxid-Ionen $\mathbf{OH^-}$ und leitet relativ gut. Beim Einleiten von Kohlenstoffdioxid bildet sich zunächst schwerlösliches Calciumcarbonat (Trübung der Lösung):
$\mathbf{Ca^{2+}}(aq) + \mathbf{CO_2}(g) + \mathbf{2\ OH^-}(aq) \rightarrow \mathbf{CaCO_3}(s) + \mathbf{H_2O}(l)$.
Dabei werden Ionen aus der Lösung entfernt, die Leitfähigkeit (also auch die Stromstärke bei konstanter Spannung) nimmt ab.
Beim weiteren Einleiten von Kohlenstoffdioxid bilden sich nach der folgenden Gleichung wieder Ionen, die Trübung verschwindet und die Leitfähigkeit nimmt wieder zu:
$\mathbf{CaCO_3}(s) + \mathbf{H_2O}(l) + \mathbf{CO_2}(g) \rightarrow \mathbf{Ca^{2+}}(aq) + \mathbf{2\ HCO_3^-}(aq)$.

B5:
In der Säule oben, links werden Wasserstoff-Ionen $\mathbf{H^+}$ gegen Kationen (grüne Dreiecke) aus dem salzhaltigen Wasser ausgetauscht. Dabei wird der Kationenaustauscher mit Kationen ($\mathbf{Ca^{2+}}$, $\mathbf{Mg^{2+}}$, $\mathbf{Na^+}$ u.a.) beladen.
Anschließend fließt das Wasser, das jetzt nur noch Wasserstoff-Ionen $\mathbf{H^+}$ als Kationen enthält, aber noch alle Anionen aus den Salzen, in die Säule unten, links, wo die Anionen gegen Hydroxid-Ionen $\mathbf{OH^-}$ ausgetauscht werden. Unten, links kommt vollentsalztes Wasser heraus; der Anionenaustauscher ist jetzt mit Anionen ($\mathbf{Cl^-}$, $\mathbf{HCO_3^-}$, $\mathbf{SO_4^{2-}}$ u.a.) beladen.
Der beladene Kationenaustauscher (oben, rechts) wird regeneriert, indem mit einer sauren Lösung alle Kationen wieder gegen Wasserstoff-Ionen $\mathbf{H^+}$ ausgetauscht werden. Entsprechend regeneriert man den Anionenaustauscher mit einer alkalischen Lösung, wobei Anionen gegen Hydroxid-Ionen $\mathbf{OH^-}$ ausgetauscht werden.

Auswertung a):
Die Calcium-Ionen werden nach folgender Reaktionsgleichung mit Oxalat-Ionen als Calciumoxalat ausgefällt:
$\mathbf{Ca^{2+}}(aq) + \mathbf{H_2C_2O_4}(aq) \rightarrow \mathbf{CaC_2O_4}(s) + \mathbf{2\ H^+}(aq)$.

Auswertung b):

Beispiel für eine Titrationskurve einer Leitungswasserprobe:

Hinweis: Bei dieser Titration wurde – anders als in der Vorschrift angegeben – eine 100-mL-Leitungswasserprobe mit Oxalsäure, c = 0,01 mol/L, titriert.

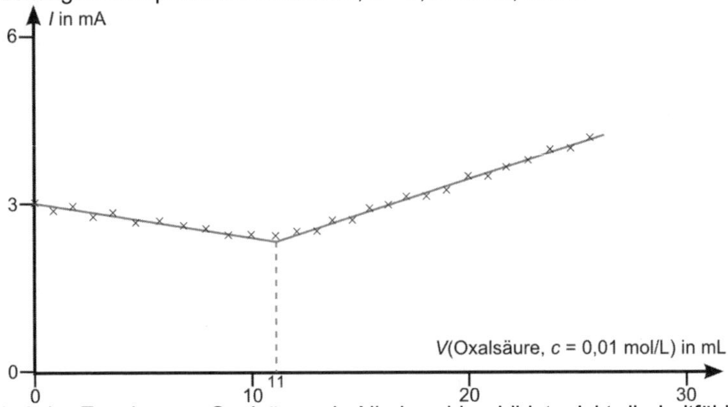

Da sich bei der Zugabe von Oxalsäure ein Niederschlag bildet, sinkt die Leitfähigkeit der Lösung bis zum Äquivalenzpunkt und steigt danach steiler an, weil alle Ionen aus der nun überschüssigen Oxalsäure-Lösung in Lösung bleiben.

Rechenbeispiel:

Es wurden 11 mL Oxalsäure-Lösung verbraucht. Dies entspricht einer Stoffmenge von
$n(\mathbf{H_2C_2O_4}) = c(\mathbf{H_2C_2O_4}) \cdot V(\mathbf{H_2C_2O_4}) = 0{,}01\,\text{mol/L} \cdot 0{,}011\,\text{L} = 1{,}1 \cdot 10^{-4}\,\text{mol}$.

Nach der Reaktionsgleichung aus Auswertung a) reagiert ein Calcium-Ion mit einem Oxalsäure-Molekül, also gilt
$n(\mathbf{Ca^{2+}}) = n(\mathbf{H_2C_2O_4})$.

Es wurden 100 mL Probe titriert, daraus ergibt sich eine Calcium-Ionenkonzentration in Höhe von

$$c(\mathbf{Ca^{2+}}) = \frac{n(\mathbf{Ca^{2+}})}{V(\text{Probe})} = \frac{1{,}1 \cdot 10^{-4}\,\text{mol}}{0{,}1\,\text{L}} = 1{,}1 \cdot 10^{-3}\,\text{mol} = 1{,}1\,\text{mmol}.$$

Es sind also 1,1 mmol Calcium-Ionen $\mathbf{Ca^{2+}}$ pro Liter Wasser enthalten.

1,1 mmol Calcium-Ionen $\mathbf{Ca^{2+}}$ pro Liter Wasser entsprechen 1,1 mmol Calciumoxid **CaO** pro Liter Wasser.

1 °d entsprechen 0,1783 mmol Calciumoxid **CaO** pro Liter Wasser (vgl. B2). Daraus folgt, dass die Leitungswasserprobe eine Wasserhärte von

$$\frac{1{,}1\,\text{mmol/L}}{0{,}1783\,\text{mmol/L}} = 6{,}1\,°\text{d}$$

aufweist. Damit befindet es sich am Ende des Härtebereichs für weiches Wasser.

A1:

Hinweis: Die Flash-Animation enthält Fotos aus Tropfsteinhölen, animierte Modelle, Reaktionsgleichungen sowie schriftliche und gesprochene Erläuterungen.

Das entscheidende Gleichgewicht ist:

$Ca^{2+}(aq) + 2\ HCO_3^-(aq) \rightleftarrows CaCO_3(s) + CO_2(g) + H_2O(l)$.
Bei Temperaturerhöhung wird das Gleichgewicht nach rechts, bei Erhöhung des Partialdrucks des Kohlenstoffdioxids nach links verschoben.

A2:
Beim Regenerieren des Kationenaustauschers werden Oxonium-Ionen H_3O^+ dem Gleichgewicht $2\ R\text{-}SO_3H + Mg^{2+}(aq) + 2\ H_2O(l) \rightleftarrows (R\text{-}SO_3^-)_2Mg^{2+} + 2\ H_3O^+(aq)$ hinzugefügt, das Gleichgewicht verschiebt sich also auf die linke Seite.

A3:
Bei der Wasserreinigung durch Ionenaustausch bleiben gelöste Gase und organische Stoffe im Wasser, weil in den Ionenaustauschern nur Ionen festgehalten werden. Destilliertes Wasser ist reiner als entionisiertes Wasser. Allerdings wird beim Wasserreinigen durch Destillation mehr Energie aufgewendet als beim Reinigen von Wasser mit Ionenaustauschern.

Seite 130 und 131

Anmerkungen zu den Versuchen:
V1: Wenn man seitlich durch das Becherglas sieht, beobachtet man Schlierenbildung verursacht durch Glucose-Lösung, die aus dem Darmstück austritt. In dem umgebenden Wasser lässt sich nach kurzer Zeit Glucose mit den Teststreifen nachweisen.
Glucose kann in das umgebende Wasser austreten, da sich in der Darmwand Poren befinden, deren Durchmesser so groß sind, dass Glucose-Moleküle durch sie in die Umgebung hindurch diffundieren können.
Die Glucoseaufnahme im lebenden Körper aus dem Darm ins Blut ist ein aktiver Transport, d. h. er verläuft nur unter Energieaufwand. Dennoch zeigt dieser Versuch die Durchlässigkeit der Darmwand für das relativ kleine Glucose-Molekül. Bei einer Wiederholung des Versuchs mit Stärke-Lösung statt mit Glucose-Lösung würde Stärke nicht durch die Darmwand hindurchtreten, da die Stärke-Moleküle zu groß sind (vgl. A2 auf S. 130).
V2: Für den quantitativen Glucose-Nachweis ohne Blutzuckermessgerät eignen sich nicht alle im Handel käuflichen Teststäbchen gleichermaßen gut.
V3: Die Farbe der ursprünglich blauen Lösung ändert sich über Grün, Gelb und Orange nach Rot durch ausfallendes festes Kupfer(I)-oxid Cu_2O.
V4: Die grüne Färbung des Universalindikators in Wasser wird durch Einleiten von Kohlenstoffdioxid-Gas gelb, wodurch eine schwach saure Lösung angezeigt wird. Nach Zugabe der durch den Indikator rot gefärbten Salzsäure-Lösung ist eine Gasbildung (Kohlenstoffdioxid) zu beobachten. Die Färbung des Indikators der kohlensauren Lösung ändert sich bei Zugabe von Salzsäure-Lösung nicht erkennbar, solange Kohlenstoffdioxid freigesetzt wird.
Hinweis: Die Kohlenstoffdioxid-Freisetzung nach Zugabe von Salzsäure lässt sich durch die Gleichgewichtsverschiebungen der Reaktionsgleichungen (2) und (3) auf Seite 131 erklären.

V5: Die Brausetabletten liefern unterschiedliche Gasvolumina (Kohlenstoffdioxid). Die erste Tablette liefert deutlich weniger Gas (etwa 90 mL) als die zweite Tablette (über 200 mL), so dass die Füllkapazität des Messzylinders durch die zweite Tablette zumeist überschritten wird.

B5:
Körperliche Anstrengung senkt, Nahrungsaufnahme erhöht den Blutzuckerspiegel, der bei einem gesunden Menschen zwischen 80 und 100 mg Glucose/100 mL Blut liegt. Damit der Blutzuckerspiegel in etwa konstant bleibt, wird er durch die beiden Hormone Glucagon und Insulin reguliert, die in der Bauchspeicheldrüse produziert werden. Glucagon bewirkt eine Freisetzung von Glucose aus dem Speicherstoff Glucogen in der Leber; die Leber kann dann bei zu niedrigem Blutzuckerspiegel Glucose ins Blut abgeben. Insulin hingegen senkt den Blutzuckerspiegel, indem es die Glucose-Aufnahme aus dem Blut in die Leber fördert. Unter dem Einfluss des Insulins wird dort der Speicherstoff Glycogen aus Glucose aufgebaut.

B6:
Durch Einatmen gelangt Sauerstoff in die Lunge. Der in den Lungenbläschen enthaltene Sauerstoff wird durch das Hämoglobin der roten Blutkörperchen im Blut unter Freisetzung von Protonen gebunden (siehe Gleichgewicht (1)). Die im Blut gelösten Hydrogencarbonat-Ionen (gelöstes Kohlenstoffdioxid) nehmen diese Protonen unter Freisetzung von gasförmigem Kohlenstoffdioxid auf (V4, Seite 130), das über die Lungenbläschen ausgeatmet wird. Das mit Sauerstoff beladene Hämoglobin gelangt durch die Arterien zum Körpergewebe. Im Körpergewebe wird durch Oxidation der Glucose Kohlenstoffdioxid erzeugt, das im Blut gelöst wird. Die so freigesetzten Protonen (siehe Gleichgewichte (2) und (3)) erhöhen die Protonenkonzentration im Bereich der Gewebe. Hämoglobin gibt den gebundenen Sauerstoff unter Aufnahme von Protonen an das Gewebe ab. Sauerstofffreies Hämoglobin wird zusammen mit den Hydrogencarbonat-Ionen durch die Venen über das Herz wieder zur Lunge befördert.
Ein starker Abfall des *p*H-Werts könnte zur Folge haben, dass das als Hydrogencarbonat gelöste Kohlenstoffdioxid bereits in den Blutgefäßen gasförmig austritt (Embolie-Gefahr). Zudem ist durch die erhöhte Protonenkonzentration die Sauerstoffbindung des Hämoglobins erschwert (siehe Gleichgewicht (1)).
Zusatzinformationen:

1. Ein Hämoglobin-Molekül kann maximal 4 Sauerstoff-Moleküle jeweils unter Abgabe eines Protons binden.
2. Der physiologisch normale *p*H-Wert des Menschen liegt bei ca. 7,4. Pathologische *p*H-Wert-Änderungen können z. B. durch Lungenfunktionsstörungen oder Nierenerkrankungen entstehen. Bei *p*H-Werten unter 7,35 spricht man von Acidosen, bei *p*H-Werten von über 7,45 von Alkalosen.

Auswertung a):
Beide Brausetabletten sind identisch und würden unter gleichen Bedingungen gleiche Gasportionen an Kohlenstoffdioxid-Gas entwickeln. Dass hier für die einzelnen Tabletten unterschiedliche Gasvolumina gemessen werden, lässt sich durch die Löslichkeit des

durch die Tabletten freigesetzten Gases erklären. Das Kohlenstoffdioxid der ersten Tablette löst sich zu einem großen Teil in dem Wasser, sodass nur ein Teil als gasförmiges Kohlenstoffdioxid im Messzylinder sichtbar wird. Das von der zweiten Tablette freigesetzte Kohlenstoffdioxid-Gas kann sich in der mit Gas bereits gesättigten Lösung nicht mehr (kaum noch) lösen, sodass ein größerer Teil im Messzylinder aufgefangen wird.

Auswertung b):
Kohlenstoffdioxid-Gas löst sich in Wasser bis eine gesättigte Lösung entsteht (V5). Beim Lösen von Kohlenstoffdioxid in Wasser sinkt der *p*H-Wert, was durch den Universalindikator in V4 angezeigt wird: Es bildet sich kohlensaure Lösung (vgl. Seite 122). Das Löslichkeitsgleichgewicht des Kohlenstoffdioxid ist somit *p*H-Wert abhängig, ein Zusatz von Säure bzw. Protonen setzt gelöstes Kohlenstoffdioxid wieder frei (vgl. Reaktionsgleichungen (2) und (3) auf Seite 131).

Auswertung c):
Arterielles Blut: geringer Kohlenstoffdioxid-Gehalt, venöses Blut: hoher Kohlenstoffdioxid-Gehalt.
An dieser Stelle kann man auf B2 verweisen: Die linke Gaswaschflasche wird mit Sauerstoff-Gas gespült, das Blut färbt sich hellrot; die rechte Gaswaschflasche wird mit Kohlenstoffdioxid-Gas gespült, das Blut färbt sich blau-rot.
Hinweis zu B2: Schweineblut kann vom Schlachthof besorgt werden. Um ein Gerinnen zu verhindern, gibt man zu einem Volumen von ca. 100 mL frischen Bluts etwa 20 mL einer ca. 4 %-igen Natriumcitrat-Lösung. Die unterschiedlichen Färbungen des Bluts werden deutlich sichtbar, wenn man in eine Portion Sauerstoff, in die andere Kohlenstoffdioxid einleitet (B2).

Auswertung d):
Das durch die Oxidation der Nährstoffe gebildete Kohlenstoffdioxid senkt den *p*H-Wert des Bluts. Dadurch sinkt seine Löslichkeit im Blut, sodass aus dem venösen Blut in der Lunge Kohlenstoffdioxid gasförmig abgegeben werden kann.
Hinweis: Eine vertiefendere Betrachtung der Gleichgewichte von Kohlenstoffdioxid und Sauerstoff im Blut erfolgt unter B6 auf Seite 131.

A1:

$$m(\mathrm{C_6H_{12}O_6}) = \frac{100\,\mathrm{mg} \cdot 7000\,\mathrm{mL}}{100\,\mathrm{mL}} = 7000\ \mathrm{mg} = 7\mathrm{g}$$

Im gesamten Blutvolumen des Menschen sind 7 g Glucose gelöst. Diese Portion entspricht in etwa einem kleinen Täfelchen Traubenzucker (= 6 g).

A2:
vgl. Anmerkungen zu V1

A3:
Bei niedrigen *p*H-Werten ist die Protonenkonzentration hoch. Dadurch verschiebt sich das Gleichgewicht (1) auf die linke Seite, sodass Sauerstoff vom Hämoglobin-Molekül verdrängt und durch Protonen ersetzt wird.

A4:
Bei Erhöhung der Protonenkonzentration verschiebt sich das Gleichgewicht (3) und nachfolgend aufgrund der Erhöhung der Kohlensäure-Konzentration das Gleichgewicht (2) jeweils nach links. Eine Hydrogencarbonat-Lösung wird daher beim Ansäuern Kohlenstoffdioxid-Gas freisetzen. Steigt der *p*H-Wert, so wird die Löslichkeit des Kohlenstoffdioxid durch vermehrte Bildung von Hydrogencarbonat-Ionen erhöht.

Seite 132 und 133 EVA

B2:
Glucose wird durch Methylenblau zu Gluconsäure oxidiert. Dabei verschwindet die Blaufärbung des Methylenblaus, es entsteht die reduzierte, farblose Form von Methylenblau (Leucoform). Durch kräftiges Schütteln des Kolbens wird Sauerstoff in die Lösung eingebracht, der das Leucomethylenblau oxidiert. Die Lösung wird wieder blau. Jetzt steht Methylenblau wieder als Oxidationsmittel für die Glucose zur Verfügung. Der Vorgang läuft so lange ab, bis die Glucose-Konzentration zu niedrig geworden ist.

B3:
Anhand der Oxidationszahlen der Kohlenstoff-Atome in den Molekülen von Glucose und Gluconsäure erkennt man, dass je 2 Elektronen abgegeben werden. Um ein Sauerstoff-Molekül zu reduzieren, benötigt man demnach 2 Glucose-Moleküle.
Die von einem Glucose-Molekül abgegebenen zwei Elektronen werden nicht direkt auf ein Sauerstoff-Molekül (Redoxpartner) übertragen, sondern zunächst auf ein Methylenblau-Molekül. Methylenblau wird zu Leucomethylenblau reduziert. Nach Einbringung von Sauerstoff gibt die reduzierte Form des Methylenblau zwei Elektronen je Molekül an ein Sauerstoff-Atom eines Sauerstoff-Moleküls ab. Dadurch wird Methylenblau wieder oxidiert und steht erneut für eine Elektronenaufnahme von Glucose zur Verfügung.
Bei der Verbrennung der Glucose wie in B1 wird Glucose vollständig zu Kohlenstoffdioxid und Wasser oxidiert. Die Elektronen des Glucose-Moleküls werden direkt auf je ein Sauerstoff-Atom eines Sauerstoff-Moleküls übertragen. Anders als beim Blue-Bottle-Versuch werden die Elektronen nicht über einen Elektronenvermittler vom Glucose-Molekül zum Sauerstoff-Atom übertragen.
Hinweis: Man könnte darauf hinweisen, dass bei diesem Versuch das Glucose-Molekül durch das Erhitzen in kleinere Bruchstücke zerlegt wird, die dann mit Sauerstoff-Molekülen reagieren.

B4:

$$H_3C-CO-COOH \xrightarrow{+[O]} H_3C-COOH + CO_2$$

Als Oxidationsmittel (Lieferant der im Schema angegebenen Sauerstoff-Atome) kann im Labor ein Gemisch aus Kaliumdichromat oder Kaliumpermanganat und Schwefelsäure fungieren.

Biochemisch verläuft diese Reaktion enzymatisch unter Beteiligung von Coenzym A und dem Redoxsystem $NADH_2/NAD^+$.

B5:

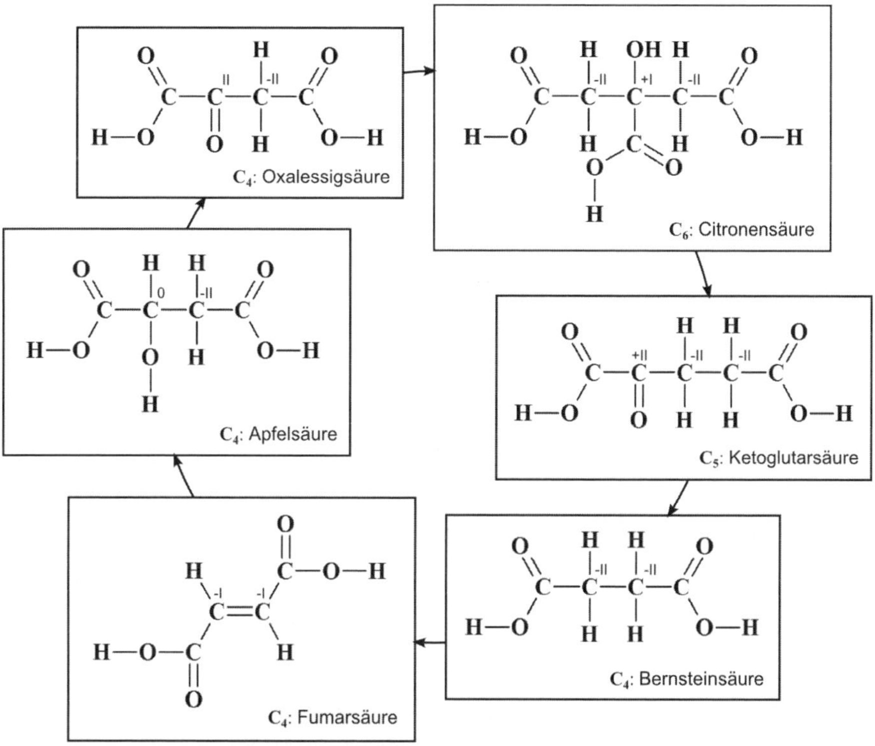

Das Stereoisomer zur Fumarsäure ist die Maleinsäure (*Z*- oder *cis*-Butandisäure):

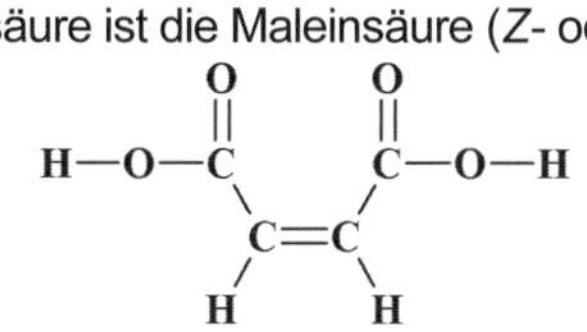

Seite 134 und 135

B1:
offene Aufgabe

B6:
Man benötigt zur vollständigen Hydrolyse eines Stärke-Moleküls aus 1000 Glucose-Bausteinen insgesamt 999 Wasser-Moleküle.

B7:
Da die Bindungsstruktur am Kohlenstoff-Atom 1 planar ist (vgl. B4), kann der Ringschluss des Glucose-Moleküls von zwei Seiten erfolgen: von oben bzw. unten. Als Folge dieser beiden Möglichkeiten ergeben sich die beiden Ringstrukturformeln der α- bzw. β-Glucose, mit einer Stellung der Hydroxy-Gruppe unterhalb bzw. oberhalb der Ringebene.
Methodischer Hinweis: Wenn die Schüler gruppenteilig der Ringschluss nachvollziehen, dann werden vermutlich beide Anomere der Glucose gebastelt. Man kann die Schüler dann das eigene Modell mit denen der Nachbargruppen vergleichen lassen.

Auswertung a):
Eine Stoffportion von 5,7 g Saccharose gelöst in 100 mL entspricht einer Stoffportion der Masse m = 57 g Saccharose in 1 kg Wasser.

$$M(\text{Saccharose}) = \frac{1{,}86\,°\text{C}\cdot\text{mol}^{-1}\cdot 57\,\text{g}}{0{,}31\,°\text{C}} = 342\ \text{g}\cdot\text{mol}^{-1}$$

Saccharose hat eine molare Masse von 342 g · mol^{-1}.

Auswertung b):
Bei V5 sollte man eine Erniedrigung der Gefriertemperatur von ca. 1,0 °C messen. Hier wäre es evtl. empfehlenswert, in einem analog durchgeführten Vorversuch zunächst die Gefriertemperatur des Lösemittels Wasser zu bestimmen.
Danach berechnet sich die molare Masse von Glucose:

$$M(\mathbf{C_6H_{12}O_6}) = \frac{1{,}86\,°\text{C}\cdot\text{mol}^{-1}\cdot 100\,\text{g}}{1{,}0\,°\text{C}} = 186\ \text{g}\cdot\text{mol}^{-1}$$

Dies entspricht etwa dem theoretischen Wert von 180 g · mol^{-1}.

Auswertung c):
Bei V4 kann man eine Blaufärbung des Glucose-Teststreifens und eine Rotfärbung der Resorcin-Salzsäure-Lösung erkennen. Damit werden in der mit Säure erhitzten Lösung die Monosaccharide Glucose und Fructose nachgewiesen. Die Hydrolyse von Saccharose liefert Glucose und Fructose.
Die Berechnung bei Auswertung a) ergibt für Saccharose eine molare Masse von 342 g · mol^{-1}. Dies entspricht der molaren Masse eines Disaccharids aus zwei Monosaccharid-Molekülen abzüglich der molaren Masse eines Wasser-Moleküls:
$2 \cdot 180\ \text{g}\cdot\text{mol}^{-1} - 18\ \text{g}\cdot\text{mol}^{-1}$.
Saccharose ist ein Disaccharid aus den beiden Monosacchariden Glucose und Fructose.

Seite 156 bis 157
(KOMPETENZEN TRAINIEREN)

A1:

Um Kalk zu brennen, muss er stark erhitzt werden. Dafür wird entweder direkt die Wärme aus der Verbrennung von fossilen Brennstoffen verwendet oder elektrische Energie. In beiden Fällen handelt es sich um „wertvolle“ Energie. Beim Abbinden wird Wärme bei relativ niedriger Temperatur verfügbar, die nicht nutzbar ist. Hierbei handelt es sich um „wertlose“ Energie.

A2:

Bei (1) und (4) ist „Erhitzen“ schon angegeben. Auch die Calcinierung ist ein endothermer Prozess, zusätzlich muss das entstehende Wasser verdampft werden. Technisch arbeitet man bei Temperaturen um 170 °C, obwohl die Zersetzung bereits bei 60 °C beginnt.
Bei (2) wird durch die ständige Einleitung von Kohlenstoffdioxid und Ammoniak in Wasser die Bildung von Ammonium- und Hydrogencarbonat-Ionen gefördert („Verschiebung der Gleichgewichtslage nach rechts“). Die Bildung des gelösten Ammoniumhydrogencarbonats ist stark exotherm, die Lösung muss deshalb gekühlt werden.
Bei (3) führt diese ständige Bildung der Hydrogencarbonat-Ionen zur Beeinflussung des Gleichgewichts in Richtung des ausfallenden Produktes Natriumhydrogencarbonat. Die Rückgewinnung von Ammoniak gelingt dann bei etwa 90 °C aus der Ammonium-Ionen haltigen Lösung.

A3:

Energetische Aspekte oder gar Betrachtungen zur freien Enthalpie können an dieser Stelle nicht berücksichtigt werden. Es lässt sich allerdings verdeutlichen, dass beim Erhitzen das Kohlenstoffdioxid aus Calciumcarbonat als Gas entweicht und für eine Reaktion mit dem festen Kochsalz ($NaCl$) nicht zur Verfügung steht.

A4:

Das SOLVAY-Verfahren zur technischen Herstellung von Soda ist mit dem technischen Kreislauf gekoppelt, weil das notwendige Kohlenstoffdioxid durch Brennen von Kalkstein gewonnen wird und das Calciumoxid, das dabei als Kopplungsprodukt auftritt, ebenfalls genutzt wird, um Ammoniak im geschlossenen Kreislauf zu halten (vgl. Schülerband, Seite 120 und 121).

A5:

Aus B1, S. 115, lässt sich entnehmen, dass die Masse an Kohlenstoff in der Atmosphäre – gebunden als Kohlenstoffdioxid – auf etwa 750 Gt geschätzt wird. Durch Photosynthese entziehen die Pflanzen der Atmosphäre jährlich ca. 100 Gt Kohlenstoffdioxid. Dies bedeutet, dass die Pflanzen den atmosphärisch gebundenen Kohlenstoff in ca. 7,5 Jahren einmal umgesetzt haben. Dieser relativ kurze Zeitraum verdeutlicht die enge Beziehung zwischen Vegetation und Atmosphäre.

A6:

a) Zunächst muss die Stoffportion der in 200 mL Wasser gelösten Maltose auf 1 kg Lösemittel umgerechnet werden:

$$M(\text{Maltose}) = \frac{1{,}86\,°\text{C} \cdot \text{mol}^{-1} \cdot 183{,}5\,\text{g}}{1{,}0\,°\text{C}} = 341\,\text{g} \cdot \text{mol}^{-1}$$

Die molare Masse von Maltose wurde mit 341 g · mol^{-1} berechnet. Die ermittelte molare Masse von Maltose entspricht der eines Disaccharids (342 g · mol^{-1}). Die Summenformel lautet: $C_{12}H_{22}O_{11}$.

Da Stärke ein Polysaccharid bestehend aus Glucose-Bausteinen ist, muss Maltose ein Disaccharid aus zwei Glucose-Bausteinen sein.

b)

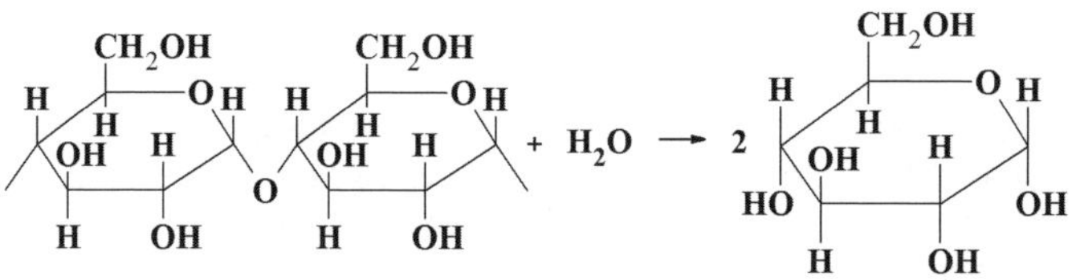

A7:

a) Die Frage lässt sich mithilfe der Reaktionsgleichung des Gleichgewichts (1) auf S. 101 beantworten. Ist der Sauerstoffgehalt der Luft in Höhenlagen gering, kann das zur Verfügung stehende Hämoglobin des Bluts nicht mehr genügend Sauerstoff binden. Es kann zu Atemnot kommen. Nach einiger Zeit passt sich der Körper an, indem er mehr Hämoglobin produziert. Durch Erhöhung des „Ausgangsstoffes“ Hämoglobin wird die ursprüngliche Gleichgewichtslage des Gleichgewichts (1) gestört. Es wird vermehrt Sauerstoff an das nunmehr in höherer Konzentration vorliegende Hämoglobin gebunden, bis die ursprüngliche Gleichgewichtslage wieder eingestellt ist (Prinzip von LE CHATELIER). Der Körper wird nun wieder mit mehr Sauerstoff versorgt.

b) Beim Höhentraining macht man sich die zusätzliche Hämoglobin-Bildung zunutze. Trainiert ein Sportler einige Tage in größeren Höhen, hat sein Körper einen erhöhten Hämoglobin-Spiegel. Kehrt er in niedrigere Lagen zurück, so kann er durch das höhere Angebot an Hämoglobin mehr Sauerstoff binden und somit seine Leistungsfähigkeit kurzfristig steigern. Nach einiger Zeit wird der erhöhte Hämoglobinspiegel wieder abgebaut.

A8:

a) Oxidationszahlen:

A:

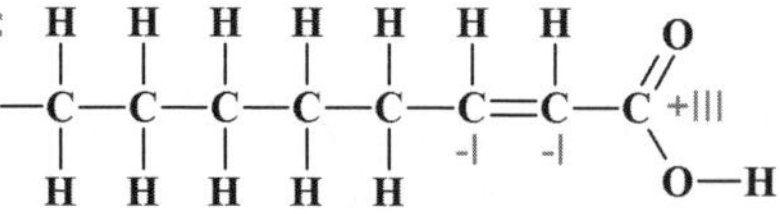

C:

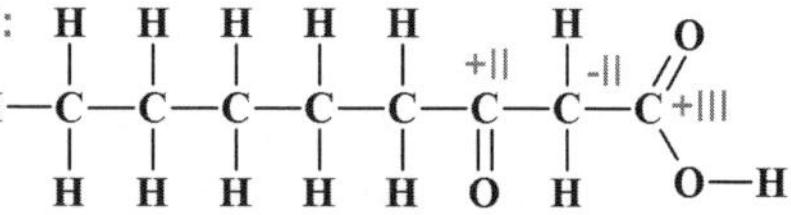

B:

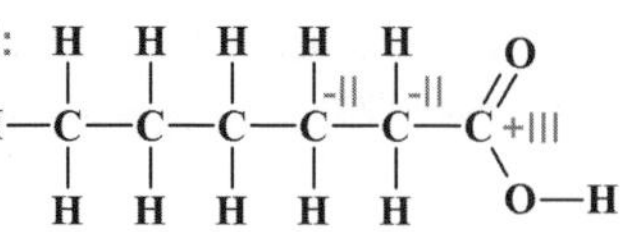

D:

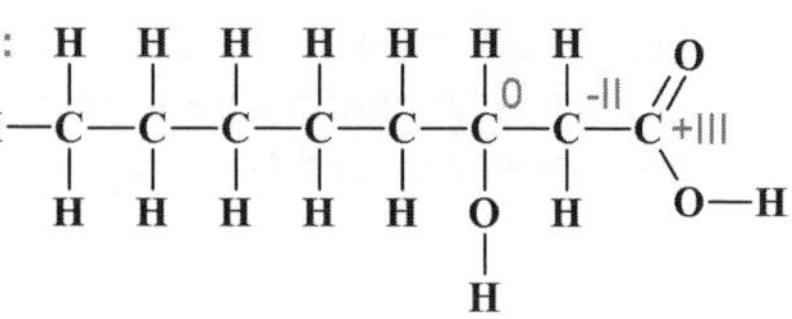

b) Die Reihenfolge der Verbindungen A bis D für einen sinnvollen oxidativen Abbauweg lautet:
A – D – C – B

c) Die Verbindung B ist wie die Octansäure eine Fettsäure (Hexansäure), ihre Moleküle enthalten lediglich zwei Kohlenstoff-Atome weniger. Sie kann analog der Octansäure unter Freisetzung der Essigsäure (C2-Körper) abgebaut werden. Als Abbauprodukt würde dann Butansäure entstehen. Der Abbau-Kreislauf („Spirale" der sog. β-Oxidation) kann erneut ablaufen.
Abbauschritte:

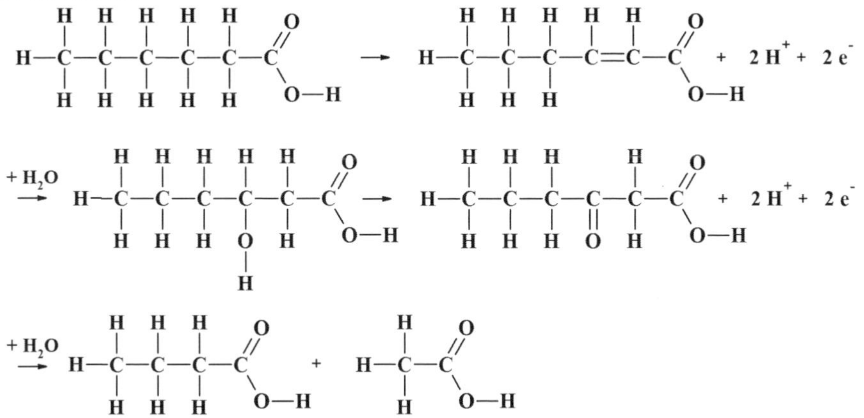

A9:
An allen in diesem Kapitel diskutierten Kohlenstoff-Kreisläufen ist Kohlenstoffdioxid beteiligt. Kohlenstoffdioxid ist am technischen und am natürlichen Kalk-Kreislauf (vgl. Schülerband Seite 116 und 117) und am Kreislauf Photosynthese – Atmung (vgl. Schülerband, Seite 138 und 139) beteiligt.

A10:
In beiden Bildern sind Kreisläufe dargestellt. In B5, S. 137, handelt es sich tatsächlich um den Kreislauf eines Enzyms, das am Ende des Zyklus in der gleichen Form vorliegt, wie zu Beginn. In B5, S. 155, ist jedoch nicht der Kreislauf eines Katalysators dargestellt, sondern der Kreislauf des Eduktgemisches ($3\ H_2 + N_2$). Am Ende des Kreislaufs liegt von diesem Gemisch weniger vor als zu Beginn, weil ein Teil zu Ammoniak reagiert hat, das aus dem Reaktionsgemisch entfernt wurde. Folglich muss neues Gemisch ($3\ H_2 + N_2$) am Ende eines Kreislaufs und Beginn eines nächsten Kreislaufs hinzugefügt werden.

A11:
Im Modellexperiment von S. 138, 139 zum Kreislauf Photosynthese-Zellatmung werden die wesentlichen Merkmale der natürlichen Prozesse unter den drei Aspekten

„Stoffkreisläufe", „Energieumwandlung" und „Reaktionstypen" simuliert. Diese werden in der Tabelle von S. 139, B5, ausführlich dargestellt und lauten:

Modellexperiment Photo-Blue-Bottle	Natürliche Prozesse: Photosynthese - Zellatmung
Stoffkreisläufe • Methylviologen-Kreislauf ($MV^{2+} \rightarrow MV^{+} \rightarrow MV^{2+}$) • Kreislauf des zyklisch arbeitenden Photokatalysators Proflavin (PF^{+})	**Stoffkreisläufe** • Kreislauf der Kohlenstoff-Atome ($CO_2 \rightarrow C_m(H_2O)_n \rightarrow CO_2$) • Kreislauf der zyklisch arbeitenden Photokatalysatoren (Chlorophylle u. a.)
Energieumwandlung • Lichtenergie wird chemisch umgewandelt, gespeichert und als andere Energieform verfügbar. • Für die Lichtreaktion ist ein farbiger Photokatalysator (Proflavin) notwendig. • Die Reaktionen laufen in wässriger Lösung und an der Phasengrenze flüssig-gasförmig ab.	**Energieumwandlung** • Lichtenergie wird chemisch umgewandelt, gespeichert und in anderer Energieform verfügbar. • Für die Photosynthese sind farbige Photokatalysatoren (Chlorophylle u. a.) notwendig. • Die Reaktionen laufen in wässriger Lösung und an Membranoberflächen ab.
Reaktionstypen • Der Kreislauf des Methylviologens setzt sich aus einer energie-benötigenden Reduktion ($\Delta G > 0$) und einer energieliefernden Oxidation ($\Delta G < 0$) mit Sauerstoff zusammen. • Der Kreislauf beginnt mit der Absorption von (blauem) Licht • Der Lichtabsorption folgt eine Elektronenübertragung.	**Reaktionstypen** • Der Kreislauf der Kohlenstoff-Atome setzt sich aus einer energie-benötigenden Reduktion ($\Delta G > 0$) und einer energieliefernden Oxidation ($\Delta G < 0$) mit Sauerstoff zusammen. • Der Kreislauf beginnt mit der Absorption von (blauem und rotem) Licht. • Nach der Lichtabsorption folgen (in mehreren Schritten) Elektronenübertragungen.

Im Modellexperiment sind allerdings ganz andere Stoffe beteiligt als in den natürlichen Prozessen. Auch die Reaktionsorte, an denen die jeweiligen Reaktionen (Photosynthese und Zellatmung) ablaufen, sind völlig verschieden.
Dennoch oder gerade deshalb kann das Modellexperiment als tauglich für die Simulation des Kreislaufs Photosynthese-Zellatmung beurteilt werden, denn es reduziert die vielen Substanzen und die sehr komplexen Teilvorgänge aus der Natur auf wenige Stoffe und relativ einfache Reaktionen unter Beibehaltung der genannten wesentlichen Merkmale des Kohlenstoff-Kreislaufs in der Biosphäre.

Der Modellversuch zur technischen Ammoniaksynthese von S. 152 zeigt, dass an einem geeigneten Katalysator ein Gemisch aus elementarem Stickstoff und Wasserstoff zu einem Gas umgesetzt werden kann, das in wässriger Lösung alkalisch reagiert. Wie in der technischen Anlage wird mit einem stöchiometrischen Gemisch $V(H_2):V(N_2) = 3:1$ gearbeitet.

Dass es sich bei dem Produkt um Ammoniak handelt, liegt nahe, geht aber nicht eindeutig aus dem Experiment hervor. Anders als bei der technischen Ammoniaksynthese wird im Experiment nicht bei hohem Druck gearbeitet und anders als in der Technik wird das Synthesegasgemisch ($3\ H_2 + N_2$) nicht im Kreislauf geführt. In der Versuchsvorrichtung des Modellexperiments werden die beiden Edukte aus Gasflaschen entnommen, in der Industrieanlage aus den Rohstoffen Methan, Wasser und Luft hergestellt. Das Produkt Ammoniak wird in der Industrieanlage rein in flüssiger Form abgetrennt, im Modellexperiment nur indirekt nachgewiesen, an keiner Stelle jedoch als reiner Stoff abgetrennt.
Aufgrund dieser Betrachtungen kann das Modellexperiment zur Ammoniaksynthese von S. 152 als begrenzt tauglich beurteilt werden. Es bietet die Möglichkeit, über den Vergleich mit der Industrieanlage von S. 155 die Gemeinsamkeiten und Unterschiede zu diskutieren.

A12:
Die Aussage aus der Aufgabenstellung trifft in den allermeisten Fällen zu. 1. Beispiel: Vgl. Lösung zu B3, S. 153; 2. Beispiel: Entdeckung der Radioaktivität führte zu Anwendungen, die Chancen zur Entdeckung und Heilung von Krankheiten erhöhen, aber auch zu Risiken für die Menschheit (Atombomben, radioaktive Abfälle aus Kernkraftwerken).

A13, A14:
Beim Gleichgewicht aus B3 ist die Anzahl der Gasteilchen in den Edukten doppelt so hoch wie in den Produkten. Nach der Hypothese von Avogadro nehmen die Edukte entsprechend ein doppelt so großes Volumen ein wie die Produkte.
Wird auf das System im Gleichgewicht I ein äußerer Druck ausgeübt, verringert sich das Volumen, wobei die Zusammensetzung des Gemisches zunächst gleich bleibt. Diese Situation ist im mittleren Teil aus B3 dargestellt.
Im System aus Edukt- und Produkt-Teilchen stellt sich nun ein neues Gleichgewicht II ein (rechter Teil in B3), das weniger Edukt- und mehr Produkt-Teilchen enthält als das Gleichgewichtssystem I. Dadurch hat sich das Gesamtvolumen verringert und das System aus Edukte und Produkten hat die Wirkung des äußeren Zwangs (Druckerhöhung) minimiert. Das ist im Einklang mit dem Prinzip von Le Chatelier (Prinzip vom kleinsten Zwang).

A15:
Die Angaben von S. 147 zeigen, dass der natürliche Stickstoff-Kreislauf bei intensiver Nutzung von Agrarflächen ohne Düngung nicht „nachkommt“, d. h. dem Boden werden mehr Stickstoff-Verbindungen entzogen als zurückgegeben. Durch steigende Ernteerträge wird insbesondere viel „Mineralstickstoff“ (vgl. B5) entzogen, während der Eintrag von Stickstoffverbindungen ohne Düngung auf die Mineralisierung durch Bakterien aus Leguminosen und Stickstoffoxide und deren Folgeprodukte (Nitrate und Nitrite) aus Gewittern reduziert bleibt.
Die Verarmung des Bodens an nutzbaren Stickstoffverbindungen muss durch Düngung kompensiert werden. Wegen der Zunahme der Erdbevölkerung ist dabei neben der Düngung aus Ernteresten, Stallmist und Jauche auch Düngung mit synthetischen Düngern notwendig.

A16:

Mögliche Reaktionsgleichungen für die Herstellung von

- Ammoniumnitrat: $NH_3 + HNO_3 \rightarrow NH_4NO_3$
- Ammoniumsulfat: $2\ NH_3 + H_2SO_4 \rightarrow (NH_4)_2SO_4$
- Ammoniumhydrogenphosphat: $2\ NH_3 + H_3PO_4 \rightarrow (NH_4)_2HPO_4$
- Ammoniumchlorid: $NH_3 + HCl \rightarrow NH_4Cl$

A17:

Da für die Ammoniaksynthese aus den Elementen die Ausbeute an Produkten bei gleichem Druck bei relativ niedrigeren Temperaturen höher ist, muss die Reaktion exotherm sein.

A18:

Der Ammoniakanteil bei 500 °C und 500 bar beträgt im Gleichgewicht ca. 39 %.

A19:

Diese Aufgabe dient der Wiederholung von Inhalten vor allem der Seite 153 zur technischen Ammoniaksynthese. Ein Schüler sollte in dieser Phase etwa folgende Überlegungen darstellen können:

Die Synthese wird durch die Reaktionsgleichung

$N_2(g) + 3\ H_2(g) \rightarrow 2\ NH_3(g)$

beschrieben. Es handelt sich um eine Gleichgewichtsreaktion, in der alle Reaktionspartner gasförmig vorliegen. Der Syntheseweg verläuft exotherm, wobei eine hohe Aktivierungsenergie erforderlich ist.

Für die Gleichgewichtsreaktion zwischen Gasen ist die Volumenänderung, hier eine Volumenabnahme bei der Synthese auf die Hälfte, entscheidend. Nach dem Prinzip von Le Chatelier (Prinzip vom kleinsten Zwang) wirkt sich Druckerhöhung produktsteigernd aus. Wegen der leichten Diffundierbarkeit von Wasserstoff werden hohe Materialanforderungen gestellt.

Da die Synthese exotherm verläuft, begünstigen tiefe Temperaturen die Lage des Gleichgewichts nach rechts und somit eine Produktsteigerung. Dem steht aber die hohe Aktivierungsenergie entgegen. So ist z. B. bei Raumtemperatur die Reaktionsgeschwindigkeit gering und die Gleichgewichtseinstellung sehr verzögert. Mit Katalysatoren kann die hohe Aktivierungsenergie herabgesetzt werden. Haber und Bosch haben spezielle Eisen-Gemische als Katalysatoren entwickelt, an deren Oberfläche Wasserstoff- und Stickstoff-Moleküle adsorbiert werden, die dann unter viel geringerem Energieaufwand dissoziieren und reagieren.

Industriell verläuft die Synthese bei Temperaturen von 400 °C bis 500 °C und bei Drücken von 200 bar bis 300 bar. Durchströmt das Eduktgemisch unter diesen Bedingungen den Reaktor, enthält es beim Austritt einen Anteil von ca. einem Fünftel Ammoniak. Dieser geringen Ausbeute wird durch eine kontinuierliche Reaktionsführung gegengesteuert. Man entfernt das jeweils vorliegende Produkt Ammoniak aus dem Gemisch und führt die restlichen Edukte wieder in die Reaktion zurück.

A20:
Wassergasprozess
$\mathbf{2\,CH_4 + 2\,H_2O \rightarrow 2\,CO + 6\,H_2}$
Generatorgasprozess
$\mathbf{2\,CH_4 + O_2 + 4\,N_2 \rightarrow 2\,CO + 4\,H_2 + 4\,N_2}$
Konvertierung
$\mathbf{2\,CO + 2\,H_2O \rightarrow 2\,CO_2 + 2\,H_2}$
Im Produktgemisch liegen Wasserstoff und Stickstoff mit $\mathbf{12\,H_2 + 4\,N_2}$ im Volumenverhältnis wie 3:1 vor.

A21:
Aus $\mathbf{CH_4}$(g) + $\mathbf{H_2O}$(g) $\rightleftarrows$ $\mathbf{CO}$(g) + $\mathbf{3\,H_2}$(g) folgt

$$K_c = \frac{c(\mathrm{CO})\cdot c^3(\mathrm{H_2})}{c(\mathrm{CH_4})\cdot c(\mathrm{H_2O})}.$$

Da die Reaktion endotherm verläuft, sollte eine hohe Temperatur die Hinreaktion begünstigen, also zu einer hohen Ausbeute an Wasserstoff führen. Da alle Reaktionsteilnehmer Gase sind, auf der Eduktseite 2 mol und auf der Produktseite 4 mol Gas stehen, begünstigt eine Druckerhöhung die Rückreaktion. Die Bildung von Wasserstoff, d. h. die Hinreaktion wird durch eine Druckerniedrigung begünstigt.

A22:
Die Spezialstähle für Hochdruckreaktoren, in denen mit Wasserstoff gearbeitet wird, dürfen nicht das Element Kohlenstoff enthalten. Die Begründung steht im Schülerband unter B4 auf Seite 153.

A23:
Das Gasgemisch bei der Ammoniaksynthese muss vor der Druckwäsche „konvertiert" werden, d. h. Kohlenstoffmonooxid aus dem Gasgemisch muss in Kohlenstoffdioxid umgewandelt werden. Das ist erforderlich, weil Kohlenstoffmonooxid nicht so einfach und kostengünstig durch Druckwäsche mit Wasser ausgewaschen werden (vgl. S. 155, B6). Darüber hinaus ist Kohlenstoffmonooxid im Gegensatz zu Kohlenstoffdioxid ein starkes Gift.

A24:
In B6, S. 155, wird deutlich, dass in einer Industrieanlage für die Ammoniaksynthese der im Synthesereaktor nicht zu Ammoniak umgesetzte Anteil an Synthesegasgemisch ($\mathbf{3\,H_2}$ + $\mathbf{N_2}$) nach Zumischung einer weiteren Portion solchen Gemisches erneut in den Synthesereaktor zurückgeführt wird.

A25:
Zwischen B6 und den in B4 von S. 154 skizzierten Teilschritten gibt es folgenden Zusammenhang: Die in B4, S. 154, skizzierten Teilschritte 1 bis 3 entsprechen dem ersten Teil der blauen Kurve in B6. Bei der Adsorption und Dissoziation der Wasserstoff- und Stickstoff-Moleküle am Katalysator ist eine wesentlich geringere Aktivierungsenergie

notwendig (10 kJ) als bei der Reaktion ohne Katalysator (230 kJ). Dies ist darauf zurückzuführen, dass die Bindungen innerhalb der Moleküle durch die Wechselwirkung der Atome mit der Katalysatoroberfläche gelockert werden und die Moleküle so leichter in Atome dissoziieren.

A26:
offene Aufgabe

A27:
offene Aufgabe